天津外国语大学"求索"文库

# 基于平行语料库的主题省略：
# 汉日互译及对比研究

刘泽军◎著

天津出版传媒集团

天津人民出版社

**图书在版编目（CIP）数据**

基于平行语料库的主题省略：汉日互译及对比研究 /
刘泽军著. -- 天津：天津人民出版社，2024.7.
（天津外国语大学"求索"文库）. -- ISBN 978-7-201-
20485-7

Ⅰ. H365.9
中国国家版本馆 CIP 数据核字第 20249V0K62 号

基于平行语料库的主题省略：汉日互译及对比研究
JIYU PINGXING YULIAOKU DE ZHUTI SHENGLÜE:HANRI HUYI JI DUIBI YANJIU

| | | |
|---|---|---|
| 出　　版 | 天津人民出版社 | |
| 出 版 人 | 刘锦泉 | |
| 地　　址 | 天津市和平区西康路 35 号康岳大厦 | |
| 邮政编码 | 300051 | |
| 邮购电话 | （022）23332469 | |
| 电子信箱 | reader@ tjrmcbs.com | |

| | | |
|---|---|---|
| 责任编辑 | 孙　瑛 | |
| 装帧设计 | 刘　帅　汤　磊 | |

| | | |
|---|---|---|
| 印　　刷 | 北京虎彩文化传播有限公司 | |
| 经　　销 | 新华书店 | |
| 开　　本 | 710 毫米×1000 毫米 1/16 | |
| 印　　张 | 15.5 | |
| 插　　页 | 1 | |
| 字　　数 | 250 千字 | |
| 版次印次 | 2024 年 7 月第 1 版　2024 年 7 月第 1 次印刷 | |
| 定　　价 | 68.00 元 | |

# 目　录

# 第一章 引 言

"主题省略"一词，顾名思义由"主题"和"省略"两个双音节语素（日语称之为「形態素」）构成，属于合成词的范围。组成合成词的"主题"和"省略"的构造关系，至少会出现三种可能性。第一种是并列式结构，对等关系，"主题和省略"，相当于日语的「主題と省略」的构成关系，"主题"是主题，"省略"是省略。实际的研究中，无论在汉语中也好，还是在日语中也罢，作为独立的研究对象，主题和省略都具备足够的外延和内涵，在各自的语言本体研究中都成为主要关注的内容之一。特别是关于主题的讨论，在汉日的语言中都开展得比较深入。同时因为卷入到与主语的纷争，牵涉到话题的问题，使得主题的研究在汉日语言体系都占据了重要的地位。同时，关于省略问题研究也是修辞法研究的重要组成部分，成为语言本身达到某种特定修辞效果、实现某种功能的重要手段。另外，省略的功能因涉及语篇衔接的问题也成为汉日语言研究关注的内容之一。特别是在各种语言间的翻译对照比较等领域，也成了研究焦点之一。因此，作为并列结构的主题和省略两者各自都可独当一面，形成系统性的语言研究体系。第二种是偏正式结构，从属关系中的修饰限定关系，"主题的省略"，相当于日语的「主題の省略」。这种结构使得"主题的省略"一词的核心落在"省略"一词之上，"主题"是对其的修饰和限定，即"什么的省略"。省略的东西可以有很多，句子省略的成分也很多，甚至是百科知识、文化背景都可以省略。这个词限定的不是别的部分，而是主题部分省略的问题。这个可以看作第一种结构的下位概念，是主题研究的下位概念，也可以看成省略研究的下位概念。实际的研究中，也确实分别涉及主题或省略的部分。因为可以省略的成分和部分很多，按照三上章（1970：162）所提出的省略总则，那就是不言自明的都可以省略，只要是不造成句子意义不明的内容都可以省略。按照久野暲（1978：8）所提出的省略的根本原则，只要通过语言内外的语境能够还原的要素就都可以省略。因此主题的省略作为区别其他部分的省略而成为研究的主要对象之一。汉语中对于"主题的省略"

的研究多见于对照比较的研究中，而在日语中关于"主题的省略"的研究成为语篇分析中的重要关注对象。作为语篇衔接和连贯的重要手段，作为话语交际的重要策略，都成为主题省略整体研究中的主要组成部分。相对于汉语的研究，日语方面的研究可谓成果丰富，积淀深厚。第三种是陈述式结构，从属关系中的主谓关系，"主题省略"，相当于日语的「主題が省略」或「主題は省略」。这个词的构成可以看出重心落在的地方，按照 Gundel et al.（1993）以及后来的 Lambrecht（1994）所提到的信息结构（Information Structure）中关于新旧信息的说法，这里面既包含了"主题"是新信息、"省略"是旧信息和"主题"是旧信息、"省略"是新信息的两种情况。也就是说，一个是"什么省略了、主题省略了"的问题，一个是"主题怎么了、主题省略了"的问题。前者牵涉「主題がいつ、どこ、どのように省略されるか」「省略された後のことは何か」等问题，这里面既有规定、规则，也有功能、方式等。后者涉及主题本身所具有的属性或性质问题。这两者和前面第二种结构关系的研究有交叉，同样是主题省略研究中的重要组成部分。对应以上主题省略三种结构的基本分析，本研究定位在第二种的结构层面上，即不去追究主题或省略单个层次上的问题，主要从主题的省略或者是省略的主题这两个角度进行研究。

有关汉日语主题省略的研究由来已久，这主要得益于汉语和日语在主题上的突出性特征。其中，中国最早的有马建忠（1898）所提到的起词、赵元任（1980）的关于主语跟谓语作为主题跟解释中所提到的汉语主题、曹逢甫（1995）的关于汉语功能的主题；日本最早的有松下大三郎（1928）提出的"题"的概念、三上章（1959、1960）的关于主语废除论中涉及的主题、久野暲（1978）的关于主题省略中的主题等；再到后来的 Li& Thompson（1976）所提出的按照主语突出（Subject-Prominent）或主题突出（Topic-Prominent）而进行类型学上分类的主题、T. Givón（1983）所提到的主题连续性（Topic Continuity）中的主题。因为有了这些前提和基础，作为主题研究的延伸部分，主题省略才作为正式的概念而被提出来。汉语比较早的说法可以看作马建忠（1898）的"起词可省"一词，日语比较早的说法可以看作三上章（1959）的「略題」一词。根据这些概念和后续研究而衍生了各种层面的探索，后来受到了韩礼德（M. A. K. Halliday）的系统功能语言学（System-functional Linguistics）的影响，汉日主题省略的研究迎来了新的发展。随着后续研究范围的扩大和研究思路的拓展、认知方

面的研究，汉日对比方面的研究也逐渐增多。这些本体性的、对比性的、认知性的研究为更好地揭示汉日两种语言中的语言现象和类型学上的共性及差异提供了充足的材料，也产出了相当丰富的成果，成为各自语言研究或汉日对比语言研究中的重要组成部分，为丰富和发展篇章语言学视角下的汉日两种语言的内涵和体系化建设提供了重要支撑。需要说明的是，本书所涉及的主题省略主要是参照赵元任（1980）中对汉语主题的论述和久野暲（1973）关于主题省略的论述，涵盖主语省略、话题省略等；不仅仅包括句子主题的省略，也包括篇章主题的省略。

另一方面，因为翻译在跨文化交际以及多元文化交流中所发挥的重要作用，翻译从实践活动的传统认知和定位慢慢加大了其理论研究的比例。加上最近翻译所涉及的话语体系构建等方面的问题，使得翻译理论和翻译实践相结合的研究更加成为当前外语领域研究的热点和焦点。这同时伴随着翻译学科的出现、翻译硕士专业学位（MTI）的开设，一些产学研等形式建立的翻译项目也扩大了翻译研究的范围、规模以及广度。翻译的研究从传统的整体化、笼统化、宏观化逐渐转向个体化、具体化、微观化，关注的焦点不仅仅是文化、传统、思想、策略，也可以是文本、篇章、段落、句式，甚至是具体的词组、单词等。也可以把类型学中的语言现象，或把对比语言学中的语法现象，从翻译视角进行新的探索和验证，丰富翻译学和对比语言学的理论体系，进而提升相应的实践效果。对以往出现的问题进行新的解读和探索，成为多学科交叉尝试的一种走向。这样的研究趋势和发展现状在主题省略的层面，特别是在汉日两种语言的翻译层面，逐渐产生了一些交叉，对传统的问题进行了新的思索和探讨。

比如，Li&Thompson（1976）基于类型论视角指出，日语是主题和主语都比较突出的语言类型，汉语是主题突出的语言类型。按照这一分类，确定了汉日两种语言在主题突出性上的共性特征。但是在实际的汉日互译中，这样的主题共性并不能完全左右日汉互译上的共性特征。特别是主题省略的还原及翻译中仍然会出现诸多差异，甚至是理解错误。小川泰生（1990）以《伊豆舞女》为例指出了『伊豆の踊子』的汉译文本在主题省略翻译上存在的问题。

（1）はしけはひどく揺れた。踊子はやはり唇をきつと閉ぢたまま一
　　方を見つめてゐた。私が縄梯子に捉まらうとして振り返つた時、

（φ踊子は）さよならを言はうとしたが、それも止して、もう一
ぺんただうなづいて見せた。はしけが歸つて行つた。（川端康成
『伊豆の踊子』）

（1）'舢板摇晃得很厉害，歌女还是紧闭双唇向一边凝视着。我抓住绳
梯回过头来，想说一声再见，可是也没有说出口，只是又一次点
了点头。舢板回去了。（侍桁译《伊豆的歌女》）

（小川泰生，1990:1。以上序号、省略符号、还原内容及出处为笔者加）

根据日语表达的上下文，因为日语主题省略的缘故，小川泰生（1990）
指出：（1）中说再见的应该是「φ踊子」，而不是（1）'中的"我"。再看
『伊豆の踊子』其他几个译本，甚至包括英文的译本，对于此处的翻译也是
各有千秋。

（1）''舢板猛烈地摇晃着。舞女依然紧闭双唇，凝视着一个方向。我
抓住绳梯，回过头去，舞女想说声再见，可话到嘴边又咽了回去，
然后再次深深地点了点头。舢板折回去了。（叶渭渠译《伊豆的舞
女》）

（1）'''舢板猛烈地摇晃着。舞女依旧紧闭双唇，凝视着一边。我抓住
绳梯回过头来的时候，她想说一声再见，可终究没有说出口，只
是又点了点头。舢板回去了。（蒋家义译《伊豆舞女》）

（1）''''小舞女仍然双唇紧闭，盯视同一方向。我要抓绳梯回头看的
时候，似乎想要说再见，但没有说，只是再次点了一下头。（林少
华译《伊豆舞女》）

（1）'''''The lighter pitched violently. The dance started fixedly ahead,
her lips pressed tight together. As I started up the rope ladder to the
ship I looked back. I wanted to say good-bye, but I only nodded again.
The lighter pulled off. ( Edward Seidensticker 译《The Izu Dancer》)

可以看出，这里的四个译本中，「さよならを言はうとした（想要说再
见）」的人分别是"舞女""她""我"和"I"。按照原文的意思，前两者和
原文是一致的，后两者的翻译是有出入的。这里出现差异的原因还是在于
前面主题省略的问题。如果原文中明确地采用主题显现的形式，在各个日

4

译汉或日译英版本中就不会出现如此的不一致了。相反，同样在汉译日的过程中，也会出现此类问题。

（2）匣子枪够不上了，（φ爷爷他们）又捡起伪军扔下的步枪打。（莫言《红高粱家族》）

（2）'銃が届かなくと今度は傀儡が銃を拾って撃った。（井口晃译『赤い高粱』）

可以看出，（2）'中对（2）省略的主题翻译有误，捡起枪的是"爷爷他们"，而不是日语翻译的"傀儡"（伪军）。

基于汉日两种语言的主题特征以及主题省略在汉日互译中出现的诸多问题，需要弄清汉日两种语言主题省略的使用及翻译现状，特别是在主题省略上两种语言实际使用过程中的一致性值得探讨和研究，从而为更好地理解和认识两种语言的主题特征提供参考。一致性，顾名思义是指取得相互对等的关系。关于对等的说法，翻译领域的代表性人物之一尤金·奈达（Eugene A. Nida）早在 1964 年就已经提出了翻译中的对等（Equivalence）概念，其中包括了动态对等（Formal Equivalence，F-E）和形式对等（Dynamic Equivalence，D-E）。这些对等解决了两个问题：为了追求对等需要什么样的翻译，或者是什么样的翻译实现了什么样的对等。这里为了同时考虑汉日互译中涉及语言内在和外在的要素、宏观和微观的结合、翻译前后的关系以及翻译结果和翻译过程的区别，故而选取一致性的说法来涵盖包括对等概念在内的前后对照关系。这样的一致性，可以是形式上或是内容上的，也可以是功能上或是策略上的。形式和内容主要关注翻译结果出现后的一致性，即翻译完成后形式和内容上如何保持前后的一致；功能和策略主要关注翻译过程中的一致性，即翻译过程中实现何种功能或采取何种策略上的一致性。

因汉日主题研究内容的复杂性和视点的广维度、多跨度等因素，这里结合翻译研究的视角分别选取莫言的《红高粱家族》和村上春树的『ノルウェイの森』作为源文本（Source Text，简称 ST）、选取相对应的井口晃的日文译本『赤い高粱』和林少华的汉语译本《挪威的森林》作为目标文本（Target Text，简称 TT）。为了便于区分，以下分别按照表 1 的格式进行标记。

表 1　汉日源文本和目标文本的标记及简称

| 源文本 | 莫言《红高粱家族》 | 村上春树『ノルウェイの森』 |
| --- | --- | --- |
| ST 文件简称 | 莫红 | 村森 |
| 目标文本 | 井口晃『赤い高粱』 | 林少华《挪威的森林》 |
| TT 文本简称 | 井赤 | 林挪 |

在 ST 和 TT 中分别提取汉语和日语文本中的主题省略实例,分析在各自译本中的处理方式,建立平行对译语料库。对其中涉及主题省略的内容,按照 ST 和 TT 的使用特征,从形式上和内容上、功能上和策略上的四个角度来探讨日汉互译各自在主题省略上的一致性。在此基础上,分别对日译汉和汉译日的翻译前后所出现在主题省略上的一致性进行对照比较,发现共性,寻找差异,考察分析这些共性和差异所能提取的信息。

本书共有九章,整体思路分成三大部分,分别是理论分析导入篇、实践分析对比篇、分析总结结论篇。第一部分理论分析导入篇解决研究什么的问题,包括第一章引言,第二章先行研究和研究课题的确立,第三章研究方法和文本介绍,第四章汉日主题省略互译的一致性和第五章汉日主题省略的分类;第二部分实践分析对比篇主要解决如何研究的问题,包括第六章汉语主题省略日译的一致性考察及分析,第七章汉语主题省略日译的一致性考察及分析以及第八章主题省略的汉日互译对比分析;第三部分分析总结篇解决何为结论的问题,包括第九章结论和展望。

# 第二章　先行研究和研究课题的确立

如前所述，有关汉日语主题省略的研究由来已久，这与中日漫长久远的文化交流有关，得益于汉语和日语在主题上的共性特征，相互借鉴，相互影响。从国内的马建忠（1898）、赵元任（1980）、曹逢甫（1995）和日本的松下大三郎（1928）、三上章（1959、1960）、久野暲（1978），再到西方世界的 Halliday&Hasan（1976）、Li&Thompson（1976）、T. Givón（1983），都是各自领域的代表，都为主题省略的研究做出了贡献。这些研究分别从不同的角度对日语和汉语甚至是英语中的主题省略进行了探讨，为后续的研究奠定了方向和基础。这里结合主题省略研究历史发展的进程，按照各自研究的主要脉络，对迄今为止具有代表性的汉日主题省略研究进行综述。从本体研究到对比研究，从习得研究到翻译研究，力求厘清研究历程中的主要脉络，提示最新的研究方向，寻找研究课题的着力点，确定课题研究的方向和具体内容。文献整理的过程中，按照代表性、关联性、时效性等指标，尽可能对本领域的相关研究做到比较详细的概括和说明。另外，涉及各个方向代表性的文献进行比较详细的总结，为研究课题的建立提供方向性的指导和提示。需要说明的是，汉语中更多愿意采用主语省略的说法，少数采用主题省略或者话题省略的说法；日语中多数采用主语省略的说法，也有部分研究采用了主语省略的说法。这里为了便于总结，同时保持各自语言研究成果的完整性，在本章中保留各文献中关于主语、主题或话题的说法。

## 2.1　汉日主题省略的本体研究

主题省略的本体研究是研究的起源，也是研究的基础。这部分的研究时间最久，积淀最深，成果最多，最具有代表性。作为省略研究的重要组成部分的主题省略研究，也同样和省略研究有着很大的共性。不管是日语还是汉语，省略最初作为修辞法的重要组成部分而成为大家关注的焦点。而修辞正是省略以及主题省略的重要功能之一。自从功能语言学的盛行，

汉语和日语无一不受到其影响。另外，随着认知语言学的发展，主题省略研究在认知方面也有不断的进步。同时，主题省略在两种语言中的使用频度，使得各自的本体研究开展广泛，成果多样。

### 2.1.1 汉语主题省略的本体研究

汉语中关于主题省略的本体研究，按照时代的发展，主要的文献可概括成三个类型。第一类为类型、结构性研究，主要的成果包括涉及类型分析或类型研究的马建忠（1898）、高更生（1980）、安汝磐（1984）、华宏仪（2001，2002）、卢启榜（2008）、朱红（2019），涉及成分分析和个案研究的俞敦雨（1987）、徐倩婷（2010）、周星（2011），涉及词汇手段的张文国（1999），涉及分类方式和条件分析的任永军（2010），涉及古代汉语和现代汉语对照的王凤莉（2009）和古代汉语向现代汉语转化过程中还原填补的吴添汉（1994a，1994b），涉及句式研究的金东生（1984）、沈阳（1994）、杨学淹（1998）、张豫峰（2000）、赵华（2018），涉及所指研究的段嫚娟（2006），涉及实现条件的何小幼（2018），涉及特征分析的霍婧（2016），涉及艺术简析的唐友忠、刘锡嘉（1992）等。第二类为功能、语篇性研究，主要的成果包括涉及功能研究的朱楚宏（2008），涉及语篇分析的田然（2003）、Hsiao&Gao&MacDonald Maryellen C.（2014）等。第三类为语用、认知性研究，主要的成果包括涉及语用研究的储泽祥（1996）、张悦（2012）、方兴旺（2019），涉及认知研究的李丽虹（2010），涉及语用认知研究的陈伟英（2008，2009）等。需要说明的是，在汉语的本体研究成果中还出现了不少古代汉语的主题省略问题，如上述的王凤莉（2009）、任永军（2010）、赵华（2018）等，还包括《红楼梦》或古典诗歌问题研究，如上述的唐友忠、刘锡嘉（1992）和何小幼（2018）。代表性的成果如下：

<u>马建忠（1898，1998）</u>

马建忠（1898）首先对相当于现代汉语中的主语的"起词"进行了规定，同时在"起词"的基础上提出了"语词"的概念。

**界说十二**　凡以言所为语之事物者，曰起词。

　　　　　　起者，犹云句读之缘起也。

**界说十三**　凡以言起词所有之动静者，曰语词。

　　　　　　语者，所以言夫起辞也。

　　　　　　（马建忠，1998：24。原文繁体字均变为简化字，以下相同）

同时马建忠（1998：24）强调"凡句读必有起语两词，两词之长短不同，而大旨不外乎是"，同时举例"孔子行"一例，此中"孔子"为起词，"行"为语词。这里和现代汉语的主谓关系类似。此外，马建忠（1998：28）所举"孟离上：'三代之得天下也以仁，其失天下也以不仁。'"的例句，指出这里的"三代"为起词，"得天下也"为语词，合在一起"三代得天下"再为起词，这时的"以仁"成为语词，后句同样。这里相当于主谓谓语句的并列，从篇章的角度来看，"三代"一词就具备了现代汉语主题的特征。

在确定了起词的概念和关联说法后，马建忠（1998：383—392）的"论句读卷之十"章节"彖一"对"句读中之起词"的内容分成七个小节"议论句读省起词""命戒句省起词""句前有读句无起词""前有句读起词后不重见""无属动字无起词""公共之名可代起词本字""主次宾次或偏次用若起词"进行了总结和概括。具体的内容如下：

**系一 议事论道之句读，如对语然，起词可省。**

《论语·学而》云："子曰：'道千乘之国，敬事而信，节用而爱人，使民以时。'"四单句，皆无起词。盖泛论治国，起词即治国之人也。

**系二 命戒之句，起词可省。**

《论语·雍也》云："子曰：'毋，以育儿邻里乡党乎！'"此禁止之词，"与"者何人，不明言，其实犹对语者然。

**系三 读如先句，句之起词已蒙读矣，则不复置。**

《孟子·梁惠王上》云："寡人之于国也，尽心焉耳矣。""寡人之于国也"一读，冒下句。"寡人"起词，已蒙读矣。下句"尽心焉耳矣"之起词，可不重提。

**系四 句读起词既见于先，而文势直接贯，可不重见。**

《论语·子张》云："子张曰：'士见危致命，见得思义，祭思敬，丧思哀，其可已矣。'""子张曰"后凡五句，皆以"士"为起词。而既见于句首，以其文势直贯至终，故"士"字不复再见矣。

**系五 无属动字，本无起词，"有""无"两字，间亦同焉。**

**系六 有不用起词本字，而以公共之名代之者，如人以地名是也。**

《史记·平准书》云："河南上富人助贫人者。""河南"，指大吏，此以地代人也。

**系七 句读内有同指一名以为主次、为宾次或为偏次者，往往冠其名于

句读之上，一若起词者然，避重名也。

《论语·季氏》云："夫颛臾，昔者先王以为东蒙主，且在邦域之中矣，是社稷之臣也，何以伐为！""夫颛臾"三字冒起，一若起词者然。第一读犹云"先王以颛臾为东孟主"也。是"颛臾""乃""以"字后之止词，则为宾次。第二读犹云"且颛臾在邦域之中矣"也，则"颛臾"在主次，"是社稷之臣也"一句，犹云"颛臾是社稷之臣也"，则"颛臾"又在主次。今"颛臾"冒之于先，故以后句读内所当位之者，皆隐指焉。

以上所列的七项中，和现在的主语或主题省略存在不少共通的部分。比如系一所指的是汉语的泛指省略，日语可称为零主题的省略；系二和系五指的都是空主语或无主题的句子，不存在主题省略；系三和系四指的是汉语承前省略形式，日语可称为反复主题省略。系六属于代用的问题，和现在的主题省略不在同一个范畴；系七超越了句子主题的界限，类似于成分升格，篇章主题的意味比较明显，属于日语篇章主题省略的范畴。马建忠（1898）在汉语主题省略的研究方面奠定了两大基础：第一是提出了"起词"的概念，第二是提出了"起词可省"的分类和原则，具有开创性的价值。

## 陈伟英（2008, 2009）

陈伟英（2008, 2009）结合汉语和英语中关于省略的问题，对汉语中的主语省略进行语用认知研究。研究中首先提出了认知语用学的交际观，结合经济原则、省力原则、可及性理论，设计了主语、话题、提及、干预、距离和推进等六个参数，选取五本现当代汉语小说作为语料进行研究，观察和总结汉语主语省略的特征和规律。同时，通过主语省略辨识和续写实验等信息语言学的实证研究，反映语言使用者何时使用省略、如何使用省略以及如何阐释省略等相关省略研究的认知心理问题，用可及性理论分析汉语主语省略的特征分布、生成理解等。

首先，陈伟英（2008：35—38）对汉语主语省略的分类进行了如下总结。

1）承前省略：如果前文已经提供了某种信息，在本句中就把这种信息的词语给省去了。

2）蒙后省略：前面分句省略的主语的所指，就是后面分句的主语。因下文提供了某种信息，以至于在上句中就把表示这种信息的词语给省去了。

3）从中省略：有三个以上分句的复句，不相邻的两个分句主语相同，

当中间分句的主语与前后两个分句的主语相同时，前后两个分句的主语可以省略。

4）对话省：两个人谈话的情况，当面说话，不是"你"，就是"我"，不会搞错，所以往往把它们省去。

5）自述省：在讲自己事情的时候，"我"往往被省去，不致误会。自述省在以第一人称描述的各种文学体裁中都是比较常见的。

6）泛指省：常出现在汉语的无主句中，当无需指出动作发出者或某种现象适合所有的对象时，往往省去主语。

另外，陈伟英（2008：40—45）还总结了主语省略的功能。

1）交际功能：得体性和效率性。

2）修辞功能：结构紧凑，简洁明快；避免累赘，内涵丰富。

3）语篇功能：衔接连贯。

4）语体功能：语体色彩与手段。

结论部分，陈伟英（2008：152）提出了"省力不是单方面的省力，是基于说话人和基于听话人的交际双方的省力平衡。人们在争取某种效果的时候，往往会采取相对经济、相对省力的途径。言语交际中遵循经济省力的原则是普遍现象，但系统地认识主语省略现象，需要考察在交际过程中言者和听者两个方面的因素，特别是他们的认知心理过程特点"和"交际语境在确保可及性和实现经济性表达中具有重要作用。可及性语境对于说话人具有过滤作用，既帮助说话人过滤多余信息，保留必要信息，使表达更加经济节约，语境的过滤作用使说话人用经济的语言进行表达。听话人则根据语境的填补作用，迅速建立认知，达到高效快速的理解，因此可及性语境为实现交际双方的共同经济性创造条件"。作为从语用认知方面对汉语主语省略的解释，为更好构建语用认知相关层面的主语省略考察机制进行了良好的尝试。

### 任永军（2010）

任永军（2010）主要以先秦汉语作为对象，结合先秦汉语的意义和语法对出现的大量主语省略进行研究。其成果的第六章主要从先秦汉语主语省略的种类、方式、条件、影响以及后续的汉代以后的发展进行了探讨。

首先，就先秦汉语主语省略的分类，任永军（2010：166—168）总结如下：

1）承前省：在某一具体的语言环境中，如果对应成分已在上文出现，

即主语是承接前文中的某一个成分而省略。

2）蒙后省：如果对应成为出现在下文中，即主语是探下文而省略。

3）背景省：如果省略主语的对应成分在上下文中不能直接找到，而是存在于各种背景知识中。

4）单一省与错杂省：某一语段中前后所省略的主语相同，即省略的是同一个主语，就是单一省；如果"先省去一个'甲'，又省去一个'乙'，接着再省去一个'甲'"，即前后省略的主语不止一种，这种叫作错杂省。

5）连续省与间隔省：主语省略所在的分句和其对应成分所在的分句之间是否被其他的分句隔开的角度而作的区分。如果二者没有被其他分句隔开，就是连续省；相反，如果被其他分句隔开就是间隔省。

6）对话省与叙事省：根据所在语体的不同，对话结构中的省略为对话省，叙事结构中的省略为叙事省。

其次，对省略方式，任永军（2010）概括为：主语可以承前或蒙后省时，对应成分可以是诸如主语、宾语、定语、兼语、谓语等，也可以是句子成分的成分；对省略的条件概括为主语承前省略的重要条件是词汇方式，包括词汇复现和词汇同现；省略的影响概括为主题省略可以把省略所在的语句与其对应成分所在的语句有机地衔接为形式上的一个整体、意义上的一个单位，是先秦汉语"连句成章""连句成篇"的关键要素；涉及主语省略对于后续的汉代以后的发展，概括为主语省略明显减少、呈现逐渐增加、汉语语法从意合到行合的发展趋势。这些先秦汉语主语省略的研究尝试为了解早前古汉语的全貌提供了线索，也为现代汉语主语省略研究的发展提供了参照和佐证。

### 赵华（2018）

赵华（2018）作为汉语主语省略本体方面的最主要研究者之一，同样关注的是古汉语中的主语省略现象。其成果对先秦汉语《论语》中的一句话"夫子固有惑志于公伯寮吾力犹能肆诸市朝"的断句，通过分析和论证提出，应该是"夫子固有惑志于公伯寮，（寮），吾力犹能肆诸市朝"的形式；同时，指出这句话应该是主语省略句，出现了主语省略现象。

赵华（2018:75）指出"古文中，或者由于文字和书写条件的限制，或者为了使文字简洁、表达重点更为突出，写作时往往把某些字、词语或句子省去。省略的句子成分中，以主语的省略为最常见。究其原因：古代汉语中第三人称代词不发达，一般不能用来做主语（"其"，主要作定语；

"之"主要作宾语;"彼"指示意味重,不是一般的人称代词,很少做主语。)因此,古文中需要用第三人称作主语的地方,要么重复名词,要么把主语省去,而且后者更为常见"的观点和手法。作为对先秦汉语主语省略的个例研究,为揭示古汉语的主语省略规律增添了佐证材料和支撑。

**2.1.2　日语主题省略的本体研究**

　　日语中关于主题省略的本体研究,按照时代的发展,主要的文献集中在以下四种类型上。第一类为类型、结构性研究,主要的研究有涉及代词或人称代词的张曙光(1991)、早川幸子(2000)、曾仪婷(2005、2008)、金美林(2006)、Lee&Yonezawa(2007)、孙艳丽(2007)、石睿(2010)、张俊琦(2017),涉及类型分析、原则的久野暲(1978)、砂川有里子(1990)、惠谷容子(2002)、曾仪婷(2006)、刘泽军(2008,2012a,2013)、蔡艳辉(2009)、张桃(2015)、李文平(2017a)、宫島敦子(2018),涉及句法研究的方梅(1985)、近藤泰弘(1993)、王传礼(2009,2013)、刘堃(2015)、金美燕(2016),涉及构造及关联性研究的甲斐ますみ(1995),涉及省略还原的森本順子(2006),涉及判定方法的罗勇(2010),涉及现象、原因或条件分析的甲斐ますみ(1999)、孙艳丽(2008)、崔釡(2009)、雷隽博(2010)、杨丹(2013)、朱惠(2013)、聂琬瑶、王卓(2013)、付改华(2014a,2014b)、刘堃(2014)、范冬妮(2014)等。第二类为功能、语篇性研究,主要的成果有涉及类型或功能研究的三上章(1959)、畠弘巳(1980)、永野賢(1986)、大塚純子(1995)、刘泽军(2016c),涉及构造与链接的甲斐ますみ(1997),涉及篇章主题以及语篇分析的寺倉弘子(1986)、日向茂男・日比谷潤子(1988)、林部英雄、雨宮朋子(1993)、清水佳子(1995)、王维贞(2004)、金美林(2009)、付改华(2019),涉及语料库的刘泽军(2010)等。第三类语用、认知性研究,包括涉及视点研究的王晓(2016);涉及会话分析的矢野安剛(1981)、甲斐沢とし子(1992)、甲斐ますみ(1998),涉及关联理论的彭贞(2016)等。第四类为文化、影响性研究,主要的成果包括涉及现象对语言影响的刘双喜(2015)、语言对现象影响的姜芳(2015)等。代表性的成果如下:

<u>三上章(1959)</u>

　　三上章(1959:104)提出了「略題」的概念,顾名思义"省略主题"之意,并且对这里的「略題」举例进行了说明。

（3）偏理ハ、ドウシタ？

——（φ偏理ハ）到着シマシタ。

(三上章，1959：104。原文竖写。括号、阴影及括号内容为笔者所加，以下相同)

（3）这个简单对话中的「φ偏理ハ」就属于「略题」的范围，指出这里的「Xハ」虽然是很重要的成分，但是如果认为对方已经了解或者是根据场面已经知晓的情况下，从开头就没有重复的必要。三上章（1959）主要针对日语中的主语而提到了「题」的概念，特别强化了「主語廃止論」的说法，指出日语中没有必要有主语，主语相对于其他成分并不是什么特殊的存在。日语句子主要还是「題述関係」占据核心地位，其他成分可以升格为主题。在这样的大背景下，强化了「题」的概念和基本功能，从而提出「有題（有主题句）」和「無題（无主题句）」，进而由「有題」衍生了「顕題(主题显现)」和「陰題（主题隐藏）」，相对「顕題」而又提出了「略題」。这样对于日语主语和主题关系的一系列论述，极大地颠覆了日语传统语法对于句法基本层面的认识，动摇了主语的优势地位，为后续主语和主题之争埋下了伏笔。这样的论述加上后续论著和观点的支撑，奠定了三上章作为日语国学大师的地位。三上章（1959）可谓为日语主题省略的研究开启了先河，指明了方向，奠定了基础。

### 久野暲（1978）

如果说三上章开启了日语主题省略研究的先河，接着把其发展到高峰阶段的应该非久野暲莫属。久野暲（1978）比较系统和全面地考察和分析了日语主题省略，对日语主题省略的分类、原则、省略限制条件等进行了详尽的论证。

首先是主题省略的分类，久野暲（1978：114）从结构语言学（Structural Linguistics）的角度出发，根据省略的主题与前句主题的异同，将主题省略分成了四类。

1）反复主题省略：第一句和第二句的主题相同时的主题省略。

基本形式是：（「Xハ…。Xハ…。」）的第二处的「Xハ」的省略。

2）主语作为先行词的主题省略：前句作为主语出现，后句作为主题时的主题省略。

基本形式是：（「Xガ…。Xハ…。」）的「Xハ」的省略。

3）新主题省略：既不是前句的主语，也不是前句的主题，作为后句的主题而省略。

基本形式是：（「Y ガ…X…。X ハ…。」）的「X ハ」的省略。

4）异主题省略：和前句的主题不同时的主题省略。

基本形式是：（「Y ハ…X…。X ハ…。」）的「X ハ」的省略。

另外，结合三上章（1970：162）关于"已明了之事均可省""省略指的是不引起句意不明的省略"等关于省略总则的描述，久野暲（1978：8）提出了「省略されるべき要素は、言語的、或いは非言語的文脈から、復元可能(recoverable)でなければならない（所有省略要素必须是通过语言或者是非语言的语境能够还原。笔者译，以下相同）」的省略原则。主题省略作为省略的下位概念，因此这样的原则也同样适用于主题省略。另外，针对上面四种省略类型，久野暲(1978：323)导入了共感度（Empathy）的概念，还提出了省略条件。

1）反复主题省略主要取决于助词「ハ」的句子穿越。这一点也是基本上沿袭了三上章（1960：117）的说法。

2）主语作为先行词的主题省略，这种省略没有提到制约条件。

3）新主题省略的制约条件在于，「Y ガ…X…。X ハ…。」两个句子连续时，第一句和第二句或者是完全站在 X 的视角上，或者是相对于 Y 而言更加偏向 X 视角时。也就是说共感度越高越偏向 X 的时候，X 的共感度越接近为 1 的时候，其省略的可能性越高。

4）异主题省略的制约条件在于，「Y ハ…X…。X ハ…。」中，说话人的视点完全和 Y 保持一致，同时限定为第二句话是记述从 Y 的视角来看 X。

久野暲（1978）结合当时语篇分析的最新成果，同时导入了新旧信息的概念，结合视角以及共感度对主题省略进行了彻底的分析和研究，为推进今后的研究起到了承前启后的重要作用，极大地推动了主题省略的研究进展，扩大了主题省略的研究范围，确立了主题省略的研究重心。

甲斐ますみ（1995, 1997, 1998, 1999）

首先，甲斐ますみ（1995）把主题省略按照说话的参与者的数量分成了"同一说话人的主题省略""不同说话人的主题省略"，主要从会话的角度关注于口头表达中的主题省略。接着，甲斐ますみ（1997, 1998）对主题省略条件和"链接（Link）"之间的关系进行明确，指出存在以下的链接才

使得主题省略成为可能。

1）逻辑上的链接：作为命题内部要素的语义上的逻辑关系而形成的行为与行为对象的关联、主体和行为的关联等。

2）词汇上的链接：通过同一语句的反复、对应反义或同一意义语句的反复、「なめる—飲む」之类形成意义组的语句的反复而形成的关联。

3）知识·概念上的链接：基于如「カキ鍋—カキ」等关系所展现的认知、文化、习惯、知识等的关联，如「壊れる—修理する」等之间所能认定关联性的关联。

4）信息上的链接：原因和结果、信息的添加等句子层次上实现的意义逻辑关联，视点的一致性等。

（甲斐ますみ，1998：267—268）

甲斐ますみ（1999：155）除了丰富链接和省略的关系之外，针对篇章中主题省略的可否，明确了信息链接和话题转化所起到的重要作用。同时指出，同一主题连续时，无论何种场合，只要上下文中存在信息链接，省略都可以实现；但是，即使前面的发话中已经成为主题，但并不是都可以省略。这里面还是和信息链接以及话题转换的有无有关系。另外，时空的隔断以及其他主题的介入并不是决定省略与否的第一要因。即使存在这些问题，如果前后文中能够在意义逻辑关系上进行关联、存在信息链接的话，省略仍然可能实现。另外涉及第一、第二人称的主题，如果上下文或语境中不存在信息链接，如果出现了话题转换，即使是逻辑上的唯一主题也必须显现，省略的话就会不自然。甲斐ますみ一系列关于主题省略的研究，从认知以及语用的角度对省略进行了新的阐释和说明，对主题省略的研究具有重要的推动意义。

### 曾仪婷（2005，2006，2008）

曾仪婷（2005，2006，2008）主要研究了日语中主题省略和非省略，所选取的对象限定在第一人称代词上。首先，曾仪婷（2005：181）分析了主题省略可能以及不可能的条件。主题省略方面，主要对三上章、久野暲、砂川有里子的观点进行了总结和概括；主题非省略的部分，主要对寺倉弘子、砂川有里子的观点进行了总结和概括；另外还涉及了清水佳子关于句子类型连接的问题。以这些内容为前提，以新闻投稿内容为分析语料进行调查，对非省略的问题进行了定性分析。结论指出，第一人称代词出现在

主题位置时，其省略和非省略所遵循的规则和一般的主题省略及非省略的规则是类似的。同时强调人称代词的省略应该作为独立的语法项目进行分析，并将其成果运用到日语教育中，作为纠正学习者过剩使用第一人称代词的手段。曾仪婷的一系列关于主题省略的研究，对明确主题省略和非省略，特别是第一人称代词在主题省略中所承担角色的论证有着重要的意义。

## 刘泽军（2008，2010，2012a，2013，2016c，2017a）

刘泽军（2008，2013，2017a）对日语主题的省略和非省略进行了探讨。其中刘泽军（2008）在主题省略层面，选取了三个角度，第一个是久野暲所提到的视点角度，第二个是甲斐ますみ所提到的链接角度，第三个是其本人提出来的叫作"表达心理"的角度。这三个角度所涉及的条件如果都具备的话，主题省略比较易于实现；在主题非省略层面，结合砂川有里子所提出主题省略的干扰要素，提出第一个是歧义的角度，第二个是前后文不一致的角度。最后明确了主题省略和非省略之间的联系和区别，建议省略的研究应该更多超越句子而上升到篇章层面。刘泽军（2013）重点放在主题的非省略，从主题非省略的定位及其功能特征进行了考察和分析，指出以下两个问题：

1）主题非省略的提出虽然来源于主题省略，但是通过分类的过程、与「は」的功能关系以及和主题的势的关系确立了其区别于主题省略的独立性和特质性。

2）主题非省略的功能特征可以从两大方面来探讨。第一为主题的凸显性，第二为句子衔接性。具体来讲，主题的凸显性包括主题的强调和主题的补充；而句子的衔接性包括新信息的再确认、歧义的消除、时空间的调和及表达视点的统一。

刘泽军（2017a）以同名词显现的形式来定义主题非省略的说法，通过对日本新潮文库电子版中文学作品的主题非省略数据的提取和整理，从同名词主题显现的类型、构成名词性质、指示距离、上下文句式构成特征、功能要素等五个方面进行分析。最后指出，在使用类型层面，一般性的使用频率比较高；在名词性质层面，最容易出现的是固有名词，其次为普通名词；在句式构成层面，事象—事象组合占比最高，属性—属性组合占比最低；在指示距离层面，指示距离在 3 及以下时的出现频率最高；在功能要素层面，受其他人物介入要素影响最高，其次是名词主题凸显以及其他主题影响。

刘泽军（2010）利用日本国立国语研究所等开发的日语口语语料库（『日本語話し言葉コーパス（Corpus of Spontaneous Japanese：CSJ）』），以其中出现的主题省略作为研究对象，首先总结了口头表达中的主题省略类型的使用倾向，同时提出了"主题的势"和导入"指示距离"的概念，考察日语口头表达中主题省略的特征，另外对主题省略出现之后后续句子不能持续省略的原因进行了分析。具体的研究总结如下：

1）省略类型中，$\boxed{\text{N は～。（φN は）～。}}$型和$\boxed{\text{～。（φN は）～。}}$型比较多用。

2）主题的势的控制范围也就是指示距离为 A+0.4167，也就是说潜在主题或者显在主题的名词出现后的主题省略的可能性：第一句最大，第二句次之。

3）主题省略后不继续省略的原因虽然有多种，但是新主题的出现和无主题这两种原因比较常见。

刘泽军（2012a）主要探讨了主题省略的分类和省略原则的问题。首先根据日语主题的特点以及在句子中的地位，得出日语主题省略可分为显在主题的省略、潜在主题的省略、零主题的省略及其他形式的主题省略。涉及主题省略原则时，指出主题省略的动态性和相对性特点，指出现阶段有关省略原则的提出之说法缺乏合理性和严谨性。

刘泽军（2016c）对主题省略功能考察的进一步延伸，一般对日语中上位的语篇、语用、修辞功能等考察的内容比较多，而细化到修辞功能中的双关功能则涉及的内容不多。研究考察和分析了日语口头表达中主题省略的双关现象，结合具体的使用实例对双关功能使用的表现形式、使用特征以及制约条件进行了论证和说明。研究指出三个主要的问题：

1）日语口语表达中主题省略的双关功能可分成同语异义型双关和同音异语型双关。

2）主题省略双关功能实现的语言内部制约条件主要体现在前项的省略、后项的同音及前后项的共起关系上。主题省略和同音为必不可少要件，而前项和后项共起关系的紧密度变化将成为双关实现的动态条件。

3）主题省略双关功能实现的语言外部制约条件主要体现在场面共有性、文脉一致性和认知共通性三个方面。

刘泽军的一系列关于主题省略的研究，从主题的省略和非省略出发，涉及类型、制约条件、功能、原则等不同层次的主题省略研究范畴，为丰

富主题省略的研究内涵以及扩展研究领域和扩大语料库视角的研究深度具有推动作用。

## 金美林（2006，2009）

金美林（2006：117—118）针对日语特定表达意志的句式中所涉及的第一人称主题的问题，对其在句子中省略还是显现进行了研究。尤其是对于选择格和必须格这样的格成分选择何种助词，这些格成分会有何种定语修饰等，从格成分的表现形式，对「たい」句型中「私は」的省略和显现进行了考察。得出的结果是，「私は」的省略和显现，会受到格成分的种类和谓语动词结合时形式上的限制和格成分表现形式的限制。格成分的表现形式包括采用何种表达凸显功能的助词或是否具有两个及以上的定语修饰。

金美林（2009）主要把句子连接时日语中同一主题的省略和显现作为研究对象，首先分析了主题省略的可能性要素以及省略时句子连接的用法（涉及接续词省略主题省略和接续词显现主题省略两个类型），接着分析了主题显现的必要性要素和显现时句子连接的用法（涉及接续词省略主题显现和接续词显现主题显现），对两种情况下的成立条件从衔接的限制、时间关系的限制、发生事项次数的限制、其他句子介入的限制、同一主题的其他情况的连接限制等角度进行了总结。作为研究结论，金美林提出，接续词省略主题省略的类型和接续词省略主题显现两种类型的成立条件完全相同，剩余的两种则比较类似。

## 付改华（2014a，2014b，2019）

付改华(2014a)对日语会话中出现的主语省略的制约条件进行了考察，指出了"发话—应答"组合，也就是所谓的毗邻语对（Adjacency Pair）对主语省略所起到的作用。付改华（2014b）针对日语中的主题省略，对其省略条件进行了考察和探索。具体分析时，分成单句、复句、连句、语篇以及会话五个层次，与"传递信息的轻重选择"的发话策略相关联，指出了主题省略在句子构成、信息构成、谈话构成以及交际特性方面所受到的限制。作为结论，指出了单句层次上，主语省略主要受到人称代词的基本外界指示功能的限制；复句主要受到了视点的限制；连句层次上，主语省略的分布和复句存在部分相似性；语篇层次上，主语省略与"传递信息的轻重选择"的发话策略有着密切的关联性；最后的会话层次上，与语篇层次的主语省略相似，外界指示或"发话+应答"形式或者是主语的话题性比较高时

易于出现。

付改华（2019）以日语童话语篇中主语省略为研究对象，探讨主语省略产生的动机和规律，对童话对译文日汉语中各自主语省略与否以及主语省略句在文本中的语篇位置、发生语境进行了调查，并分析了日汉语存在的语言构成以及语篇、语境差异。经过研究发现，在童话语篇中，与篇章照应型主语省略相比，现场指示型主语省略更为常见，表明童话语篇是基于儿童认知特点以及文本阅读与理解能力进行的文本创作，这决定了省略主语的回指跨度较小，更偏向于现场指示。同时也体现了日语以「自己の视点（自己的视点）」来把握周围世界的事物和现象这一特点，而非省略的功能主要有强调主语、体现人物形象、传递发话态度等。

## 2.2 汉日主题省略的对比研究

主题省略的对比研究是研究的延伸，也是研究的支撑。这部分的研究入手最易，积累丰富，成果多样，最具有应用性。鉴于汉日之间在语言沟通和交流上密不可分的关系，在整个中日交流历史上，对比研究始终成为包括语言研究在内的重要组成部分，主题省略的研究自然也不例外。鉴于主题省略研究的特性，也出现了汉语与其他语种关于主题省略的对比研究。这里分成汉日对比研究和其他对比研究进行总结。

### 2.2.1 主题省略的汉日对比研究

汉日中关于主题省略的对比研究，按照时代的发展，主要的文献集中在以下三种类型上。第一类为类型、结构性研究，主要的成果有涉及句式研究或要素分析的李萍（1995）、韦艳（2015），涉及类型分析或原因分析的秦礼君（1987）、姚灯镇（1994）、费惠彬（2006）、王凤莉（2007）、张桐赫（2009）、徐妇女（2012）、杜玲莉（2012）、高雅雯（2013）、朱德梅（2014）、刘金凤（2014）、张瑞书（2015a）、谢梓飞（2019），涉及人称代词的郑玉和（2004）、柴田奈津美（2013）等。第二类为功能、语篇性研究，主要的成果有涉及语料库研究的朱立霞（2020），涉及照应及关联性分析的今井敬子（1993）等。第三类为语用、认知性研究，主要的成果有涉及认知研究的朱立霞（2013，2014）等。代表性的成果如下：

秦礼君（1987）

秦礼君（1987：96）主要选定主语省略的类型进行对比，具体分成对话省略（相互对话省略了主语，书信省略也属于此类）、承前省略（主语在

前面已经出现，后面省略不写）、蒙后省略（主语在后面出现，前面省去不说）、自叙省略（自我叙述时的省略，常见的是省略第一人称主语"我"或"我们"），通过汉日语中具体的例句进行了对比。可以看出，研究主要以汉语的主语省略为主，来涵盖日语中的省略类型；同时也比较早地涉及第一人称代词主语省略的现象。

### 今井敬子（1993）

今井敬子（1993）以零照应为研究对象进行了日汉对比。这里的零照应主要是和主题的省略相关联，从连续性的条件和视点的条件两个方面进行了分析。在连续性条件层次上，汉语中动词宾语作为先行词在后续的主语位置省略时，和其对应的日语可以分成以下三类：

1）日语即使是零主题，汉日两种语言基本上也是可以对应的。

2）日语即使可以零主题化，但也需要附带条件。

3）日语不能零主题化。通过同一主语可以成为正确的日语句子。

另外，在视点的条件层次上，牵涉三个问题：

1）被动句和零照应的问题，主要是参照久野暲的视点的条件。

2）不同视点的交错的问题，汉语不同视点动词的合一化。

3）视点人物和篇章主题的问题，代名词的活用等。

作为结论，关于后续句子的异主题所涉及零照应的成立条件，今井敬子（1993：97）研究指出，汉语存在先行词和后续句子内容上的意义关系，也就是对前后语境的依赖性；而日语存在连接形式的句子构造以及视点条件的必要性。另外，从以上差异可以看出，汉语的主题更容易发生变化，日语统一主题的连续性更容易。

### 费惠彬（2006）

费惠彬（2006）进行了以话题的省略为对象的汉日对比，基于一般情况，特别针对一些特殊类型的汉日对比通过实例进行了分析。首先是文章的开篇或谈话一开始就省略的话题，其次是承上文省略的话题，再者是因不易确定而省略的虚指话题，最后是省略的状况话题。这些内容基本上都涉及了篇章的内容，同时牵涉了语用层面的内容。

### 朱立霞（2013，2014，2020）

朱立霞（2013）针对前人省略研究中存在的问题，以原型理论、概念与形式的映射关系作为理论指导，结合日语、汉语实例，对省略的实质、判定以及认知特点提出了新观点：

1）"省略"意识缘起于原型认识和格式塔式思维。只有在恢复话语的"最小语义完型"时需要召回的信息，才是真正的"省略成分"。

2）省略具有主观性和模糊性。

3）认知主体的主观化调节导致一个"最小语义完型"可能出现多种省略变体。三个结论中所涉及的省略，不少在汉日语中经常是以主语或主题的省略作为代表。

朱立霞（2014）在阐明省略研究的立场和原则的基础上，利用日汉平行语料库对比分析了日汉小说文本中各对应句法位置上省略的分布状况，得出的结论如下：

1）总体说来，日语小说的省略频率远远高于汉语。

2）日、汉语小说中成分省略的倾向性层级分别为"主语"大于"定语"大于"宾语"大于"谓语"大于"对象格补语和主语"大于"定语"大于"状语"。

3）省略的数量随语言使用者的不同而有所变化。可以看出，以主语或主题省略为代表的小说中的省略，汉日间数量存在差异，特别是在成分的倾向性上具有共性，凸显主语省略的优势地位。

朱立霞（2020）利用日汉平行语料，对比分析了日汉对译口语文本（日常会话和新闻广播）中省略成分的分布状况，得出结论：

1）在日常会话中，日语省略更加灵活，数量明显多于汉语。日语句子成分的省略种类较多，且日汉语呈现不同的省略倾向性层级。

2）在新闻广播中，日汉语的省略都很少，且都是主语省略多，日语中偶尔出现「に格」省略。

3）日汉语口语中省略的具体表现不同，但它们都受三条认知规律的制约。同样揭示了日汉口语语料库中主语省略的倾向和趋势，以及在认知角度的规律认识和制约条件。朱立霞的一系列关于省略的语用以及认知方面的研究，为主题或主语省略的语用和认知研究提供了重要的参考。因为汉日省略中主题省略所占据的重要地位，等于间接反映了主题省略的语用和认知特征。

### 2.2.2 主题省略的其他对比研究

关于主题省略的其他对比研究，按照时代的发展，主要的文献集中在以下三种类型上。第一类为类型、结构性研究，主要的成果包括涉及类型或类型学视角的汉英对比的王琼琼（2007）、俄汉对比的卢婷婷（2011）、

汉韩对比的李甲男（2014）以及白水振、金立鑫、白莲花（2014），涉及条件分析的日西英对比的宫岛敦子（2016），涉及特征分析的英汉对比的黄赛赛（2016）等；第二类为功能、语篇性研究，主要的成果有涉及功能研究的英汉对比的关翠琼（2007），涉及语篇差异的英汉对比的周恩（2007），涉及语篇视角的英汉对比的徐莉（2015），涉及语篇衔接的英汉对比的孙纪燕、夏日光（2007）和杨春春（2011）、汉韩对比的金慧婷（2014）和金贤姬（2014）等；第三类为语用、认知性研究，主要的成果有涉及语境研究的汉西对比的李戈（2011）等。代表性的成果如下：

### 王琮琮（2007）

王琮琮（2007）对汉英的主语省略进行了对比，分成了背景省略和承前省略两个主要的类型，指出了英语的省略受到了语法形式的严格控制，必须在一定的语法规则下省略；汉语的省略，灵活多样，凭借语义或句子之间的逻辑关系，只要意义表达清楚，就可以省略。英语"以形统神"，追求内容和形式意义对应；汉语"以神统形"，注重意义的表达。

### 卢婷婷（2011）

卢婷婷（2011）对俄汉的主语省略进行了对比，分成承上文主语省略主语、承非主语成分省略主语和承上文两个成分省略主语三个方面进行了考察，得出来的相同点是：俄汉中的主语省略都符合语言使用的经济原则，是不引起歧义的简约表达方式之一；俄汉省略的主语一般都是可从语境推知的已知信息；主语省略是俄汉语篇重要的衔接手段；俄汉省略中主语省略最多见；俄语语篇结构中也有很多汉语"人治"的因素。得出来的不同点是：距离因素对汉语的制约要比对俄语的制约更强；汉语中主语承上文非主语成分省略的情况比俄语更加灵活多样；俄语中承两个语法成分而省略主语的现象比汉语中更加普遍。

### 李戈（2011）

李戈（2011）从语境角度进行了汉语和西班牙语之间的主语省略对比。语境分成三个具体的内容：言内语境、言伴语境和言外语境，并指出汉西两种语言的省略现象由于自身语言特点和语境因素的双重作用，往往表现出不同的句法和语用特点。言内语境时，指出西语注重形合，汉语注重意合，西语结构完整依赖句法，汉语句子结构松散等；言伴语境时，指出在身体语言、语体以及修辞因素对于主语省略现象的影响；言外语境时，主要指的是文化语境和中西不同的逻辑思维方式等。同时还进行了多语境下

主语省略现象的汉西对比。

李甲男（2014）对汉语和韩语的主语和话题进行对比研究。其中涉及汉韩主语省略的时候，提到了四种类型的省略：汉韩对话主语省略，汉韩自述主语省略，汉语祈使句和命令句、共动句的主语省略，汉韩上下文中主语省略；主要结合汉语主语省略的特征兼顾韩语的主语省略的特征进行对照比较研究。虽然在研究中也提到了汉韩的话题问题，涉及的多半是成分话题化，也就是成分升格的问题，没有涉及话题省略的内容。最后的结论提到，汉韩主语省略中常见的是承前省略和蒙后省略；承前省略中，主语承主语省略最为普遍；汉语讲究实际效果，韩语更加注重和谓语的搭配等。

宫島敦子（2016：93—94）对日语、西班牙语和英语等三个语种中主语省略做了对比研究。具体分析时，结合三种语言是遵循何种规则而进行主语省略的这一课题进行了观察。得出的结果是，共同点在于三种语言在表达"命令""依赖""劝诱"行为时，主语都有省略情况发生；而表达命令这一发话行为的三种语言行为的共通性是主语省略的重要原因。不同点在于，日语和西班牙语和英语不同，主语省略比较普遍；日语和西班牙语中主语省略的主要原因不同，各要素的重要度也有区别：涉及主语省略，西班牙语的第一人称是其最主要原因，日语里前句主语相同指示的句子所构筑的语境是其最主要原因。

## 2.3 汉日主题省略的习得研究

主题省略的习得研究是研究的发展延伸阶段，也是研究的转向。这部分研究理念最新，发展迅速，成果突破明显，最具有实践价值。它既包含实证研究，也包括实践研究。但是因为与篇章知识相结合，同时涉及语用认知及心理方面的专业知识，使得实证研究的门槛偏高；另外，主题省略虽然在习得初级阶段就会涉及，但是偏重中高级学习者的情况较多，这就使得基础阶段教授过程中并没有受到足够的重视，增加了实践研究难度；同时还对教授者本身的专业知识储备等有要求，也使得实践研究入门不易。其结果是不仅仅实证研究部分缺失，实践研究也举步不前。这样的倾向不仅仅体现在教学导入实践中，同样也能够反映在研究成果的产出数量上。

这里分成汉语的习得研究和日语的习得研究分别进行总结。

### 2.3.1　汉语主题省略的习得研究

汉语关于主题省略的习得研究，按照时间的轴线，研究的成果主要集中在对外汉语教学上。主要涉及习得研究、偏误分析、教学实践以及习得和教学结合的部分。第一类习得研究，涉及教学研究的马丽君（2012），涉及语篇分析的邹倩静（2017）等；第二类偏误分析研究，涉及语篇层面的陈虹羽（2014），涉及成分分析的陈盼（2017）等；第三类教学实践以及习得和教学相结合的研究，涉及类型分析的王小晗（2017），涉及教学研究的冯逸群（2019）等。代表性的成果如下：

<u>马丽君（2012）</u>

马丽君（2012）是关于蒙古国汉语学习者汉语主语省略习得的分析成果。研究指出，在对外汉语教学中，主语省略的教学也是一个不可忽视的问题。结合蒙古国学生主语省略习得的具体实例，基于国内外省略研究的现状，从主语省略的类型即承前主语省略、承前宾语省略、承前定语省略、承前的其他省略、蒙后省和主语对话省等六个小方面分析蒙古学生主语省略的偏误。在分析偏误类型时，以偏误分析法为主，对比分析法为辅。从母语的负迁移、目的语知识的过度概括、学习策略的影响、教学环境四个方面阐释蒙古学生产生主语省略偏误的原因，并提出在对外汉语教学中主语省略偏误的具体教学策略：加强理论教学，强化实践操作，适时鼓励，及时纠正。

<u>陈虹羽（2014）</u>

陈虹羽（2014：121）是中高级阶段泰国留学生汉语语篇主语省略的偏误研究。研究以中高级泰国汉语学习者为调查对象，对汉语叙述体语篇中的主语省略的偏误情况进行了考察，探析偏误形成的原因：中高级阶段留学生的认知心理的差异，初级阶段汉语教师语篇意识薄弱，留学生母语的负迁移等。结合这些形成原因，结论部分提出了教学建议：汉语教师要梳理语篇意识，学生应该在写作中重点培养自己直接用汉语来构思整篇文章的能力，减少在翻译中因母语负迁移所造成的不良影响。

<u>王小晗（2017）</u>

王小晗（2017：18—19）是关于汉英句子成分省略的对比及相关汉语教学问题的研究。通过对比不同句子成分的省略情况，分析汉英成分省略句的差异性和一致性，试图归纳出各自的特点，有针对性地解决汉语省略

句教学中出现的问题。根据省略的不同性质，其从主语、谓语、宾语及其他成分的具体省略情况来对比和分析汉英省略句，然后对汉英成分省略句各自特点进行归纳，并对二者的异同进行总结。涉及主语省略部分的异同点如下：两者都可以出现在日常对话和祈使句中；汉语主语能省则省，被省略掉的主语通常是在语义和语境的基础之上被召回的。英语中的主语省略一般出现在结构一致的句子中，在语境和语法结构的共同帮助下，省略的主语才能被召回。

冯逸群（2019）

冯逸群（2019）是英语背景汉语学习者主语省略的习得与教学研究。研究以英语背景学习者为例，采用语料库研究方法，从"HSK 动态作文语料库"中选取语料，统计英语背景学习者书面语篇复句中的主语省略偏误；然后，通过英汉语言对比，并结合对学习者的访谈和实验调查剖析偏误产生的原因；最后，在教材编排和教学情况考察的基础上，提出对英语背景学习者主语省略教学的建议。作为结论指出：英语背景汉语学习者主语省略偏误的出现频率不是很高，多为"主语多余"和"主语残缺"两类，其原因在于母语负迁移和目的语知识泛化。作为建议，第一是教学开始阶段就要适当涉及主语省略，由易到难教授主语省略的用法；第二应该运用语境式教学和偏误点拨教学法；第三是要在教材的语法注释中增加对主语省略用法的说明，增加典型例句，提高复句出现率，保证练习的多样性和针对性。

### 2.3.2 日语主题省略的习得研究

日语关于主题省略的习得研究，按照时间的轴线，研究的成果主要集中在日语教学上。主要涉及习得研究、偏误分析、教学实践以及教学法的部分。第一类习得研究，涉及学习者书面或口头表达的惠谷容子（2004）、刘泽军（2011a，2012b）、宫岛敦子（2015），涉及习得过程分析的架谷真知子（1991）和桃生朋子（2013），涉及视点视角的刘泽军（2011b），涉及推论还原的刘泽军（2016b）、第一人称代词的 BÙI THỊ HOÀNG HOÀ（2015）等；第二类偏误分析研究，涉及还原构造的平川八寻（1989）等；第三类教学实践以及教学法的研究，涉及教学建议的杨丽华（2013）、教授方法的王珊珊（2016）、教学应用的许媛（2019）等。代表性的成果如下：

刘泽军（2011a，2011b，2012b，2016b）

刘泽军（2011a，2012b）利用故事口头再现（oral narration）和跟踪调

查（follow up）的方法，收集了中国人日语学习者（以下简称为学习者）的日语口头表达数据（CJO）、日本人的日语口头表达数据（JJO）、学习者的作文（CJW）、学习者的中文口头表达数据（CCO）以及学习者的意识调查数据（CAF）。通过对以上这些数据的分析和考察，来探明学习者日语口头表达中关于日语主题省略的实际使用情况。

刘泽军主要分三个部分来考察学习者的日语口头表达中关于日语主题省略的实际使用情况。第一部内容主要是围绕着本研究的理论框架体系来展开，第二部主要是实证的研究，第三部主要是本研究的总结以及和日语教育相关联的内容。通过研究考察和分析，归纳和总结了学习者日语主题省略的实际使用情况，具体如下：

1）学习者在语言知识比较混乱的情况省略主题的时候较多。

2）学习者由于在句子中的关于主题省略还原线索的提示不足，在句子以外的信息的基础上进行推论还原的主题省略较多。

3）关于主题省略方面，学习者的日语口头表达和作文以及自己的母语之间在句子关联以及视点等方面存在着巨大的差异。

关于这些实际使用情况，主要是由于语言知识的不足等原因所造成；对于今后的日语教育，针对学习者提出了以下两条建议：

1）关于主题省略的相关基础知识应该尽早导入并进行指导。

2）主题省略知识的强化，特别是在句群层次的句子关系理解方面要加强指导。

此外，利用以上相同的调查方法和手段，刘泽军（2011b）主要从视点的角度对中国人日语学习者主题省略的使用现状进行分析和考察，得出结论：

1）视点一致性方面，学习者和母语话者差别不大。

2）视点线索方面，学习者也与母语话者类似。但是学习者的组合比较固定，母语话者或单一或不确定。

3）视点一致时，学习者和母语话者的主题省略都最容易实现。但是即使满足条件该省不省、不该省却省的情况也存在。

刘泽军（2016b）主要从推论还原的角度对中国人日语学习者的主题省略的使用现状进行了分析和考察，得出的结论是：学习者比母语话者在主题省略时更加多用基于语言外含义的推论，推论时更多依赖语境层次和语言外层次的线索。

### 宮島敦子（2015）

宮島敦子（2015：198）是对日语学习者的作文数据进行主题/主语省略研究的成果。研究通过让汉语母语背景的日语学习者来说明一部电影、让智利的日语学习者来写命题作文的形式，对其中出现的省略进行了考察和分析。通过考察观察到：

1）叙事语篇之类的书面表达式的作文和演讲稿之类的口头表达式的作文的主题省略的条件不同。

2）如「見つける」一样，提示语篇中的话题转换，存在促进主题提示的谓语。

3）不同语言间存在主题省略的规则的差异。

4）母语主题省略的规则对日语学习者主题省略产生影响。

作为指导，提出了建议如下：

1）当前主题和前句主题或主语不是同一指示时，不可省略主题。

2）满足省略条件，但是如当前主题和前面句子表达内容之间存在时间间隔或者是脉络上的隔断时也不可省略主题，或是包含当前主题的句子谓语存在如「見つけた」等提示话题转换的谓语时也不可省略主题。

3）口语中的「私は」可以省略。

### 许媛（2019）

许媛（2019：99）以人称代词做主语的省略现象在日语初级阶段教学中的应用为对象，以《（新版）中日交流标准日本语（初级）》为例，对学习者中出现的人称代词主语省略现象进行了研究。研究主要将主语省略情况进行分类，分析人称代词作为主语在句子中的省略现状，联系日本民族的特性与文化，提出中国人日语学习者无法找到主语时的应对方法：陈述句中省略的主语，一般为第一人称"我"，疑问句省略的主语，则多为第二人称"你"；但当询问对方有关自己的事情的疑问句时，主语可为第一人称"我"；此外，可根据表达情感意志的谓语、授受动词以及敬语中使用的表达等，确认主语的身份。同时，在主语省略之下，可以看到深层次的日本民族特性和文化，通过语言体会文化，通过文化理解语言，真正把日语学透彻。

## 2.4 汉日主题省略的翻译研究

主题省略的翻译研究是研究的创新，也是研究的尝试。这部分研究起

步较晚，涉及较少，成果缺失，最具有挑战性。随着翻译研究的地位提升以及跨文化交流的重要性提升，翻译研究日益成为今后主题省略研究的重要组成部分。主题省略的翻译研究虽然刚刚起步，进展的速度还比较缓慢，但是仍然具有后发优势。这里分成主题省略的汉日互译和其他方面的翻译研究两个部分进行总结。

### 2.4.1 主题省略的汉日互译研究

关于主题省略的汉日互译研究，按照时间的轴线，研究的成果主要集中在翻译直接相关类研究和翻译间接相关类研究。翻译直接相关类研究中，涉及多语种对比研究的日译汉、日译英的邓圆（2006）和日译汉、日译韩的穆欣（2013）；涉及翻译教学方法、实践理论等方面，翻译实践报告的日译汉的熊国星（2014）、姜艳丽（2013a）、李小杰（2017），会话研究的日译汉的宋協毅（2018），方法研究的姜艳丽（2013b）和胡伊（2016），翻译理论的日译汉的邓圆（2014），翻译教学句法研究的臧丽（2011）等。翻译间接相关类研究中，共涉及类型、结构性研究，功能、语篇性研究，语用、认知性研究，文化、心理性研究四小类。第一类类型、结构性翻译研究，涉及类型及原因分析日译汉的小川泰生（1990,1991,1997）、王凤莉（2009）、陈晨（2013）、刘小妹（2013）、张瑞书（2015b）、杨敏（2015）、刘泽军（2016a）以及汉译日的刘泽军（2017b）；涉及对等或现象分析日译汉的张松琳（2006）、邵小丽（2012）；涉及人称代词汉译日的徐曙（2010），涉及句式结构汉译日的加藤晴子（2009）、涉及省略法则适应性的穆欣（2012）等；第二类功能、语篇性翻译研究，涉及功能研究日译汉的付改华、张定超、吴晶晶（2020）等；第三类语用、认知性翻译研究，涉及关联性视角的汉译日的曲磊（2015）、视点作用的加藤晴子（2018）等；第四类文化、心理性研究，涉及文化心理的日译汉的王凤莉、张凤杰（2013）等。代表性的成果如下：

小川泰生（1990，1991，1997）

小川泰生（1990,1997）主要是对日译汉中的主语省略问题进行了研究。对于日语和汉语的主语涉及省略时的类型，主要可以分成以下四种情况：

1）日语和汉语都不省略：包含固有名词是主语、已知动作主体、凸显、带有格助词「が」、带有副助词「も」。

2）日语和汉语都省略：涉及真理或事实或客观性强的发言、命令依赖、日语句号译成汉语是逗号的情况、会话。

3）日语不省略，汉语省略：日语和汉语主语位置相反。

4）日语省略，汉语不省略：承前、上下文、敬语、称呼对方名字打招呼、复句。

小川泰生（1991）是小川泰生（1990）研究的资料篇，针对日语和汉语在主题省略翻译上的四个对应类型以及更多的下位分类，提供了更加详细的资料加以说明和佐证。

### 张松琳（2006）

张松琳（2006）是针对汉日互译时两种语言中主题省略和显现的对应性而进行的翻译研究。研究以文章中出现的前后句连接的主题省略和显现为对象，选定日汉对译小说和汉日对译小说为材料，对其中涉及主题省略和显现的对应性进行了调查。研究结果指出，两者之间在主题省略和显现上存在诸多共同点，但是也有不少明确的差异。比如，存在时间先后关系时，日语一般省略后续的主题，而汉语显现的情况比较普通。另外，后句赋予前句已经出现的指代对象新的信息时，汉语可以省略，日语反而显现。并且汉语后句对于主题的解说需要强调时主题显现，而日语这个时候也会省略。

### 穆欣（2012，2013）

穆欣（2012，2013）都是涉及主题省略的翻译研究，均以川端康成的『伊豆の踊子』和译本之间涉及主题省略的对应关系进行考察分析。不同的是穆欣（2012）主要针对的是日译汉中主题或是主格的省略问题，穆欣（2013）主要针对的是日译汉和日译韩多语种的翻译研究。后者结合三上章对于「略题」所提出的五条法则，从选定的译本中找到例子，以平行对译语料的形式进行一一分析。最后得出结论：相对于日语和韩语，汉语的主题、主格更加无标，以语序决定意义，因此在句子和意义上的限制要比日语和韩语强。韩语基本上完全适应日语的五个法则，汉语有适合也有不适合的地方；并且不同的汉语译本，适应的法则也会出现变化。

### 王凤莉（2009，2013）

王凤莉（2009）以主语省略为对象进行了日汉翻译研究。具体分析时，进行了不同层次的对比。首先是日汉主语省略的翻译研究，接着是古代汉语和现代汉语的对照比较翻译研究。研究以村上春树的『ノルウェイの森』原文和汉语译文为资料，比较日汉两种语言主语省略的共性和差异以及成立的条件、原因等；研究中也涉及古代汉语翻译成现代汉语时对于主语省

略的处理情况；另外，还分析了日译汉时主题省略和补充的原因。

### 刘泽军（2016a，2017b）

刘泽军（2016a）主要涉及日语主题省略的汉译研究。研究选取日本主要文学作品中的实例以及它们的汉语翻译版本，对主题省略的处理进行了分析考察，确定了处理的类型：原样还原翻译和不原样还原翻译；其中不原样还原翻译可以分成部分原样还原翻译和颠覆性原样还原翻译；原样还原翻译的实现既受到如视点的一致性、其他内容的介入等语言外要素的制约，又受到如句式的限定或后句的照应等语言内要素的制约；不原样还原翻译的实现得益于代名词的指代、复数的错位及不同层次主题的借用等条件；主题省略中文翻译还存在有原样还原加部分还原的混合形式。

刘泽军（2017b）是关于汉语主题的日译研究。涉及主题省略的翻译研究有主题省略、零主题省略以及篇章主题省略的部分。通过分析，对所选定的汉语文本进行统计发现，涉及主题省略的日语翻译部分，原样还原翻译出现的比例远远大于非原样还原翻译；涉及零主题省略的日语翻译部分，同样是原样还原翻译比例高，但是非原样还原翻译也有一定的占比；涉及篇章主题省略的日语翻译部分，原样还原翻译、部分原样翻译比例最高，非原样还原翻译比例较低。另外从篇章主题的覆盖率而言，虽然原样还原翻译和部分原样翻译全部覆盖，但是非原样翻译所覆盖的比例并不算低。

### 付改华、张定超、吴晶晶（2020）

付改华等（2020）以日语和汉语在主语的隐现方式为对象来探讨汉日翻译中主语的省略和显现问题。通过对对译文本中主语隐现的考察得到的结论如下：日语主语隐含频率明显高于汉语主语省略，这体现出日汉语言语法、语篇构造、语用心理等差异；日语主语往往隐含于授受表达、敬语表达、主观情感表达等句式，在语篇构成上常作为主题主语被省略，体现了主题省略的高可及性功能；汉语则往往较为注重句式的完整性，主语省略通过语用前提、语境、交际关联性来实现。汉日语言中主语隐现的基本功能是一致的，即优化表达效果、调整信息结构、明确主观态度等，文本不对等是基于以上因素的译者主体性的体现。

#### 2.4.2 主题省略的其他互译研究

关于主题省略的其他互译研究，按照时间的轴线，研究的成果主要集中在翻译直接相关类和翻译间接相关类研究上。翻译直接相关类研究中，涉及多语种对比研究的汉译英、韩译英的 MiraKim&ZhiHuang（2012）；涉

及翻译等方面，翻译策略研究的汉译英的彭开明（1999）、张津玮（2004）、于爽（2012）和英译汉的王锐（2009）、王怡（2011），翻译方法的英汉互译的金旭东（1992）和机器翻译的汉译英的马红妹、齐璇、王挺、陈火旺（2002）等。翻译间接相关类研究中，共涉及类型、结构性研究，功能、语篇性研究，文化、意境性研究，语料库研究四小类。第一类类型、结构性翻译研究，涉及个案分析的汉英互译的王茹茹（2009）、句式研究的汉译英的邹虹（2011）、机制研究的汉译法的曾嘉鸣（2015）、类型分析的汉译越的 NGUYEN DIEU HUONG（2017）、现象分析的汉译英的袁宇辰、黄凤鸽（2018）等；第二类功能、语篇性翻译研究，涉及语篇衔接功能的汉译英的杨传鸣（2008）、李天宇（2019）、李莹（2013）以及类型及衔接功能的汉译英的陈棵可、许希明（2013）等；第三类文化、心理性研究，涉及思维模式视角的汉译英的杨传鸣（2010）、文化意境视角的汉译英的陈伟英（2006）；第四类语料库研究，涉及翻译方法汉译英的孙婷婷（2013），涉及人称代词字幕翻译的英译汉的郑中（2019）等。代表性的成果如下：

### 金旭东（1992）

金旭东（1992）进行的是汉语主题省略和英汉互译的研究。结合英汉主语结构的差异，针对汉语主题省略的语用特征，提出汉英翻译的增添法和英汉翻译的省略法等翻译技巧。另外还对汉语主题省略在英译中的信息失误进行了剖析：主题全省略句，省略部分应按图索骥，加以补入；主题字面意义不明确或主题不完整；一个以上主题，错综关系多主题结构。相对而言，英译汉时的失误剖析：原文汉译后主题省略，但意义有出入或谬误；原文有主题省略，译汉时，代词使用不当；原文无主题省略，译汉时如省略则更自然更符合汉语表达法。

### 马红妹、齐璇、王挺、陈火旺（2002）

马红妹等（2012）是关于汉英机器翻译中主语省略的研究。研究提到汉语中主语省略现象十分普遍，汉语主语省略句的处理对于汉英机器翻译十分重要，它需要基于篇章上下文语境进行分析，包括省略主语识别和省略主语恢复。研究以汉英机译系统 ICENT 的句法语义分析为基础，建立汉语篇章上下文语境模型，制定主语省略恢复规则，给出基于汉语篇章上下文语境应用主语省略恢复规则恢复主语省略的算法，最后对小学语文课本实际语料进行了实验。

### 陈伟英（2006）

陈伟英（2006）是对唐诗主语省略的英译研究。汉语无论在书面语或口语表达上，都存在大量的主语省略现象，而英语特别是英语的正式书面表达中则少有主语的省略。英汉主语省略的差异不仅来自这两种极不相同的语言本身，更主要的是来自两种语言背后起支撑和依托作用的文化。通过唐诗"主语省略"英译个案的考察和分析，可以论证这种差异的产生离不开文化和思维方式的深层因素，进而证实诗歌翻译中意境具有不可译性。结论指出了从句法出发结合美学与文化揭示唐诗主语省略英译补出的问题所在，译者如何避免大量使用代词补出导致译诗索然寡味的做法。译者在翻译过程中应尽可能考虑到审美接受与文化差异，将诗歌语言的多元性和汉英语言文化的差异这个"绝对意义上"的障碍，化为重建完美译诗的广阔空间，让不可译的阻力激励译者的主体性发挥，进入自由想象的空间。

### 李天宇（2019）

李天宇（2019）是从定量和定性两方面研究汉语主语省略的英译研究。定量方面主要选取鲁迅的《祝福》及其两个英文版本，统计分析了汉英两种语言的主语出现情况，得出与英语相比汉语的主语省略使用频率较少的结论。定性方面则引入逻辑的四种衔接手段，对上述汉英主语不对称现象做出解释；并且进一步发现，由于逻辑的衔接作用，使得汉语与英语相比在文本和读者解读两方面更加具有动态性。

## 2.5 先行研究的总结和研究课题的确立

以上 2.1、2.2、2.3、2.4 分别从汉日主题省略的本体研究、汉日主题省略的对比研究、汉日主题省略的习得研究和汉日主题省略的翻译研究四个大的方面、八个小的方面进行了文献梳理和呈现。下面对这四个大项的先行研究进行总结和概括，从区域分布、语种分布、时间分布、领域分布以及成果形式分布等五个维度进行说明。针对国内外比较直接涉及主语省略的汉语和日语研究，目前收集到的主要文献有 197 项，其中期刊 141 篇，著作 8 部，博士论文 13 部（部分博士论文或已经出版，不在掌握之内），硕士论文 35 篇。具体情况如表 2 所示，根据收集来的先行研究制定而成。

表 2　涉及汉日主题省略研究的文献概括

| 项目分类 | | 本体研究（94 篇） | | 对比研究（34 篇） | | 习得研究（19 篇） | | 翻译研究（50 篇） | | 合计 |
| --- | --- | --- | --- | --- | --- | --- | --- | --- | --- | --- |
| | | 汉语 | 日语 | 汉日 | 其他 | 汉语 | 日语 | 汉日 | 其他 | |
| 区域分布 | 国内 | 31 | 31 | 16 | 13 | 6 | 4 | 17 | 20 | 138 |
| | 日本 | 1 | 28 | 4 | 1 | 0 | 8 | 12 | 0 | 54 |
| | 国外 | 1 | 2 | 0 | 0 | 0 | 1 | 0 | 1 | 5 |
| 语种分布 | 汉语 | 31 | 28 | 13 | 11 | 6 | 3 | 11 | 16 | 119 |
| | 日语 | 1 | 31 | 7 | 1 | 0 | 10 | 18 | 0 | 68 |
| | 其他 | 1 | 2 | 0 | 2 | 0 | 0 | 0 | 5 | 10 |
| 时间分布 | 十年以内 | 11 | 25 | 12 | 10 | 6 | 10 | 22 | 13 | 109 |
| | 二十年内 | 10 | 16 | 4 | 4 | 0 | 1 | 4 | 6 | 45 |
| | 五十年内 | 11 | 19 | 4 | 0 | 0 | 2 | 3 | 2 | 41 |
| | 百年以内 | 0 | 1 | 0 | 0 | 0 | 0 | 0 | 0 | 1 |
| | 百年以上 | 1 | 0 | 0 | 0 | 0 | 0 | 0 | 0 | 1 |
| 研究领域 | 类型结构 | 24 | 39 | 16 | 6 | 0 | 0 | 15 | 5 | 105 |
| | 功能语篇 | 3 | 14 | 2 | 7 | 0 | 0 | 1 | 4 | 31 |
| | 语用认知 | 6 | 6 | 2 | 1 | 0 | 0 | 2 | 0 | 17 |
| | 文化思想 | 0 | 2 | 0 | 0 | 0 | 0 | 1 | 2 | 5 |
| | 教育教学 | 0 | 0 | 0 | 0 | 6 | 13 | 1 | 0 | 20 |
| | 翻译实践 | 0 | 0 | 0 | 0 | 0 | 0 | 9 | 10 | 19 |
| 成果形式 | 学术期刊 | 24 | 47 | 16 | 11 | 1 | 9 | 17 | 16 | 141 |
| | 博士论文 | 3 | 5 | 1 | 1 | 0 | 2 | 1 | 0 | 13 |
| | 硕士论文 | 4 | 5 | 3 | 2 | 5 | 1 | 10 | 5 | 35 |
| | 学术著作 | 2 | 4 | 0 | 0 | 0 | 1 | 1 | 0 | 8 |
| 合计 | | 33 | 61 | 20 | 14 | 6 | 13 | 29 | 21 | 197 |

根据表 2 的数据，结合四大研究内容和八个小的分类以及五个大的维度和二十一小项的实际情况，可以看出以下的结果和倾向。首先，涉及本体研究、对比研究、习得研究、翻译研究的四大研究内容和八个小的分类，统计结果如图 1 所示。

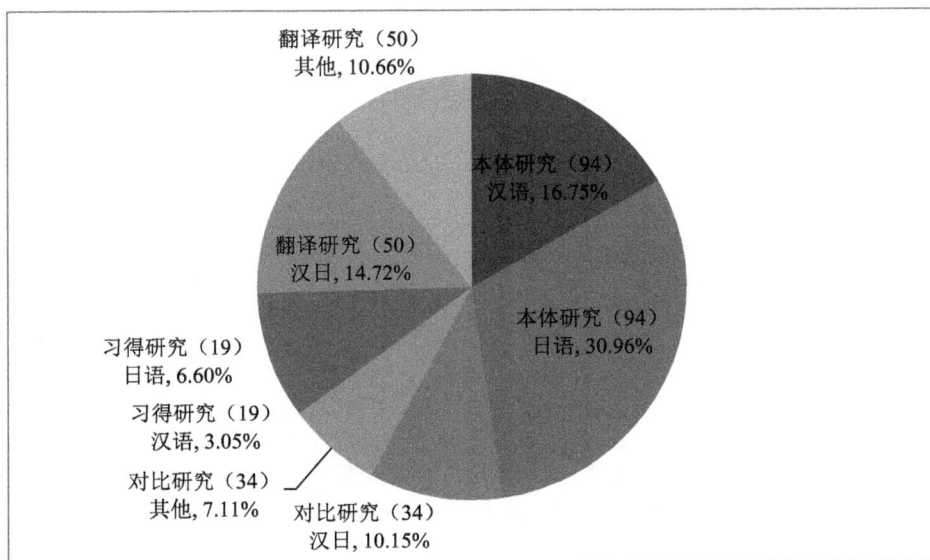

**图1 文献四大研究内容及八个小项的分布情况**

从图1可以看出，四大研究内容按照出现频率排列，依次为本体研究（16.75%+30.96%=47.71%）、翻译研究（14.72%+10.66%=25.38%）、对比研究（10.15%+7.11%=17.26%）和习得研究（6.60%+3.05%=9.65%）。另外，四大研究中，本体研究中日语的本体研究（30.96%）要高于汉语的本体研究（16.75%）；翻译研究中，汉日互译研究（14.72%）略高于汉日其他翻译研究（10.66%）；对比研究中，汉日对比研究（10.15%）略高于汉日其他对比研究（7.11%）；习得研究中，日语习得研究（6.60%）略高于汉语习得研究（3.05%）。同时对所有的八个小项进行统计可以看出，汉日主题省略的研究中，日语的本体研究（30.96%）成果最丰富，汉语本体研究（16.75%）和汉日互译研究（14.72%）位居其后，其他翻译研究以及汉日对比位于第三阵营，其他的对比以及习得研究相对少一些，特别是汉语习得研究（3.05%）。总结而言，涉及主题省略研究的汉日两种语言，本体研究占据主流，特别是日语方面；汉日对比及翻译研究正在追赶，习得研究涉及程度不够。

其次是区域分布方面，按照国内、日本、国外（中国、日本以外的地方）三个小类进行统计，结果如图2所示。

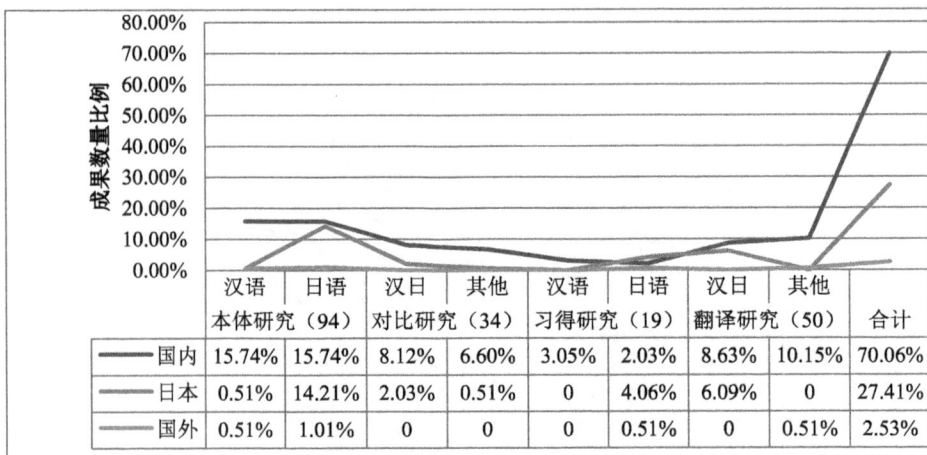

| | 汉语 本体研究（94） | 日语 | 汉日 对比研究（34） | 其他 | 汉语 习得研究（19） | 日语 | 汉日 翻译研究（50） | 其他 | 合计 |
|---|---|---|---|---|---|---|---|---|---|
| 国内 | 15.74% | 15.74% | 8.12% | 6.60% | 3.05% | 2.03% | 8.63% | 10.15% | 70.06% |
| 日本 | 0.51% | 14.21% | 2.03% | 0.51% | 0 | 4.06% | 6.09% | 0 | 27.41% |
| 国外 | 0.51% | 1.01% | 0 | 0 | 0 | 0.51% | 0 | 0.51% | 2.53% |

**图 2　文献区域小项分布情况**

从图 2 可以看出，三大区域分类按照出现频率排列，依次为国内研究（70.06%）、日本国内研究（27.41%）、国外研究（2.53%）。另外，四大研究内容中，涉及本体研究时，国内部分（15.74%+15.74%=31.48%）大于日本部分（0.51%+14.21%=14.72%），大于国外部分（0.51%+1.01%=1.52%）；涉及对比研究时，国内部分（8.12%+6.60%=14.72%）大于日本部分（2.03%+0.51%=2.54%），大于国外部分（0.00%）；涉及习得研究时，国内部分（3.05%+2.03%=5.08%）大于日本部分（4.06%），大于国外部分（0.51%）；涉及翻译研究时，国内部分（8.63%+10.15%=18.78%）大于日本部分（6.09%），大于国外部分（0.51%）。同时对所有的八个小项进行统计可以看出，汉日主题省略的研究中，国内研究成果最多的是日语本体部分（15.74%）和汉语本体部分（15.74%），其他研究的国内部分占比普遍不高，最低的是日语习得部分（2.03%）。日本国内研究成果最多的是日语本体部分（14.21%），其次是日汉互译部分（6.09%）和日语习得部分（4.06%），其他的都比较低。最后的国外部分普遍都比较低或不涉及。再看各个小项中的具体分布，汉语本体部分主要集中在国内（15.74%），日语本体部分国内（15.74%）与日本（14.21%）相当，汉日对比部分主要集中在国内（8.12%），其他对比也集中在国内（6.60%），汉语习得部分集中在国内（3.05%），日语习得部分集中在日本（4.06%），汉日互译部分集中在国内（8.63%），汉日其他翻译部分也集中在国内（10.15%）。总结而言，涉及主题省略研究的汉日两种语言，国内研究占据主流，特别是涉及汉语方面；日本国内的研究也有不少占比，特别是涉及日语方面；国外关于这方面的研究涉及的还

比较少。

接着是语种分布方面，按照汉语、日语、其他语种（汉语、日语以外）三个小项进行统计，结果如图3所示。

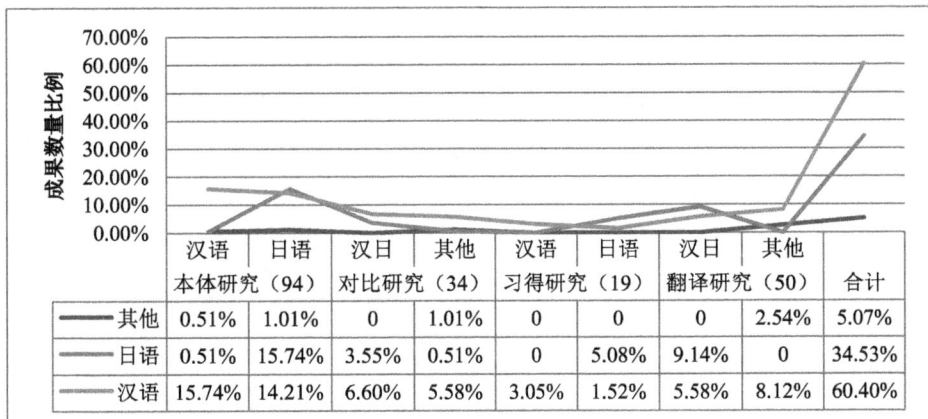

| | 汉语<br>本体研究（94） | 日语 | 汉日<br>对比研究（34） | 其他 | 汉语<br>习得研究（19） | 日语 | 汉日<br>翻译研究（50） | 其他 | 合计 |
|---|---|---|---|---|---|---|---|---|---|
| 其他 | 0.51% | 1.01% | 0 | 1.01% | 0 | 0 | 0 | 2.54% | 5.07% |
| 日语 | 0.51% | 15.74% | 3.55% | 0.51% | 0 | 5.08% | 9.14% | 0 | 34.53% |
| 汉语 | 15.74% | 14.21% | 6.60% | 5.58% | 3.05% | 1.52% | 5.58% | 8.12% | 60.40% |

**图3　文献语种小项分布情况**

从图3可以看出，三大语种分类按照出现频率排列，依次为汉语（60.40%）、日语（34.53%）、其他语种（5.07%）。另外，四大研究内容中，涉及本体研究时，汉语部分（15.74%+14.21%=29.95%）大于日语部分（0.51%+15.74%=16.25%），大于其他语种部分（0.51%+1.01%=1.52%）；涉及对比研究时，汉语部分（6.60%+5.58%=12.18%）大于日语部分（3.55%+0.51%=4.06%），大于其他语种部分（1.01%）；涉及习得研究时，日语部分（5.08%）大于汉语部分（3.05%+1.52%=4.57%），大于其他语种部分（0.00%）；涉及翻译研究时，汉语部分（5.58%+8.12%=13.70%）大于日语部分（9.14%），大于其他语种部分（2.54%）。同时对所有的八个小项进行统计可以看出，汉日主题省略的研究中，汉语发表研究成果最多的是汉语本体部分（15.74%），其次是日语本体部分（14.21%），其他研究的汉语发表部分占比普遍不高，最低的是日语习得部分（1.52%）。日语发表研究成果最多的是日语本体部分（15.74%），其次是日汉互译部分（9.14%）和日语习得部分（5.08%），其他的都比较低。最后的其他语种部分普遍都比较低或不涉及。再看各个小项中的具体分布，汉语本体部分主要集中在汉语（15.74%），日语本体部分日语（15.74%）和汉语（14.21%）大致相当，汉日对比部分主要集中在汉语（6.60%），其他对比也集中在汉语（5.58%），汉语习得部分集中在汉语（3.05%），日语习得部分集中在日语（5.08%），

汉日互译部分集中在日语（9.14%），汉日其他翻译部分也集中在汉语（8.12%）。总结而言，涉及主题省略研究的汉日两种语言，汉语发表的研究成果占据主流，特别是涉及汉语研究方面；日语发表的研究成果也不在少数，特别是涉及日语相关的研究方面；其他语种关于这方面的研究成果涉及的还比较少。

接着是时间分布方面，按照十年以内（2010年以后）、二十年内（2000～2009）、五十年内（1970～1999）、百年以内（1920～1969）、百年以上（1920年以前）五个小项进行统计，结果如图4所示。

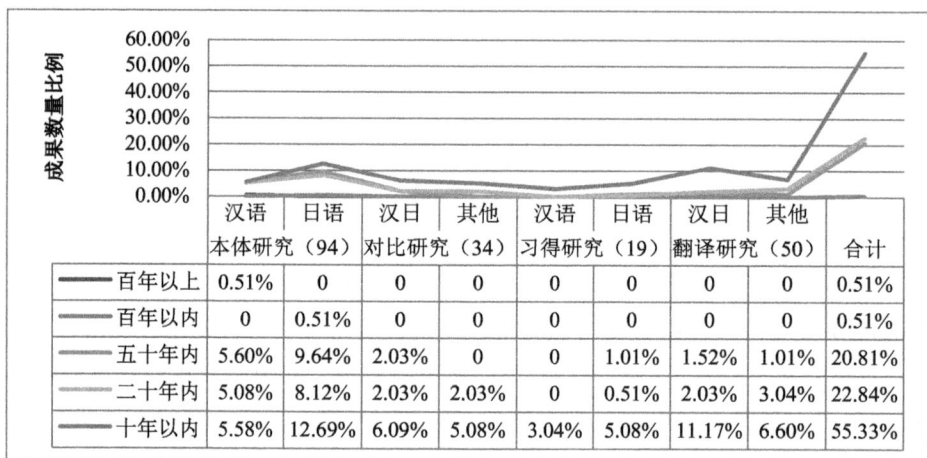

| | 汉语 本体研究（94） | 日语 对比研究（34） | 汉日 习得研究（19） | 其他 | 汉语 | 日语 翻译研究（50） | 汉日 | 其他 | 合计 |
|---|---|---|---|---|---|---|---|---|---|
| 百年以上 | 0.51% | 0 | 0 | 0 | 0 | 0 | 0 | 0 | 0.51% |
| 百年以内 | 0 | 0.51% | 0 | 0 | 0 | 0 | 0 | 0 | 0.51% |
| 五十年内 | 5.60% | 9.64% | 2.03% | 0 | 0 | 1.01% | 1.52% | 1.01% | 20.81% |
| 二十年内 | 5.08% | 8.12% | 2.03% | 2.03% | 0 | 0.51% | 2.03% | 3.04% | 22.84% |
| 十年以内 | 5.58% | 12.69% | 6.09% | 5.08% | 3.04% | 5.08% | 11.17% | 6.60% | 55.33% |

成果数量比例

**图4　文献时间小项分布情况**

从图4可以看出，时间分布五大分类按照出现频率排列，依次为十年以内（55.33%）、二十年内（22.84%）、五十年内（20.81%）、百年以内（0.51%）和百年以外（0.51%）。另外，四大研究内容中，涉及本体研究时，十年以内部分（5.58%+12.69%=18.27%）大于五十年内部分（5.60%+9.64%=15.24%），大于二十年内部分（5.08%+8.12%=13.20%），大于百年以内及百年以上部分（0.51%）；涉及对比研究时，十年以内部分（6.09%+5.08%=11.17%）大于二十年内部分（2.03%+2.03%=4.06%），大于五十年内部分（2.03%），百年以内和以上部分不涉及；涉及习得研究时，十年以内部分（3.04%+5.08%=8.12%）大于五十年内部分（1.01%），大于二十年内部分（0.51%），其他部分不涉及；涉及翻译研究时，十年以内部分（11.17%+6.60%=17.77%）大于二十年内部分（2.03%+3.04%=5.07%），大于五十年内部分（1.52%+1.01%=2.53%），其他部分不涉及。同时对所有的八个小项进

行统计可以看出，汉日主题省略的研究中，十年以内成果最多的是日语本体部分（12.69%），其次是汉日互译部分（11.17%），其他研究的十年以内的占比普遍不高，最低的是汉语习得部分（3.04%）；二十年内发表研究成果最多的是日语本体部分（8.12%），其他的都比较低；五十年内发表研究成果最多的是日语本体部分（9.64%），其次是汉语本体部分（5.60%），其他部分都比较低；百年以内和百年以上的整体比例都比较低或不涉及。再看各个小项中的具体分布，汉语本体部分主要集中在五十年内（5.60%）和十年之内（5.58%）以及二十年内（5.08%）；日语本体部分主要集中在十年以内（12.69%），其他五十年内（9.64%）和二十年内（8.12%）也有一定的占比；汉日对比部分主要集中在十年以内（6.09%），其他对比也集中在十年以内（5.08%）；汉语习得部分集中在十年以内（3.04%），日语习得部分集中在十年以内（5.08%）；汉日互译部分集中在十年以内（11.17%），汉日其他翻译部分也集中在十年以内（6.60%）。总结而言，涉及主题省略研究的汉日两种语言，十年以内发表的研究成果占据主流，不管汉语还是日语相关成果；二十年内和五十年内研究成果也有一定占比，特别是涉及日语相关的研究方面；百年以内或百年以上关于这方面的研究成果涉及的比较少。

接着是研究领域分布方面，分别是类型、结构性研究，功能、语篇性研究，语用、认知性研究，文化、思想性研究，教育、教学性研究，翻译、实践性研究。按照这六个小项进行统计，结果如图 5 所示。

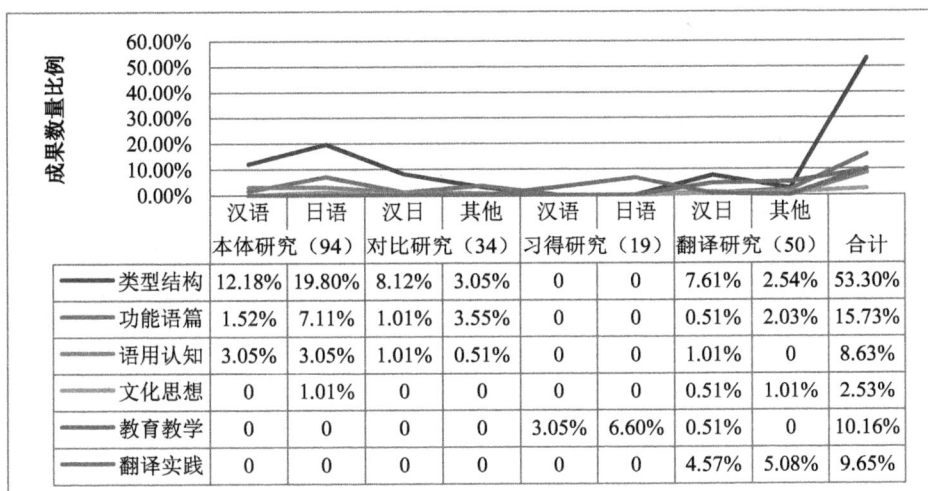

| | 汉语 | 日语 | 汉日 | 其他 | 汉语 | 日语 | 汉日 | 其他 | 合计 |
| --- | --- | --- | --- | --- | --- | --- | --- | --- | --- |
| | 本体研究（94） | | 对比研究（34） | | 习得研究（19） | | 翻译研究（50） | | 合计 |
| 类型结构 | 12.18% | 19.80% | 8.12% | 3.05% | 0 | 0 | 7.61% | 2.54% | 53.30% |
| 功能语篇 | 1.52% | 7.11% | 1.01% | 3.55% | 0 | 0 | 0.51% | 2.03% | 15.73% |
| 语用认知 | 3.05% | 3.05% | 1.01% | 0.51% | 0 | 0 | 1.01% | 0 | 8.63% |
| 文化思想 | 0 | 1.01% | 0 | 0 | 0 | 0 | 0.51% | 1.01% | 2.53% |
| 教育教学 | 0 | 0 | 0 | 0 | 3.05% | 6.60% | 0.51% | 0 | 10.16% |
| 翻译实践 | 0 | 0 | 0 | 0 | 0 | 0 | 4.57% | 5.08% | 9.65% |

图 5　文献研究领域小项分布情况

从图 5 可以看出，六大研究领域分类按照出现频率排列，依次为类型结构（53.30%）、功能语篇（15.73%）、教育教学（10.16%）、翻译实践（9.65%）、语用认知（8.63%）、文化思想（2.53%）。另外，四大研究内容中，涉及本体研究时，类型结构部分（12.04%+19.80%=31.84%）大于功能语篇部分（1.52%+7.11%=8.63%），大于语用认知部分（3.05%+3.05%=6.10%），大于文化思想部分（1.01%），其他不涉及；涉及对比研究时，类型结构部分（8.12%+3.05%=11.17%）大于功能语篇部分（1.01%+3.55%=4.56%），大于语用认知部分（1.01%+0.51%=1.52%），其他不涉及；涉及习得研究时，教育教学部分（3.05%+6.60%=9.65%）最多，其他不涉及；涉及翻译研究时，类型结构部分（7.61%+2.54%=10.15%）大于翻译实践部分（4.57%+5.08%=9.65%），大于功能语篇部分（0.51%+2.03%=2.54%），大于文化思想部分（0.51%+1.01%=1.52%），大于语用认知（1.01%）和教育教学部分（0.51%）。同时对所有的八个小项进行统计可以看出，汉日主题省略的研究中，涉及类型结构研究最多的是日语本体部分（19.80%），其次是汉语本体部分（12.18%），其他研究领域部分占比普遍不高，习得研究不涉及；涉及功能语篇研究最多的是日语本体部分（7.11%），其他普遍比较低，习得研究不涉及；涉及语用认知研究最多的是日语本体部分（3.05%）和汉语本体部分（3.05%），其他普遍比较低，习得研究和翻译其他研究不涉及；涉及文化思想研究最多的日语本体部分和翻译其他部分（1.01%），总体都比较低。汉语本体、对比研究、习得研究都不涉及；涉及教育教学研究最多的是日语习得部分（6.60%），其次是汉语习得部分（3.05%），其他除了汉日互译（0.51%）很低之外均不涉及；涉及翻译实践研究最多的是翻译其他部分（5.08%），其次是汉日互译部分（4.57%），其他均不涉及。再看各个小项中的具体分布，汉语本体部分主要集中在类型结构（12.18%），日语本体部分也集中在类型结构（19.80%）；汉日对比部分主要集中在类型结构（8.12%），其他对比集中在功能语篇（3.55%）和类型结构（3.05%）；汉语习得部分均不涉及；汉日互译部分集中在类型结构（7.61%）和翻译实践（4.57%），汉日其他翻译部分集中在翻译实践（5.08%）。总结而言，涉及主题省略研究的汉日两种语言，涉及类型结构的研究成果占据主流，特别是涉及日语研究方面；涉及功能语篇以及教育教学和翻译实践的研究成果也有一定占比；其他三个领域关于这方面的研究成果相对较少。

最后是成果发表形式分布方面，按照学术期刊、博士论文、硕士论文、

著作等四个小项进行统计，结果如图6所示。

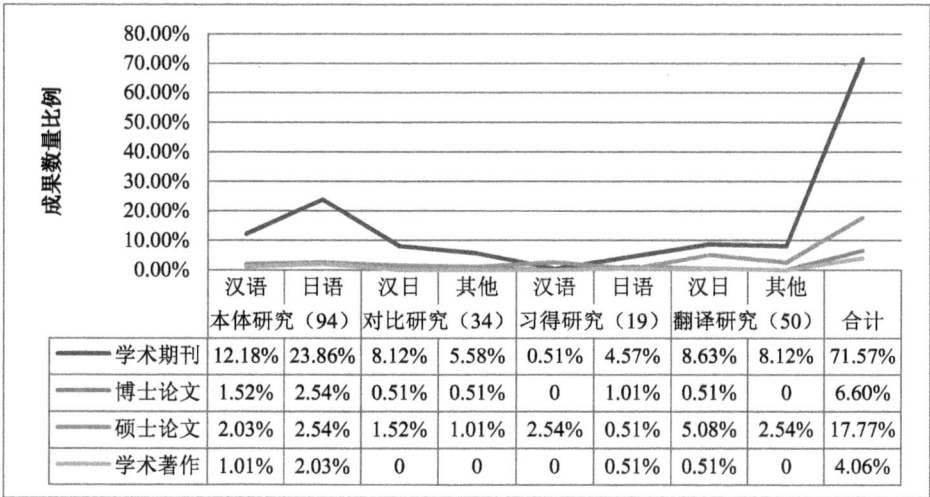

| | 汉语本体研究（94） | 日语对比研究（34） | 汉日习得研究（19） | 其他翻译研究（50） | 汉语 | 日语 | 汉日 | 其他 | 合计 |
|---|---|---|---|---|---|---|---|---|---|
| 学术期刊 | 12.18% | 23.86% | 8.12% | 5.58% | 0.51% | 4.57% | 8.63% | 8.12% | 71.57% |
| 博士论文 | 1.52% | 2.54% | 0.51% | 0.51% | 0 | 1.01% | 0.51% | 0 | 6.60% |
| 硕士论文 | 2.03% | 2.54% | 1.52% | 1.01% | 2.54% | 0.51% | 5.08% | 2.54% | 17.77% |
| 学术著作 | 1.01% | 2.03% | 0 | 0 | 0 | 0.51% | 0.51% | 0 | 4.06% |

**图6　文献成果形式小项分布情况**

从图6可以看出，四大成果形式分类按照出现频率排列，依次为学术期刊（71.57%）、硕士论文（17.77%）、博士论文（6.60%）和学术著作（4.06%）。另外，四大研究内容中，涉及本体研究时，学术期刊部分（12.18%+23.86%=36.04%）大于硕士论文部分（2.03%+2.54%=4.57%），大于博士论文（1.52%+2.54%=4.06%）和学术著作部分（1.01%+2.03%=3.04%）；涉及对比研究时，学术期刊部分（8.12%+5.58%=13.70%）大于硕士论文部分（1.52%+1.01%=2.53%），大于博士论文（0.51%+0.51%=1.02%），学术著作部分不涉及；涉及习得研究时，学术期刊部分（0.51%+4.57%=5.08%）大于硕士论文部分（2.54%+0.51%=3.05%），大于博士论文（1.01%），大于学术著作部分（0.51%）；涉及翻译研究时，学术期刊部分（8.63%+8.12%=16.75%）大于硕士论文部分（5.08%+2.54%=7.62%），大于博士论文和学术著作部分（0.51%）。同时对所有的八个小项进行统计可以看出，汉日主题省略的研究中，以学术期刊形式发表研究成果最多的是日语本体部分（23.86%），其次是汉语本体部分（12.18%），其他发表形式部分占比普遍不高，最低的是汉语习得部分（0.51%）；以硕士论文形式发表研究成果普遍比较低，除了汉日互译研究（5.08%）外，其他基本上没有拉开差距；以博士论文形式发表的研究成果总体也比较低，汉语习得及其他翻译不涉及；以学术著作形式发表研究成果最多的是日语本体研究（2.03%），总体也比较低，除汉语本体（1.01%）

41

以及汉日互译和日语习得（0.51%）外，其他都不涉及。再看各个小项中的具体分布，汉语本体部分主要集中在学术期刊（12.18%），日语本体部分也集中在学术期刊（23.86%），汉日对比部分集中在学术期刊（8.12%），其他对比也集中在学术期刊（5.58%），汉语习得部分集中在硕士论文（2.54%），日语习得部分集中在学术期刊（4.57%），汉日互译部分集中在学术期刊（8.63%）和硕士论文（5.08%），汉日其他翻译部分集中在学术期刊（8.12%）。总结而言，涉及主题省略研究的汉日两种语言，学术期刊形式发表的研究成果占据主流，特别是涉及日语研究方面；硕士论文形式发表的研究成果也有不少占比，基本涉及四个研究内容的方方面面；博士论文和学术著作的分量还不够。

以上结合四大研究内容（本体、对比、习得、翻译）和八个小项（汉语本体、日语本体、日汉对比、其他对比、汉语习得、日语习得、日汉互译、其他翻译）以及五个维度（区域分布、语种分布、时间分布、领域分布、形式分布）和详细的二十一个小点进行文献总结，得出了以下的倾向和趋势：

1）研究内容层面，本体研究占据主流，特别是日语方面；汉日对比及翻译研究正在追赶，习得研究涉及程度不够。

2）区域分布层面，国内研究占据主流，特别是涉及汉语方面；日本国内的研究也有不少占比，特别是涉及日语方面；国外关于这方面的研究涉及的还比较少。

3）语种分布层面，汉语发表的研究成果占据主流，特别是涉及汉语研究方面；日语发表的研究成果也不占少数，特别是涉及日语相关的研究方面；其他语种关于这方面的研究成果涉及的还比较少。

4）时间分布层面，十年以内发表的研究成果占据主流，不管汉语还是日语相关成果；二十年内和五十年内研究成果也有一定占比，特别是涉及日语相关的研究方面；百年以内或百年以上关于这方面的研究成果涉及的比较少。

5）领域分布层面，涉及类型结构的研究成果占据主流，特别是涉及日语研究方面；涉及功能语篇以及教育教学和翻译实践的研究成果也有一定占比；其他三个领域关于这方面的研究成果相对较少。

6）形式分布层面，学术期刊形式发表的研究成果占据主流，特别是涉及日语研究方面；硕士论文形式发表的研究成果也有不少占比，基本涉及

四个研究内容的方方面面；博士论文和学术著作的分量还不够；

根据以上六项内容所概括的内容，汉日主题省略研究现状可以归纳为两大点：

1）本体研究是主流，类型结构方面占据主位，语用认知、教育教学以及翻译实践研究处于上升势头。

2）近十年来，国内汉语期刊发表的研究成果数量逐渐增加，成为成果展现的主要形式。

结合以上的研究现状，借助平行对译语料库的研究方法，瞄准主题省略的翻译研究作为突破点，以类型结构研究作为传统支撑，同时结合语篇衔接以及翻译策略等视角，对汉日主题省略进行探讨。为对接以上内容，设定了以下五个主要的研究课题：

研究课题一：源文本 ST 和目标文本 TT 各自的主题省略情况怎么样？

研究课题二：汉译日或日译汉过程中考察主题省略对应角度有哪些？

研究课题三：汉译日和日译汉过程中的主题省略的一致性现状如何？

研究课题四：汉译日和日译汉过程中主题省略上的共性和差异如何？

研究课题五：汉译日和日译汉过程中主题省略共性和差异如何解读？

# 第三章　研究文本和研究方法及思路

本书选定了两部中国和日本都家喻户晓的文学作品，在各自的文化圈内都有很高的认知度和影响力，同时在目标语国家也具有较高的辨识度和受众群。按照各自的文本特征建立平行对译语料库，对其中涉及的主题省略进行标记和数据整理。

## 3.1　研究文本

本书采用的四部文本分别是莫言的《红高粱家族》和日文井口晃译本『赤い高粱』以及村上春树的『ノルウェイの森』和中文林少华译本《挪威的森林》，为了更好地了解源文本和目标文本的基本特性和语言特征，同时结合文本的主人公和主题特性，以源文本为主，对四个文本的梗概进行总结。

莫言《红高粱家族》及译本『赤い高粱』梗概

作品以"我"的视角描写了山东高密地方的一段民间抗争故事，主人公主要集中在我爷爷余占鳌、我奶奶九儿、我父亲三个人身上。所有故事的情节都和高粱发生了巨大的关联性。余占鳌本为一抬轿的轿夫，在送亲路上偶遇九儿而被之吸引，杀掉其生病丈夫将其据为己有；后与当地土匪官绅相斗，又加入抗日的行列，始终游走在正邪之间，小说谱写了个人不屈不挠的奋斗史和与命运的抗争史。九儿本为一本地小脚姑娘，因父母贪图钱财不得不委身于病人家庭，偶遇余占鳌被其霸占，凭借自己的酿酒技艺和管理才能，发挥个人的聪明才智，游走于余占鳌及其他土匪之间，积极配合余占鳌抗日，最后惨死于日本人枪口之下。我父亲作为余占鳌和奶奶九儿的私生子，顶着全乡人的嬉笑辱骂，在与各种各样的势力和人群打交道的过程中成长，成为余占鳌和奶奶九儿血泪抗争史的见证者。三位主人公形成一个整体，在有实无名的家庭中各自承担了不同的角色，一同经历大大小小的斗争和抗争，成为"我"难以企及的对象。作为主人公的三人成为整部作品中的各个句子主题来源的重要组成部分，也成为连贯整个

作品的重要组成部分。另外作为作品中最重要的场景主题或是背景的主题就是山东高密的高粱地，以及这里生长着的又高又壮又红的红高粱，还有由它酿制的高粱酒。整个小说作品中"高粱"一词出现了高达 474 处之多。毫无疑问的是，"高粱"也成了句子主题的主要来源，同样也是连贯这部作品的重要组成部分。作为日文的井口晃译本『赤い高粱』基本按照原作品的内容和情节进行了翻译，未在梗概上做任何的调整和改动。但是，在句子数量的处理上，在主题省略的部分上，结合日语的表达习惯，进行了很大的调整和改变。

## 村上春树『ノルウェイの森』及译本《挪威的森林》梗概

作品同样以"我"的视角主要讲述了三位年轻人和一位中年人的故事，其中又穿插了三位年轻人的故事。三位年轻人分别是主人公渡边，也就是"我"，直子和绿子，一位中年人是玲子；穿插的三位分别是木月、永泽以及初美三人。渡边和木月以及直子三人是高中时代的好友，直子和木月是青梅竹马的恋人。因为木月的自杀，直子和渡边的关系超越了普通的同学而成为恋人，但是笼罩在三角关系中的两人并没有找到自己的幸福未来，而是在过去的这段关系中反复煎熬，步履缓慢而漫长，甚至让直子付出了生命的代价。在这样的煎熬中，渡边又陷入了另外一段爱情之中，这就是在大学里认识的绿子，渡边为其纯真而又敢爱敢恨的性格所吸引。在陷入失去直子的巨大悲痛中后，渡边开始自我审视自己所做的一切，从而真正地去追求属于自己的未来。绿子是一位具有青春活力、性格鲜明的女孩子。她敢于尊重自己的内心感受，敢于追求自己的爱情和自由，敢于不被世俗所左右，逐渐成为渡边内心中无法抹去的一部分。虽然她有的时候任性、偏激，但是她纯真、执着，而且宽容大度，不放弃，也深深地打动了渡边的心，治愈了渡边因为直子而遭受的巨大痛苦。玲子是属于中间穿插的主人公之一，她是直子的好朋友，在直子和渡边之间充当了重要的沟通和中介角色。她向渡边倾诉了自己的过去，又和渡边一起分享直子所有的一切，包括巨大的痛苦和悲痛，因此而成为渡边另外的一种精神支柱。所有的故事基本上在这四位主人公之间展开，特别是三人的错综复杂的关系成为篇幅之重，自然三人也成了句子主题和篇章主题的重要组成部分。另外的三人，分别是永泽、初美和木月。永泽是渡边大学的好友，也是唯一算得上朋友的好友。初美是永泽的女朋友，后来因为离开永泽后的选择而走上了自杀的不归路。木月是渡边和直子共同的朋友，也是直子的恋人，可惜因

为和直子之间的关系而走上了自杀之路。这三位穿插在以上的四位主人公之间，也成为不少内容的主要句子主题和篇章主题。最后需要提到的是这部作品的题目『ノルウェイの森』，中文译为《挪威的森林》，这其实是一首曲子的名字。这首曲子是 1960 年代创立至今仍风靡全球的英国摇滚乐队的代表——甲壳虫乐队的歌曲，主要由约翰·列侬所作，收录于 1965 年乐队专辑 Rubber Soul 里。这首曲子是渡边、直子以及玲子之间的共有曲目，代表了三人之间无法言表的内心和情感。小说开始，这首曲子从飞机上作者首次提到一直到后来玲子离去前为纪念直子的演奏，在作品中屡次被提及。同时作为文学作品的标题，又是主人公之间共有的羁绊，也成为连贯整个作品的重要元素。林少华的中文译本《挪威的森林》基本上按照原作品的情节和脉络进行了翻译，除去对一些内容的简略化和部分内容未翻译之外，在句子数量的处理以及主题省略次数的对应上，整体保持了和原作品一样的风格。

经过对四个文本的统计和调查，结合研究方法中的具体实施步骤和细则，对不同文本的基本情况进行了梳理，主要涉及文本的字数、句子总量以及具体的省略次数。具体情况如表 3 所示。

表 3　ST 和 TT 的基本情况

| 文本及项目 | 字数 | 句子总量 | 句平均长度 | 主题省略次数 | 句平均省略次数 |
|---|---|---|---|---|---|
| ST 莫红 | 约 13.8 万字 | 6907 句 | 19.98 字/句 | 140 处 | 0.02 处/句 |
| TT 井赤 | 约 29.2 万字 | 9779 句 | 29.86 字/句 | 950 处* | 0.10 处/句 |
| 增加比例（TT/ST） | 2.25 倍 | 1.42 倍 | 1.49 倍 | 6.79 倍 | 5.00 倍 |
| ST 村森 | 约 29.61 万字 | 7020 句 | 42.18 字/句 | 788 处 | 0.11 处/句 |
| TT 林挪 | 约 19.76 万字 | 6262 句 | 31.55 字/句 | 652 处 | 0.10 处/句 |
| 减少比例（TT/ST） | 0.67 倍 | 0.89 倍 | 0.75 倍 | 0.83 倍 | 0.91 倍 |

（*此处的 950 处是指 TT 井赤中所有的主题省略次数，包括了 ST 莫红中主题显现或无主题等情况下的 TT 井赤省略的次数。因研究对象限定为 ST 莫红中主题省略的翻译对应情况，故在后面的研究中不把 ST 莫红显现或无主题等情况下的 TT 井赤主题省略的例子计算在内；TT 林挪的 652 处也是同种情况。）

从表 3 可以看出，日文译本 TT 井赤对比汉语源文本 ST 莫红在字数（2.25 倍）和句子总量（1.42 倍）以及主题省略次数上（6.79 倍）都有着不同幅度的增加。因日语和汉语表达习惯的不同以及在文字上使用习惯的不

同，字数和句子总量的增加符合常识及预期。每一句的平均长度（1.49 倍）上，ST 莫红的平均值（19.98 字/句）小于 TT 井赤的平均值（29.86 字/句），句子长度增加明显；主题省略上，翻译前后主题省略次数上升明显，日译文本 TT 井赤的使用频率（0.10 处/句）也远远高于汉语源文本 ST 莫红的（0.02 处/句），翻译前后相差 5 倍。

与其相对的是，表 3 中 TT 林挪对比 ST 村森在字数（0.67 倍）、句子总量（0.89 倍）和主题省略次数（0.83 倍）上都有不同程度减少。因日语和汉语表达习惯及在文字上使用习惯的不同，字数和句子总量的减少符合常识和预期。每一句的平均长度（0.75 倍）上，ST 村森的平均值（42.18 字/句）大于 TT 林挪的平均值（31.55 字/句），句子长度减少明显；主题省略上，翻译前后主题省略次数略有降低，但 TT 林挪使用频率（0.11 处/句）与 ST 村森（0.10 处/句）翻译前后相差无几。

## 3.2 研究方法

作为研究语料的四个独立文本，首先进行数据整合，为下一步的数理统计、定量分析奠定基础，同时标记特殊使用例子，为下一步的定性分析提供素材。具体的研究方法主要分成三个层次。

第一层次，构建平行语料库。分别选定莫言的《红高粱家族》和日本岩波书店出版、井口晃翻译的『赤い高粱』以及村上春树的『ノルウェイの森』和中国上海译文出版社出版、林少华翻译的《挪威的森林》建立平行对译语料库。对齐各自文本，特别对文本中出现的主题部分进行整理，对具体的使用情况进行标记分类和数码规范转化（Coding）。在构建的过程中，中文按照中文的习惯，日文按照日文的习惯排列，首先满足句子层面内容对应。汉译日时，优先汉语句子，以汉语句子为标准；日译汉时，优先日语句子，以日语句子为标准。如有句子出现变化时特殊标记。同时，按照是否是主题句〔汉语根据曹逢甫（1995，2005）、石定栩（1998）中关于汉语主题句的规定来判断；日语按照三上章（1959）关于有题和无题的规定来判断〕、主题句中主题部分是否省略〔根据三上章（1970）以及久野暲（1978）的省略原则来判断〕、省略的主题推论还原后的内容（根据各文本语言的句型结构和上下文来判断）、主题省略翻译的功能〔根据后述莫娜·贝克（1992）的分类判断〕及策略〔根据后述韦努蒂（1995）的翻译策略来判断〕等课题进行适当的数据处理。各自判断的基准及详细操作还

将在具体的章节中提及。

第二层次，开展数理统计。以平行语料库中涉及主题省略的四个版本的不同情况的数据作为统计对象，同时按照不同的考察对象进行标记和样本的提取，根据研究目的和研究课题的不同采用 EXCEL 等软件进行适时适度的数据分析和比较。按照四个文本的不同，数理统计的点主要由三方面构成：

1）ST 主题省略的句子分布及 TT 的翻译应对情况。

2）ST 主题省略的主题内容属性及 TT 的翻译处理。

3）ST 主题省略的翻译功能实现以及 TT 采取策略。

除此之外，其他涉及进一步的数理统计时，再进行进一步的提取和数码规范化处理。

第三层次，进行定性分析。对游离在数理统计之外的典型例子进行进一步挖掘和探究，弥补数理统计所忽略的特例部分。同时对定量统计中的倾向趋势以及原因进行考察分析，对照比较。

融合以上三个层次，通过语料库的构建、定量和定性分析，结合传统的内省法等语言研究方法，捕捉四个文本中主题省略部分所出现的各种使用特征，确定汉日和日汉两种语言在主题省略上的翻译现状。然后对日译汉和汉译日的翻译过程进行对比分析并进行考察，得出两者之间的共性及差异，并尝试分析这些共性和差异背后的影响要素。

## 3.3 研究思路和步骤

本书主要的研究对象是主题省略的翻译，通过日译汉和汉译日的对照比较来寻找两者之间的共性及差异，主要的研究思路如图 7 所示。

如图 7 所示，本研究选定 ST 源文本（分别包括 ST 莫红和 ST 村森）和 TT 目标文本（分别包括 TT 井赤和 TT 林挪）各自对应文本中所涉及的主题省略的翻译，从汉译日和日译汉两个维度进行一致性的探讨；具体探讨时，分成形式上、内容上、功能上、策略上等四个层面来探寻汉译日和日译汉的共性和差异，并从文本本身的特点出发考察这些共性和差异。结合图 7 的研究构思，研究步骤的设定主要如下：

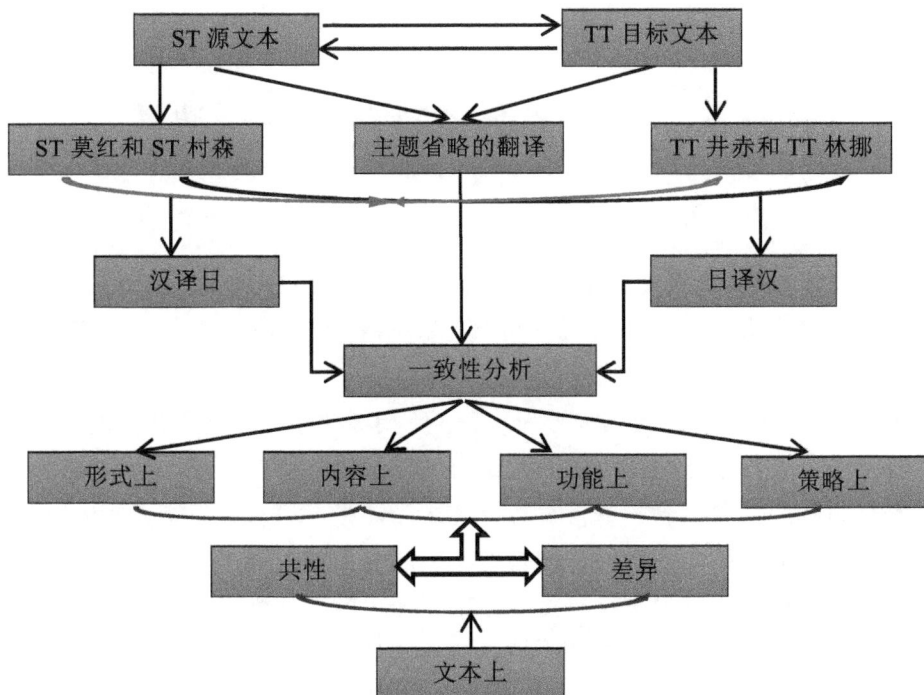

**图 7　汉日互译主题省略翻译的研究构思**

1）ST 源文本和 TT 目标文本之间建立平行对译语料库，进行标记对齐等工作。

2）提取 ST 莫红和 TT 井赤、ST 村森和 TT 林挪中的主题省略的翻译数据，以源文本为中心；

3）分成汉译日和日译汉两个大的部分，分别对 ST 源文本和 TT 目标文本中的一致性进行分析，具体包括四个层面：形式上、内容上、功能上、策略上。四个层次里面有直接关联主题省略的句子本身部分，也有间接关联主题省略的句子以外部分。

4）分别归纳总结汉译日和日译汉各自文本在四个层面的一致性，探讨一致性和不一致的主要原因。

5）比较对照汉译日和日译汉在各自层面上的一致性，结合选取文本的特点，归纳总结两个翻译转换过程的共性和差异。

# 第四章　汉日主题省略互译的一致性

　　众所周知,结构主义先驱之一、语言学家索绪尔（Ferdinand de Saussure）20 世纪初期就提出了能指（Signifiant）和所指（Signifié）的概念。索绪尔认为语言的要素是符号，对符号再进行下位分类，又可能分成上述的能指和所指。大致说来，能指以符号为代表，所指主要是指符号所代表的意义，或称之为概念。能指和所指再一次结合才能形成完整的符号。换言之，表示具体事物或抽象概念的语言符号可称之为能指，语言符号所表示的具体事物或抽象概念称之为所指。能指指单词的词形或词音，所指指单词所表示的对象或意义。这里对汉日主题省略互译上的一致性可以借鉴索绪尔关于符号的基本思路，从能指到所指，从形式到内容。

　　同时，奈达（1964）提出了翻译中的对等（Equivalence）概念和下位概念的动态对等（Formal Equivalence，F-E）以及形式对等（Dynamic Equivalence，D-E）。后来因为大家对这两个概念存在误解，过分放大了动态对等的范围，而忽略了形式对等。于是后来奈达（1986）把动态对等改称为功能对等（Functional Equivalence），由此有关翻译的功能对等理论不断得到发展壮大，被业界进行广泛的运用和实践探讨。对于功能对等，奈达（1986）提出了"最低层次的对等"和"最高层次的对等"，这里所谓最低层次的对等指的是"译文能达到充分的对等，使目的语的听众或读者能理解和欣赏原文听众或读者对原文的理解和欣赏"，最高层次的对等指"译文达到高度的对等，使目的语听众或读者在理解和欣赏译文时所做出的反应基本上一致"（郭建中，2000：69）。由于所提出的对等理论的局限性和问题点，奈达结合自己的实践在理论层面进行了不断完善。此外，在翻译对等理论研究方面涌现出来的诸多研究者，也在不断推进此方面的研究。其中之一是莫娜·贝克（Mona Baker）（1992），其对翻译对等理论进行了更加详细的分析和总结，特别是把对等理论分成了六大层面。由于其中的第四层面和第五层面都属于语篇层面的对等问题，因此概括起来可整理成五大层面：词汇层次的对等（Equivalence at word level）、词汇层次以上的

对等（Equivalence above word level）、语法对等（Grammatical equivalence）、篇章对等（Textual equivalence）、语用对等（Pragmatic equivalence）。这里从语言的微观层次出发一直到宏观再到整体，也同时契合了索绪尔的"语言（langue）"和"言语（porale）"的基本思路（河原清志，2014：13），具有很强的代表性。对汉日互译中主题省略的直接和间接关联的部分也可以从这五个层面进行一致性的探讨。除此之外，解构主义翻译策略代表者之一的劳伦斯·韦努蒂（Lawrence Venuti）（1995）提出了归化和异化的概念，在此基础上出现了"归化的翻译（Domesticating Translation）"和"异化的翻译（Foreignizing Translation）"两个重要的概念。韦努蒂面对主流的归化翻译策略而大胆地提倡异化的翻译策略，超越了一般翻译方法中所谈及的直译和意译的边界，更多地涉及文化层面。涉及主题省略的汉日互译，同样需要采取不同的翻译策略，未必是一种策略从头到尾，甚至会出现一些混合的类型，这里也需要从翻译策略的角度来考察汉日互译中主题省略的一致性。

汉日主题省略互译过程中，因 ST 采取主题省略形式，TT 存在四种形式可与之对应。第一种为同样采取主题省略的形式，第二种采用主题显现的形式，第三种采用无主题的形式，第四种采用未翻译形式。另外，即使采用了相同形式，因主题省略的内容未必完全相同，加上汉日之间还存在着异义和近义型同形词等要素的干扰，还原主题常出现不同程度的增减情况，因而造成了内容表达上不能够完全对应。另外，主题省略部分还可以由名词或名词词组等构成，其所出现的句子因为主题的省略也会出现不同层次的功能对等翻译，同时在偏向源文本还是目标文本、偏向源文本所涉及的美学与文化或偏向目标文本所涉及的美学与文化等方面，同样会涉及翻译策略中的归化和异化。这里结合汉日主题省略互译中的实际使用情况来说明形式上和内容上、功能上和策略上的一致性。形式上和内容上的一致性是指 ST 在向 TT 翻译转化完结、出现结果后来寻找的一致性，是一致性的特征分布，属于静态的一致性的考察范围，可称之为结果一致性；与此相对的是，功能上和策略上的一致性是指 ST 翻译转化成 TT 的过程中来对比的一致性，是一致性中的动态分布，属于动态的一致性的考察范围，可称之为过程一致性。

## 4.1 形式上的一致性

形式上的一致性指 ST 和 TT 在主题省略上采用同一种处理方式。具体而言，ST 采用省略、TT 同样采用省略（虽然还存在 ST 不省 TT 省略的形式等，这里重点在主题省略的翻译处理上，其他暂不作为研究对象）时，则视为形式上的一致，反之则视为不一致。另外，按照一个完整的句子中只有一个句内主题的一般原则〔当然，如日语中存在并列句或者对比句，这些句子中一个句子也可能出现两个名词短语+「は」的形式。对于这些句子，参照野田尚史（1996）提到的关于「は」所提示的名词短语的说法：这些名词短语有的是主题的属性强一些、对比的属性弱一些；也有的是对比的属性强一些、主题的属性弱一些。根据这个原则，对表示对比属性、出现两处及以上名词句+「は」的内容不纳入研究考察的范围。只关注表达主题属性强一些的，且对整个句子具有绝对控制力和影响力、能够影响到句末的主题形式〕，出现主题省略的 ST 只是一个句子时，因 TT 中句子数量的增减造成了无法匹配 ST 对等句式的主题省略部分，此种情况也视作形式上的不一致。

> （4）（φ僕は）とくに印象的な風景だとも思わなかったし、十八年後もその風景を細部まで覚えているかもしれないとは考えつきもしなかった。（村森）
>
> （4）'（φ我）未曾觉得它有什么撩人情怀之处，更没想到十八年后仍历历在目。（林挪）
>
> （5）（φ大爷）梦中觉得头上扎着尖刀，手里握着烙铁。（莫红）
>
> （5）'（φ大爺は）夢の中で頭を鋭い刃物で刺され、手に焼き鏝を握らされたような気がした。（井赤）

（4）（4）'为日译汉的例子，（5）（5）'为汉译日的例子。在主题省略的部分，汉日之间均为省略，句子不存在任何增减情况，主题省略互译在形式上取得了一致性。

> （6）（φ僕は）そしてブルーのボタン・ダウン・シャツの上にグレーのツイードの上着を着て下に降り、緑を寮の門の外に連れ出し

た。（村森）

（6）'①（φ我）找出一件灰色粗花呢上衣，套在蓝衬衣外面。②（φ我）下得楼，领绿子走出宿舍大门。（林挪）

（7）他的脸上只剩下一张完好无缺的嘴，（φ他）脑盖飞了，脑浆糊满双耳，一只眼球被震到眶外，像粒大葡萄，挂在耳朵旁。（莫红）

（7）'①（φ余大牙は）顔で無傷なのは口だけ。②（φ余大牙は）頭蓋は吹っとび、脳漿が二つの耳にべったりとついている。③（φ余大牙は）片目が眼窩から飛び出して、大粒の葡萄のように耳のそばにぶらさがっていた。（井赤）

（8）（φ僕は）その最初の一行さえ出てくれば、あとは何もかもすらすらと書いてしまえるだろうということはよくわかっていたのだけれど、その一行がどうしても出てこなかったのだ。（村森）

（8）'虽然我明白只要写出第一行，往下就会文思泉涌。但（φ我）就是死活写不出那第一行。（林挪）

（9）千头攒动，遮挡视线，（φ罗汉大爷）看不到人圈里的节目。（莫红）

（9）'①たくさんの頭がうごめいて、視線をさえぎる。②（φ羅漢大爺は）人ごみのなかの演し物は見えない。（井赤）

（10）（φ僕は）そしてドライヤーで髪を乾かしながら、本棚に並んでいたビル・エヴァンスのレコードを取り出してかけたが、しばらくしてから、それが直子の誕生日に彼女の部屋で僕が何度かかけたのと同じレコードであることに気づいた。（村森）

（10）'①（φ我）然后一边用吹风机吹头发，一边抽出威尔·埃文斯的唱片放上。②过了一会儿，我发现它同直子生日那天我在她房间里放听几次的那张唱片是同一张。（林挪）

（11）（φ花轿）不知装过了多少个必定成为死尸的新娘。（莫红）

（11）'①（φ輿は）まるで棺桶のようだ。②どれだけの数の花嫁が死の定めを背負って、この輿に乗せられたかしれなかった。（井赤）

（6）（8）（10）为日译汉的例子，（7）（9）（11）为汉译日的例子。（6）只有一处省略，而（6）'出现①②两个句子和两处省略；（7）只有一处省

53

略，而（7）'出现了①②③三个句子和三处省略；（8）（9）（10）（11）虽有一处省略，但 TT 处①②句分别采取了"显现+省略""无主题+省略""省略+显现""省略+无主题"的处理方式。翻译前后句子的增加使得前后无法在主题部分形成一一对应，视为形式上的不一致。

同时因为在汉日互译的过程中，理论上还存在 ST 一个句子、TT 中增至两个及以上句子的可能性，因此可能出现比以上形式更加复杂的类型，或为包含省略、显现、无主题和未翻译等各种不同的复合型组合方式。但是，只要汉日互译前后句子增加，必然会带来主题省略形式上的不对应，都可看作形式上的不一致。

（12）①（草の匂い、かすかな冷やかさを含んだ風、山の稜線、犬の鳴く声、そんなものがまず最初に浮かびあがってくる。）②（φそんなものは）とてもくっきりと。（③それらはあまりにくっきりとしているので、手をのばせばひとつひとつ指でなぞれそうな気がするくらいだ。）（村森）

（12）'（草的芬芳、风的清爽、山的曲线、犬的吠声……接踵闯入脑海，）而且那般清晰，（清晰得只消一伸手便可触及。）（林挪）

（13）①直子はテーブルに肘をついて、しばらく壁にかかったカレンダーを見ていた。②（φ直子は）そこに何か適当な表現を見つけることができるんじゃないかと期待して見ているようにも見えた。③（φ直子は）でももちろんそんなものは見つからなかった。（村森）

（13）'直子把臂肘拄在桌面，久久看着墙上的挂历，似乎想要从中找出合适的字眼，那当然是不可能的。（林挪）

（14）①（φ伙计们）却见他晃晃悠悠奔向酒缸。②（φ他）抄铁瓢舀着酒，一阵狂喝乱饮。③喝够了酒，他爬到劈柴堆上，呼呼地睡去。（莫红）

（14）'だが、かれはふらふらと酒甕にかけよると、鉄びしゃくですくった酒を狂ったように飲みちらし、飲みおえるとらきぎの山に這いあがってグウグウ寝入ってしまった。（井赤）

（15）①（φ县府的人）在大堂上点着蜡烛东扯西聊。②每人啃了一个青萝卜。（莫红）

（15）′役所の正庁舎には蠟燭がともされ、<u>役人たちが</u>がやがやと喋りながら、みんな青大根を一本ずつかじっていた。（井赤）

（12）（13）为日译汉的例子，（14）（15）为汉译日的例子。（12）的①②③合减为（12）′中的一句，句子主题"草的芬芳、风的清爽、山的曲线、犬的吠声"在句首显现。按照句子主题的原则，（12）的②对应的翻译"而且那般清晰"作为句节不存在主题省略之说，翻译前后形式上不一致。（13）的情形和（12）相似，ST 中①②③合减为（13）′的一句，按照句子主题的原则，"直子"已经出现在句首，就无句节主题之说了。②③省略的主题「（φ直子は）」在 TT 中无法找到直接的对应形式。（14）的①②③合减为（14）′中的一句，虽然 ST 的三个句子主题并非一致，但在 TT 中视点得到了统一，主题「かれは」采用了显现的形式。①省略的"（φ伙计们）"在 TT 上失去了存在的余地，②省略的"φ他"被统一视点后的统一主题「かれは」所涵盖，自然不存在与之相对应的主题部分。（15）的①②合减为（15）′中的一句，ST 虽然前后主题不一致，但是指代的内容是相同的；TT 失去了主题，以主语「役人たちが」的形式出现，无法找到与 ST "φ县府的人"相对应的主题部分。翻译前后句子的减少使得 ST 无法和 TT 取得在主题省略的一一对应，视为形式上的不一致。

（16）（φ彼女は）そして僕に向かってにっこり微笑んだ。（村森）
（16）′未翻译（林挪）

（16）主题虽然省略，但是（16）′不仅没有对这个地方进行处理，整体对 ST 都采取了未翻译的形式。翻译前后形式的缺失使得主题省略的部分也难以保全，这种特殊情况也视为形式上的不一致。

## 4.2　内容上的一致性

内容上的一致性指 ST 和 TT 中省略的主题在内容上保持一致性的处理方式。相对于形式上的一致性，内容上的一致性更为复杂。如前所述，久野暲（1978）提到省略的根本原则时指出省略要素必须能够还原，这样的原则同样适用于主题省略。然而这样的还原过程在汉日互译时会呈现诸多的不确定性，甚至存在着多种可能性，内容理解上出现偏差。

（17）（φ直子は）そしてしばらく黙って歩きつづけた。（村森）

（17）'（φ直子）如此默默地走了一会儿。（林挪）

（18）（φ黑骡）嗡隆一声倒下，像倒了一堵厚墙壁。（莫红）

（18）'（φ驟馬は）分厚い壁が倒れるようにどっと音を立てて倒れた。

（井赤）

（17）（18）是汉日互译时前后主题均省略的例子。翻译前后 ST 和 TT 保持着内容上的一一对应关系，不管是省略内容的属性，还是省略内容的理解上，都完全对应，因此把这种处理方式视为内容上的一致性。

（19）（φレイコさんは）そして五十一曲目にいつものバッハのフーガを弾いた。（村森）

（19）'玲子第五十一首弹了她经常弹的巴赫赋格曲。（林挪）

（20）（φ奶奶）十几日来，千颠万倒，风吹转篷，雨打漂萍，满池破荷叶，一对鸳鸯红。（莫红）

（20）'この十数日、祖母は幾度もすさまじい変化にめぐりあい、その嵐のなかで一人の男と結ばれた。（井赤）

（19）（20）是汉日互译时 ST 省略 TT 显现的例子，虽然形式不一致，但是前后主题的内容不管是属性还是内容的理解上，ST 和 TT 都完全对应，因此把这种处理方式也视为内容上的一致性。

（21）（φ彼女は）そしてそのいちばん手前の小屋の扉を開け、中に入って電灯のスイッチを入れた。（村森）

（21）'玲子打开头排一间的门，进去拉开电灯。（林挪）

（22）（φ中年の女性は）握手しながら、僕の手を表向けたり裏向けたりして観察した。（村森）

（22）'（φ她）一边握一边反复观察我的手。（林挪）

（23）（φ奶奶）回到家上了炕，面对着窗棂上新糊的白纸，操起了剪刀铰窗花。（莫红）

（23）'家に帰ってオンドルにあがると、彼女は新しく貼り替えられた格子窓の白い紙に向かい、上手に鋏を使って窓に貼るきり

紙をきりはじめた。（井赤）

（24）（φ他）像只肥硕的蛆虫一样，蠕动到二奶奶身前。（莫红）

（24）（φ日本兵は）蛆虫のように二奶奶に近づいた。（井赤）

（21）（22）为日译汉的例子，（23）（24）为汉译日的例子；（21）（23）为 ST 主题省略 TT 主题显现的例子，（22）（24）为 ST、TT 主题都省略的例子。四个例子可以看出还原的主题内容基本上是前后一致的，但是（21）（22）省略的主题「φ彼女は」「（φ中年の女性は）」分别是人称代词和名词词组，翻译的主题"玲子""（φ她）"分别变成了固有名词和人称代词，属性发生了变化；（23）（24）与之相似，ST 省略的主题"（φ奶奶）""（φ他）"在小说里分别限定为固有名词和人称代词，翻译后的 TT 主题人称代词「彼女は」「（φ日本兵は）」分别变成了人称代词和普通名词，翻译前后属性发生变化。翻译前后主题属性的变化，使得省略的主题翻译前后在内容上出现了不一致。

（25）（φ寮長は）背が高くて目つきの鋭い六十前後の男だ。（村森）

（25）'这是个大约 60 岁的老年男子，高个头，目光敏锐。（林挪）

（26）（φ彼女のつれていってくれた店は）たしかにわざわざバスに
乗って食べにくる値打のある店だった。（村森）

（26）'（φ我们）果然不虚此行。（林挪）

（27）（φ这一切）恰似一声爆炸之后，四溅的弹片划破宁静的空气。
（莫红）

（27）'それは砲弾が爆発して、あたりに飛び散るだんぺん弾片がし
ずかな空気をきり裂くのに似ていた。（井赤）

（28）（φ她的父亲和母亲把她和弟弟）提到没有阴沉的花颈蛇和黑瘦
的癞蛤蟆的世界里。（莫红）

（28）'（φ父さんと母さんは）陰気なまだら蛇や黒く瘦せたがま蛙の
いない世界へひっぱりあげてくれるのだろうか。（井赤）

（25）（26）为日译汉的例子，（27）（28）为汉译日的例子；（25）（26）为 ST 主题省略 TT 主题显现的例子，（26）（28）为 ST、TT 主题都省略的例子。四个例子明显可以看出，ST 省略的主题在 TT 处理时并没有按照 ST

的习惯，而是出现了不同的还原情况，并非一致。（25）中省略的主题「φ寮長は」在（25）'中变成了文脉指示的"这"，（26）中省略的主题「(φ彼女のつれていってくれた店は)」是一个长名词词组，核心部分是「店」，而（26）'成了人称代词"φ我们"，（27）中省略的主题是表示近称的指示代词"(φ这一切)"，而（27）'成了表示中远称的指示代词「それは」，（28）中除了省略的主题"φ她的父亲和母亲"之外，还带有介词"把"动词以及宾语"她和弟弟"，而（28）'只剩下了主题的部分。在内容的理解上，翻译前后 ST 和 TT 之间出现了或多或少的偏差，造成了内容前后的不一致。

以上关于形式上和内容上的一致性的讨论，ST 在向 TT 翻译转化的过程中，涉及主题省略翻译的形式上的一致性可从两点来考察：一是主题省略的选择与否，二是句子数量的增减与否；内容上的一致性也可从两点考察：一是省略的主题内容构成是什么属性，二是省略的主题翻译成了什么内容。

## 4.3 功能上的一致性

功能上的一致性指 ST 和 TT 中省略的主题在功能上保持一致性的处理方式。这里结合奈达的功能对等理论，按照贝克（1992）功能对等的五大层次进行探讨。具体分为词汇层次的对等、词汇层次以上的对等、语法对等、篇章对等和语用对等。词汇层次的对等指的是在词的层面实现译入语和译出语在功能上的对等。不同语言之间很难实现绝对的对等，这也是功能对等的核心内涵，但是能够追求相对的对等，最大程度上的对等；词汇层次以上的对等指的是超越普通的词汇层次，比如词的搭配、组合、短语、成语等，词构成词组后翻译时所形成的功能对等，任何词的存在都不是孤立的，都有比较固定或者是相对固定的搭配，在进行翻译时如何寻找目的语中的固定搭配与之对等，绝非易事；语法对等指的是涉及句子层面语法结构上的对等问题，利用词和词组等按照一定的规则构成的句子才能实现描述主观和客观世界、表达思想、传递感情的过程，翻译中同样需要在句子层面上的功能对等；篇章对等指的是超越句子层次的篇章上的功能对等，涉及主题结构、信息传递、语篇衔接与连贯，翻译中如何更大层次上实现前后关系的明确化需要功能上的对等；语用对等指的是言外之意层次上的功能对等，具体在上下文、情景等层面涉及的作者、读者如何更好

地实现交际和传达，翻译中同样需要在言外之意层面上的功能对等，以实现句内和句外的相辅相成，达到交际目的，实现交际功能。

实际的汉日互译中，以上五个层次的功能对等实现起来并非易事，只能是在寻求对等的过程中追求最大的力度。这些层次的功能对等成为决定目标文本和源文本之间一致性的重要参照依据。上述五个对等中，词汇和词汇层次以上的主要针对省略的主题本身而言，其他三个针对的是主题省略的句子以及主题省略的上下文。前两项是直接关联性要素对等，后三项对等为间接关联性要素对等。

（29）（φ雨点）打在奶奶的绣花鞋上，打在余占鳌的头上，斜射到奶奶的脸上。（莫红）

（29）' 雨は祖母の花模様の靴と余占鰲の頭をたたき、横なぐりに祖母の顔に吹きつけた。（井赤）

（30）（φ彼は）何の苦もなく東大に入り、文句のない成績をとり、公務員試験を受けて外務省に入り、外交官になろうとしていた。（村森）

（30）'（φ他）不费吹灰之力地考进东大，学习成绩无可挑剔，眼下正准备进外务省，当外交家。（林挪）

（31）（φ所有的忧虑、痛苦、紧张、沮丧）在黑土上扎根开花，结出酸涩的果实，让下一代又一代承受。（莫红）

（31）'（φあらゆる憂い、苦しみ、緊張や落胆は）黒土に根をおろして花を咲かせ、すっぱい実を結んでつぎの世代へと受け継がれていく。（井赤）

（32）（φ僕と直子は）相性がわるいとかそういうのではなく、ただ単に話すことがないのだ。（村森）

（32）'（φ我和直子）并非不对胃口，只是无话可谈。（林挪）

（29）（30）分别是汉译日和日译汉在词汇层面实现对等的例句。无论是汉译日的"雨点"对「雨」，还是日译汉的"彼"对"他"，在词汇层面都保持了对等。这里的对等不限定在形式上的完全对等，比如中文的"雨点"和日语的「雨」，而是指翻译上的功能对等。形式上而言，对应中文的"雨点"，日语的「雨粒」或者是「雨雫」或许更加合适一点，但是从功能

的角度来看，这里中文的"雨点"在功能上和日语的「雨」是完全对等的。（31）（32）分别是汉译日和日译汉在词汇层次以上层面实现对等的例句。无论是汉译日的"所有的忧虑、痛苦、紧张、沮丧"到「あらゆる憂い、苦しみ、緊張や落胆」，还是日译汉的「僕と直子」到"我和直子"，都是词组的搭配。汉译日是名词并列后的偏正修饰，日译汉是名词并列词组，双方对应替换，保持对等关系。TT 里这些对 ST 省略的主题在词汇及以上的层次完成了替换，实现了功能对等。

（33）（φ那里是）爷爷、父亲、母亲与我家的黑狗、红狗、绿狗率领着的狗队英勇斗争过的地方。（莫红）

（33）' 場所は祖父と父と母が、わが家の黒犬、赤犬、緑の犬の率いる犬の部隊と勇ましく闘ったところ。（井赤）

（34）いったいこれらの光景はみんな何を意味しているのだろう、と（φ僕は思った）。（村森）

（34）'（φ我心想）这纷纷杂陈的场面到底意味着什么呢？（林挪）

（35）（φ外曾祖父）走出县城不远，听到背后马蹄响，回头一看，见有人骑着曹县长那匹小黑马追了上来。（莫红）

（35）' ①（φ曽祖父は）県城を出てまだいくらも行かぬうちに、後ろから馬の蹄の音が聞こえてきた。②（φ曽祖父は）見ると、誰かが県長の黒馬に乗って追ってくる。（井赤）

（36）（φ僕と直子は）ちょっとした用事があって喫茶店で待ちあわせたのだが、用件が済んでしまうとあとはもう何も話すことはなかった。（村森）

（36）' ①因有点小事，我们在一家饮食店碰头。②事完之后，（φ我们）便没什么可谈的了。（林挪）

（33）（34）是汉译日和日译汉在语法层次上实现对等的例子。（33）汉译日的 ST（φ那里是）所引导的句子是明显的指示表现；而 TT 翻译的内容是「場所」，是对这个名词的属性限定，同时采用了名词结句的形式。一个是指示内容，一个是属性限定。ST 中省略的是指示代词+动词，而 TT 中翻译的内容中只出现了名词并采用名词结句加以弥补，两者虽然存在表达上的区别和形式上的不同，甚至内容上也有差异，但是通过句子层面的语

法调整达成功能上的对等关系。（34）日译汉 ST 所省略的「僕は思った」的还原位置应该是句末；而按照 TT 语法规则省略的"我心想"的还原位置应该是句首。两者虽然位置不同，一前一后，一首一尾，但是通过这样的成分顺序调整，在句子层面实现语法上的功能对等。（35）（36）是汉译日和日译汉在篇章层次上实现对等的例子。既然是篇章，一般都是超越了一个句子的层次。（35）汉译日中的 ST 省略的"外曾祖父"是句子主题，也是后面的"走、听、看"等几个动作的施行者，明确句子内部的动作先后关系，形成有机的整体；TT 翻译时把 ST 原有的一个句子分成了两个句子，两次省略更像篇章主题的「曾祖父」。同时在描述视点上作出了调整，把 ST 一直放在"外曾祖父"身上的视点，在 TT 中调整到了第三者的视角上，或者说旁观者的视角上。翻译前后结合源语和目标语的特点，虽然作出了形式和内容以及视点上的改变，但是在语篇层面达成对等关系。（36）日译汉中 ST 的「僕と直子」是整个句子的主题，对后续两个分句都起到了很好的统合作用。TT 翻译采用了拆分句子的形式，一分为二，并且采用显现+省略的方式，主题均为"我们"，这是常见的同主题省略类型。ST 省略的是并列关系的词组，TT 采用先显现后省略人称代词复数的形式加以对应。通过这样的调整，具有强大影响力的日语主题实现对两个分句的连接，而汉语的两个不同的句子通过先显现后省略的方式实现两个句子的衔接，翻译前后实现在语篇层面的对等。

（37）（φ 花轿）不知 装过了多少个必定成为死尸 的新娘。（莫红）

（37）'　① （φ 輿は）まるで 棺桶のようだ。② どれだけの数の花嫁が
　　　　死の定めを背負って、この輿に乗せられたかしれなかった。

（井赤）

（37）为汉译日在语用层次上实现对等的例句，本次的调查中未找到日译汉语用层次对等的例句。（36）中涉及"花轿"的主题省略，针对 ST 所提到的"装过……死尸"的后续内容，提取其中的言外之意，TT 日语中利用「棺桶のようだ」比喻的方式正好对应了源语的内容，同时利用后续②的内容再来加强其中的含义，与 ST 源文本的内容相呼应，在语用层次上实现功能对等。

关于语用对等中的语用，贝克（1992）主要提及了意义连贯（Coherence）

和意义隐含（Implicature），虽然连贯也同为语篇范畴；另外还提及了格莱斯（H.P.Grice）的合作原则（Cooperative Principle）以及文化背景等。比如在文化背景层面，贝克（1992：242）针对（38）（38）'中英语和日语文本的反向翻译对照，指出了两者文化背景上的差异在翻译时如何实现语用上的功能对等。

（38）English source text:（Palace and Politics in Prewar Japan; see Appendix 6）

The heads of the ministries created in <u>1869</u> were not directly responsible for 'advising and assisting'（hohitsu）the emperor，though they were to become so in <u>1898</u>.According to the <u>1871</u> reorganization of the ministries ，for example，the privilege of assisting the throne directly was in theory limited to the Chancellor（Dajo Daijin），Minister of the left（Sa Daijin），Minister of the Right（U Daijin），and the Councillors（Sangi）.

（38）' Back-translation of Japanese text（Appendix 6）

The heads of ministries which were created in **Meiji 2nd** are not directly responsible for 'hohitu' the emperor. It was in **Meiji 22nd** that it became so. For example，according to the government reformation of **the fourth year of Meiji**，theoretically，the privilege of assisting the emperor directly was limited to Dajo Daijin，Sa Daijin，U Daijin，and Sangi.

这是一段关于日本战前政治的内容，提到了当时内阁改组前后的变化以及具体能够辅佐天皇的具体人选。源文本是英语，目标文本是日语。因为讲述的就是日本的政治，特别是标注的关于纪年法的问题。众所周知，日本历来习惯采用天皇纪年法，直到现在还在使用。所以在面向日本的读者时，"<u>1869</u>"年对应的正好是"**Meiji 2nd**"（明治二年），"<u>1898</u>"年对应的正好是"**Meiji 22nd**"（明治二十二年），"<u>1871</u>"年对应的正好是"**the fourth year of Meiji**"（明治四年）。由于上述文字与日本文化直接相关，日本读者会希望任何有关日期的说法按照日本习惯，而不是西历。而这里的英译日翻译正好实现了这样的功能，达成对等。

以上通过具体的实例分别对五个层次的功能上的一致性进行了说明，但是语言在使用过程中往往并非都是单一的模式，还容易出现混合或者复合的模式。也就是 ST 在 TT 翻译转化的过程，同时可能实现了不止一个层次的对等，涉及两个或者两个以上的功能对等情况。

（39）然后（φ伙计们）墙上刷石灰，门窗上油漆，炕上铺新草，换新席，搞了个新天新地新世界。（莫红）

（39）'（φ杜氏たちは）それから壁にしっくいを塗り、戸や窓を塗りかえ、オンドルに新しいわらを敷き、アンペラを取り替えて、天地ともに新たな世界をつくりあげたのだった。（井赤）

（40）（φ彼は）他人には何も教えずに自分一人で物事を管理することに無上の喜びを感じるタイプの俗物なのだ。（村森）

（40）'这家伙纯属俗物：对别人什么也不告诉，只顾自己横加管理并从中找出一大堆乐趣。（林挪）

　　（39）（40）分别为日译汉和汉译日的例子，两者都为词汇、语法复合型。关于词汇层面的对等（"伙计们"对「杜氏たちは」和「彼は」对"这家伙"）很容易确定，但是这两个例子中还包括了语法对等的部分，属于复合型对等。（39）中是对"伙计们"动作的描述，生动再现了伙计们改头换面、热火朝天的动作场面和心态变化。（39）'按照日语的习惯采用了常用的「ノダ文」，对「杜氏たち」的动作和行为进行了说明。TT 虽然在句子层次上采取了和 ST 不同的方式，但是在语法层面上达到了功能对等。（40）中采用了典型的名词谓语句对「彼は」的属性进行了说明和限定，谓语部分利用了很长的定语修饰。（40）'的翻译处理而采用了汉语中常见的后置手法，先对"这家伙"采用名词谓语句作简单说明，然后对修辞限定部分的名词用冒号加以补充说明的方式来处理。TT 和 ST 采取了不同的处理方式，按照汉语的习惯进行了简单化处理，达到了语法层次上的功能对等。

（41）（φ罗汉大爷）递给我奶奶，说："掌柜的，尝尝酒吧。"（莫红）

（41）'①（φ羅漢大爺は）祖母に手渡した。②（φ羅漢大爺は言った）「女将さん、飲んでごらんなさい」（井赤）

（42）（①それでも微かに夕食の匂いが漂っていた。）②（φ漂ってい

た夕食の匂いは）クリーム・シチューの匂いだった。（村森）

（42）'但还是微微荡漾着晚饭的味道，（φ晚饭的味道）是奶油炖菜的
气味儿。（林挪）

（41）（42）分别为日译汉和汉译日的例子，除了词汇层面（"罗汉大爷"
对「羅漢大爺は」和词汇以上层面的「漂っていた夕食の匂いは」对"晚
饭的味道"）的对等之外，还包括了语篇层面对等的部分，属于复合型对等。
具体而言，前者为词汇、语篇复合型，后者为词汇以上、语篇复合型。（41）
中是对"罗汉大爷"的两个动作进行说明，同时利用了直接引用的方式。
（41）'中相当于增加源文本的句子至①②两处，把「羅漢大爺は」的两个
动作分成两部分来描述。动作是动作，后面的直接引用独立分开。直接引
用的分开相当于又再次省略了主题+动词的方式。ST 里单个句子中直接引
用的穿插，TT 中整合①②前后句子并省略掉直接引用的说话者所充当的主
题部分，都是契合两种语言所在文化表达的常见方式。综合而言，TT 虽然
超越句子层次上采取了和 ST 不同的处理方式，但是在篇章层面上达到了
功能对等。（42）（42）'里是 TT 对 ST 的句子进行了处理，也是句子数量
减少的一种处理方式。（42）为潜在主题的省略〔参照刘泽军（2012a）的
四分类〕方式，①的主谓句「夕食の匂いが漂っていた」在②中成为偏正
式结构的名词词组成为省略的主题。这是为追求篇章对等源语中常见的省
略方式。（42）'根据目标文本的表达习惯，合成了一句，前面分句中出现
的"晚饭的味道"和后面省略的"（φ晚饭的味道）"会造成句子整体视点
上的不确定，但是汉语中受到这方面的限制近乎微乎其微。TT 根据目标文
本的习惯，充分在注重 ST 的篇章结构特点的基础上进行处理，实现源文
本和目标文本在篇章上的功能对等。

（43）（φ父亲他们）拐进高粱地后，雾更显凝滞，质量加大，流动感
少，在人的身体与人负载的物体碰撞高粱秸秆后，随着高粱嚓嚓
啦啦的幽怨鸣声，一大滴一大滴的沉重水珠扑簌簌落下。（莫红）

（43）'① （φ父たちは／φ父たちが？？）高粱畑の裏手へ回り込む
と、霧は一層淀んで、量を増やし、流動感を失った。②人の
身体と人が背負っている物体が高粱の茎にぶつかり、高粱が
ざわざわとうらみの声を上げるにつれて、重い大粒の水滴が

64

ボトボトと落ちる。（井赤）

(44)（①僕は押入れから布団を出して彼女をそこに寝かせた。）②そして（φ僕は）窓の外や降りつづける 四月の雨を見ながら煙草を吸った 。（村森）

(44)' 我从壁橱里取出被褥，让她躺好， 一边吸烟一边看着窗外的绵绵春雨 。（林挪）

（43）（44）分别为日译汉和汉译日的例子，除了词汇层面（"父亲他们"对「父たちは」和词汇以上层面的「僕は」对"我"）的对等之外，还包括了语法和语篇层面对等的部分，属于三复合型对等。具体而言，均为词汇、语法、语篇复合型。（43）是明确地省略了"父亲他们"，后面的分句靠"雾"字进行了统括。前半部分是动作的描写，后面是对自然界现象的描述，这里其实更多凸显了主人公们在变换场景后所遇到的变化。通过"父亲他们"后续表示时间先后顺序的方位词"后"，提示了前后分句之间的关系。从意义的角度来看，后面对雾的描写是为了对前面人物的衬托。所以作为此句的主题"父亲他们"和"雾"之间至少是并列或者是偏向"父亲他们"多一点。这也符合了汉语句式的风格：第一是短语短句起到重要的作用，从属句和主句之间的关系不够明显；第二是在句子中并不会有来自视点方面的强力制约；第三这句话的表达的重点还是脱离不了人，自然事物只是他的陪衬。面对源文本的内容，（44）'中首先对源文本进行了句子数量增加的处理。在①中首先确定了「霧」的主题地位，②的内容，虽然失去了主题，但是核心的主语「重い大粒の水滴」是雾形成的，还是和①的主题「霧」有直接关系。但是结合日语的表达习惯，首先在①中，进行了两个处理，就是把「霧」所在的分句确定为主句，「高粱畑の裏手へ回り込むと」所引导的内容成了从句；另外，因为采用了接续助词「と」，日语中这个接续助词所出现的分句属于从属的范畴，一般是不宜出现主题。但是从上下文明显可以看出，此处动作的主体就是「父たち」，主题不可行，是否可以理解为省略的主语「父たちが」。根据久野暲（1973：222）「主語が省略されている文は，すべて『名詞句＋ハ』（すなわち主題）の省略に由来する（主语省略的句子的由来都是『名詞句＋ハ』（也就是主题省略））」的观点，既然省略了「父たち」的话，「φ父たちは」比「父たちが」更为合适。这样一来可以看出，日语中视点上的限制对 TT 的篇章对等处理起到了很大的

影响。TT 根据日语的特点淡化了 高粱畑の裏手へ回り込むと 这个部分的主语或者是主题，与其说是省略，不如说故意的不出现，保证①②的核心的部分是 霧は ，从而保持了句子本身前后的视点统一，同时也保持上下句的视点统一。通过这样在语篇上的处理，使得 TT 取得与 ST 在篇章上的功能对等。（44）'首先是把 ST 的①②合在一起，在语篇上作了处理。对 僕は 这样的同主题省略，同时是涉及动作的前后顺序的内容，TT 更习惯直接采用句子内部并列成分的形式进行处理。这里需要说明的是，动作的处理过程中，ST 的②中 四月の雨を見ながら煙草を吸った ，虽然是两个动作的同步表达，但是也有顺序上的区别，也有从句和主句的区别。TT 在处理时，采用了相当于" 一边吸烟一边看着窗外的绵绵春雨 「煙草を吸いながら四月の雨を見た」"的处理方式，为实现语法层面的功能对等进行了顺序上的调整。

以上关于功能上的一致性的讨论，具体到 ST 向 TT 的翻译转化中，可以通过五个层面功能上的一致性进行考察分析。这些涉及主题省略翻译的五个层面，分别包括两个直接关联层面（词汇、词汇层次以上）和三个间接关联层面（语法、篇章、语用）。同时因为出现了混合情况，还需要针对具体的复合型来分析其功能上的一致性。因此，在功能上的一致性探讨上分成两个点：一个是单一型（五个层面），另一个是复合型（不定的层面，两个及以上的层面复合）。

## 4.4　策略上的一致性

策略上的一致性指 ST 和 TT 中省略的主题在翻译策略上保持一致性的处理方式。根据韦努蒂（1995）所定义的归化和异化的概念，对汉日互译中的主题省略策略进行一致性的探讨。归化是指源文本的翻译偏向目标文本语言所代表的文化，源语本土化，迎合目标语或译文受众，与目标文本文化保持一致性；异化是指源文本的翻译保留源文本语言所代表的文化，保留异国情调，反映源语语言风格和民族特性，与源文本文化保持一致性。韦努蒂本身对传统的归化翻译持有很强的抵触情绪，提出了质疑，而比较推崇异化的翻译。这里不讨论归化和异化的优劣，而是对汉日互译中的主题省略策略所涉及的归化和异化上所体现翻译策略的一致性进行探讨。因此策略上的一致性包含了使用归化翻译保持与目标文本文化的一致性和使用异化翻译保持与源文本文化的一致性。

（45）（φ草屋）外边有两张腿歪面裂的八仙桌子，桌旁胡乱搡着几条狭窄的木凳。（莫红）

（45）'（φあばら屋は）外側にはがたびしの八仙卓があり、そばに狭い腰掛けが乱雑に置いてあった。（井赤）

（46）（φ寮長は）いかにも硬そうな髪にいくらか白髪がまじり、日焼けした首筋に長い傷あとがある。（村森）

（46）'（φ楼长）略微掺白的头发显得十分坚挺，晒黑的脖颈上有条长长的伤疤。（林挪）

（47）（φ爷爷）抬头看时，见远处的河堤上，蜿蜒着一条火的长龙。
（莫红）

（47）'顔を上げてみると、遠くの土手に長い竜のような火の行列がつづいていた。（井赤）

（48）でも（φ僕は）そのときは一行たりとも書くことができなかった。（村森）

（48）'未翻译。（林挪）

（45）（46）（47）（48）都是归化翻译的例句。（45）和（47）是汉译日，（46）和（48）是日译汉。（45）中 ST 的"（φ草屋）"在 TT 中并没有按照源文本中关于这个词的基本含义而采取靠近源文本的翻译策略，而是根据这个词所体现的事物进行了印象上的重新构建，保持和上下文的一致采用了「φあばら家」的说法。日语中本身存在「草屋」一词，而且比较接近汉语中的"草屋"一词之意。但是这里面考虑到了战争年代的背景，TT 反而采用了「φあばら家」一词，来体现破败之意，更加贴近日本读者，加深房子战争中的印象。（46）中面对日语中大家比较熟悉的「（φ寮長は）」，TT 用了"楼长"一词做了很好的回应和处理，贴近汉语读者进行了贴切的翻译。有别于（45）和（46）的归化翻译策略，（47）（48）出现了特殊性的情况。（47）在向（47）'的翻译转化过程中，ST 的"爷爷"因为 TT 的无主题句的出现，已经找不到可以对应的内容。TT 通过整合整个句子的结构以及前后篇章上的处理，以无主题句应对了 ST 的有主题句的省略，这种翻译可看成归化策略的体现。（48）在向（48）'翻译转化的过程中，ST 的「φ僕は」因为 TT 的未翻译，也找不到可以对应的内容。TT 结合上下句篇章上的处理去对应 ST 中的主题省略，这种翻译也可看作归化策略的

体现。

（49）（φ曹县长）一看这状子又牵扯那桩杀人命案，不由得汗从腋下
流出。（莫红）

（49）'訴状を見るとまた例の殺人事件と関わりがある。（φ曹県長は）
思わず腋の下から汗が流れた。（井赤）

（50）そして（φレイコさんは）僕と直子に二人でこのあたりを一時
間ばかり歩いていらっしゃいよと言った。（村森）

（50）'（φ玲子）然后叫我和直子到附近一带散一个小时步去。（林挪）

（49）（50）都是异化翻译的例子。（49）是汉译日，（50）是日译汉。
（49）中 ST 的 "（φ曹县长）" 在 TT 中按照源文本中关于这个词的基本含
义而采取靠近目标文本的翻译策略。TT 中根据上下句的意思，保持和 ST
的一致的「φ曹県長」的说法。众所周知，20 世纪 30 年代，日本和中国
的行政区划以及各行政首脑的说法并不相同，日语中的「φ曹県長」保留
了 ST 的基本用法。（50）中关于「レイコさんは」一词，ST 中并没有明确
提出其具体的汉字是什么，TT 根据整体的内容对应翻译成了 "玲子"。这
里看似是为了迎合目标文本对象国的受众，但是 "玲子" 这样的称呼所带
有的日本文化中特有的女性名字的印象，是不可能轻易抹去的。基于此，
这样的翻译还是采用了异化的策略，就是倾向于靠近源文本文化的翻译
策略。

（51）（φ奶奶）略略长成，又遵从父母之命，媒妁之言，匆忙出嫁。
（莫红）

（51）'（φ祖母は）やっと年ごろの娘になったばかりで、もう両親の
言いつけ、仲人の言葉に従って、あたふたと嫁にきたのだっ
た。（井赤）

（52）（φ自分は）昼食の前かあとに一時間くらい担当医との個別面
接か、あるいはブループ・ディスカッションがある。（村森）

（52）'（φ自己）午饭前或午饭后有一小时同主治医生个别会面的时间，
或者进行集体讨论。（林挪）

除了归化和异化的单一策略之外，因为中国和日本文化之间的特殊亲缘关系，基于文化上相似性对汉日互译的策略判断造成困扰。（51）（52）则是汉日互译中归化异化难以判断的策略类型，可以称之为归化异化型。比如汉语的"奶奶"和日语的「祖母」，日语的「自分」和汉语的"自己"，相似程度高，甚至在两种语言中有的时候是部分或完全共通的。比如「祖母」在汉语中也有此说法，写法一样，意义也一样；"自己"在日语中也有此说法，写法一样，意义也相近。这样一来，两者之间的翻译到底是偏向了源文本所在的文化还是偏向了目标文本所在的文化，难以断言和定论。

以上关于策略上的一致性的讨论，具体到 ST 向 TT 的翻译转化中，可以通过两个层面策略上的一致性进行考察分析。这些涉及主题省略翻译的两个层面，分别是归化策略上和异化策略上。因为中日文化的相近性而造成的语言表达上的共性等要素，还同时出现了归化异化的综合型。因此，在策略上的一致性探讨上分成两个点：一个是单一型（归化型、异化型），另一个是综合型（归化异化型）。

# 第五章  汉日主题省略互译的分类

主题省略的分类在汉日语言中各自有不同的方式，各自对其分类有着不同的认识和看法。汉语方面，如在第二章先行研究总结部分提到，19世纪末期马建忠（1898）就提出了"起词可省"的说法，并将古汉语的起词省略分成了七类。近年来在此基础上，先有陈伟英（2008：36—38）结合这些分类对现代汉语主语省略进行了六大分类：承前省略，蒙后省略，从中省略，对话省，自述省和泛指省；再后来张悦（2012：17）又把汉语的主语省略（相当于主题省略）句分成五大类：泛指省，祈使句省，上下文省，对话省，自述省。另一方面，日语代表性的有久野暲（1978：114）的四分类法：反复主题省略、以主语为先行词的主题省略、新主题省略和异主题省略；日向茂男、日比谷润子（1988：67，70）的两分类法：主题省略和文中成分向主题的升格及其省略；甲斐ますみ（1995）的两分类法：单一话者的主题省略和多人话者的主题省略；刘泽军（2012a：27）的四分类法：显在主题的省略、潜在主题的省略、零主题的省略和其他形式的主题省略。从各自的分类来看，虽然存在着不同的视点和分类基准，存在着诸多不同，但还是存在不少的相似性。比如日语中的反复主题或显在主题的省略有和承前省略相似的部分。但是汉日互译的时候，涉及两个不同语言体系的互换，其类型既包括 ST 的部分，同时也涵盖 TT 的部分，同时有两者融合及连接的部分，因此不能照搬各自的主题省略类型。

我们同样从形式、内容、功能、策略的角度，形式上侧重对 ST 主题省略的 TT 形式处理，内容上侧重对 ST 主题省略的 TT 内容还原，功能上侧重 ST 主题省略的 TT 功能实现，策略上侧重 ST 主题省略的 TT 策略选择；同时结合具体的翻译实例，对汉日互译的主题省略类型进行探讨。ST 主题省略时，TT 在形式上所作的选择涉及主题省略的处理类型；ST 在主题省略时，TT 在内容上所作的还原涉及主题省略的翻译类型；ST 在主题省略时，TT 在功能上所作的选择涉及主题省略的关联类型；ST 在主题省略时，TT 在策略上所作的选择涉及主题省略的偏向类型。5.1 和 5.2 分别对处理

类型和翻译类型加以说明，5.3 和 5.4 分别对关联类型和偏向类型加以说明。

### 5.1 主题省略的处理类型

ST 主题采用省略形式时，根据主题的使用规律和特征，TT 可有四种形式与之对应：主题省略、主题显现、无主题、未翻译。按照这样的理论可能性，可把主题省略的处理类型分为四种：省略—省略型、省略—显现型、省略—无主题型、省略—未翻译型。

省略—省略型指 ST 和 TT 同为有主题句时，ST 采用主题省略的地方 TT 同样采用主题省略的处理方式，如（53）（54）。省略—显现型指 ST 和 TT 同为有主题句时，ST 采用主题省略的地方 TT 采用主题显现的处理方式，如（55）（56）。省略—无主题型指 ST 为有主题句、而 TT 无主题时，ST 主题省略 TT 因无主题未出现省略的处理方式，如（57）。省略—未翻译型指 ST 为有主题句并采用主题省略，TT 无对应翻译的处理方式，如（58）。

（53）（φ直子は）そしてしばらく黙って歩きつづけた。（村森）

（53）'（φ直子）如此默默地走了一会儿。（林挪）

（54）（φ罗汉大爷）头上的血痂遭阳光晒着，干硬干硬地痛。（莫红）

（54）'（φ羅漢大爺は）頭のかさぶたが日にさらされてずきずきと痛む。（井赤）

（55）（φ彼は）びっくりするほど高貴な精神を持ちあわせていると同時に、どうしょうもない俗物だった。（村森）

（55）'他既具有令人赞叹的高贵精神，又是个无可救药的世间俗物。

（林挪）

（56）（φ天空）透出一片熹微的黎明之光。（莫红）

（57）'弱弱しい夜明けの光が洩れていた。（井赤）

（57）（φ罗汉大爷和众伙计）一个个毕恭毕敬地成了我爷爷手下的顺民。（莫红）

（57）'そして、誰もがうやうやしく祖父の従順な臣民となってしまった。（井赤）

（58）（φ小林書店は）僕が子供の頃、発売日を待ちかねて少年雑誌

を買いに走っていたのと同じような本屋だった。（村森）

(58)' 未翻译（林挪）

以上四种类型，无论汉译日还是日译汉，所涉及的主题省略的处理形式均可适用。但是，因 TT 句子数量的增加，还可能衍生出无限的可能性。包括省略—省略+显现型，如（59）；省略—显现+省略+显现型，如（60）；甚至出现更为复杂的省略—省略+显现+显现+省略型，如（61）。因为这些内容比较复杂，同时理论上存在着无限的可能性，故统一称之为省略—混合型。

(59) （φ僕は）門につくまでに何もの人とすれ違ったが、誰もみんな直子たちが着ていたのと同じ黄色い雨合羽を着て、頭にはすっぽりとフードをかぶっていた。（村森）

(59)' ①去大门口的路上，（φ我）和好几个人擦肩而过。②我发现每人都穿着直子和玲子那种黄色雨衣，脑袋罩得严严实实。（林挪）

(60) （φ僕は）新しい住居の様子を書き、寮のごたごたからぬけだせ、これ以上下らない連中の下らない思惑にまきこまれないで済んだと思うととても嬉しくてホッとする。（村森）

(60)' ①我写了新居的情形。②（φ我）告诉她自己终于从乱糟糟的宿舍里挣脱出来，从此再也不必受那些无聊家伙的无聊算盘的干扰。③每当想到这点，我就觉得不胜欣喜和坦然，……。（林挪）

(61)（φ那些原因）概而言之，大概有三：一，他受文化道德的制约，认为为匪为寇，是违反天理。他对官府还有相当程度的迷信，对通过"正当"途径争取财富和女人还没有完全丧失信心。（莫红）

(61)' ①（φそのわけは）おおまかに言えば、つぎの三つにまとめられるだろう。②第一に、かれは文化、道徳に縛られて、盗賊はやはり賊だ、天理に背くと考えていた。③かれはまだお上をかなり盲目的に信じていた。④（φかれは）「正しい」手段でもって富や女をかち取れるのではないか、とまだいくらか信じていたのだ。（井赤）

（59）（60）（61）中涉及 TT 的句子都出现了增加，致使主题部分出现了多样化形式，和 ST 一处主题省略产生了变化，统一称之为省略—混合型，属于特殊型；一般情况下，ST 和 TT 之间的省略处理内容，所归纳的省略—省略型、省略—显现型、省略—无主题型、省略—未翻译型都可以涵盖。具体的关系概括总结如表 4 所示。

表 4  ST 和 TT 主题省略的处理类型分类

| 处理类型 | ST | | TT | |
| --- | --- | --- | --- | --- |
| | 是否有主题 | 是否省略 | 是否有主题 | 是否省略 |
| 省略-省略型 | 有 | 省略 | 有 | 省略 |
| 省略-显现型 | 有 | 省略 | 有 | 不省略 |
| 省略-无主题型 | 有 | 省略 | 无 | 不省略 |
| 省略-未翻译型 | 有 | 省略 | 无 | 不省略 |
| 省略-混合型 | 有 | 省略 | 都有可能 | 都有可能 |

表 4 所示，五种处理类型的 ST 文本必须满足都有主题而且都是省略的状态，这个是进行数据统计的基础，也是满足本研究对象的基本条件，对应了各种类型的第一个"省略"字样；而 TT 会有各种复杂的情况，其中有主题可以省略也可以不省略，无主题肯定是不能省略，也可以有主题或也可以没有主题的情况就更加复杂，存在多种可能性组合。

## 5.2  主题省略的翻译类型

ST 采用主题省略时，省略的主题具体还原在翻译成 TT 时，根据内容上的判断，可能存在着对应和不对应的情况。这里有别于主题省略的处理，主要从内容以及意义的角度对 TT 的翻译类型进行总结。

关于主题的翻译类型，刘泽军（2017b：46）结合汉日翻译特点提出了涉及有主题句的八种类型：显现 1—显现 1、显现 1—显现 2、显现 1—省略 1、显现 1—省略 2、省略 1—省略 1、省略 1—省略 2、省略 1—显现 1、省略 1—显现 2；同时针对无主题句提出了四种类型：显现 1—零主题、省略 1—零主题；零主题—显现 1、零主题—省略 1。这十二种分类既包含主题的处理类型，又涵盖了主题的翻译类型。各类型名称的前面表述涉及形式处理，后面数字代表主题的翻译及内容还原，前后数字一致时表示前后主题内容一致。比如"显现 1—显现 1"表示 ST 主题采用显现的形式，TT

同样采用显现的形式，ST 显现的主题和 TT 显现的主题是完全一致的。涉及主题翻译类型时，刘泽军（2017b：72）指出三种情况：第一种为原样翻译，即严格和中文的显现主题对应，按照日语的习惯原样还原中文主题的形式，有些部分为更好地提升表达效果，在原样翻译的基础上对主题部分添加了补充说明，这些补充说明有的是意义上，有的是形式上的；第二种为部分原样翻译，即整体和中文的显现主题对应，按照日语的习惯进行了小幅度的调整，比如对主题部分进行小幅度的添加或删减，整体接近于原样翻译；第三种为非原样翻译，有别于以上的两种类型，即原文的主题日译后出现了比较大的变化，有主题的消失、变换等各种形式。其中在主题的翻译类型中，也涉及省略主题的翻译部分，刘泽军（2017b）主要参考刘泽军（2012a）关于主题省略的分类，从潜在主题的省略、显在主题的省略、零主题的省略、其他主题的省略探讨了日译文本的特征。

关于主题省略的翻译类型，刘泽军（2016a：82）把日语主题省略的汉语翻译类型分成对省略主题原样还原而翻译（相当于直译）和对省略的主题不原样还原翻译（相当于意译），后者再细分为部分原样还原翻译和颠覆原样还原翻译，还指出了可能存在的主题省略还原的混合型。

参照刘泽军（2016a，2017b）的分类，考虑 ST 和 TT 的特征和实际使用现状，这里把主题省略的翻译类型分成三种：原样还原翻译、部分原样还原翻译、非原样还原翻译。原样还原翻译指主题在日译汉或汉译日时基本上保持原样，不做任何表达形式和内容上的调整，如（62）（63）；部分原样还原翻译指主题在日译汉或汉译日时按照目标文本语言的习惯对主题部分进行了小幅度的增减，整体接近原样还原翻译，如（64）（65）；非原样还原翻译指主题在日译汉或汉译日时已经出现了比较大的变化，目标文本里主题的形式或内容上有了比较大的改变等，如（66）（67）。

（62）（φそのメロディーは）いや、いつもとは比べものにならない
　　　くらい激しく僕を混乱させ揺り動かした。（村森）

（62）'（φ那旋律）强烈地摇撼着我的身心。（林挪）

（63）（φ大爷）醒来，遍体汗湿，裤子尿得湿漉漉的。（莫红）

（63）'（φ大爺は）眼を覚ますと、ぐっしょりと汗をかき、ズボンは
　　　小便でぐしょ濡れになっている。（井赤）

（64）そして（φ私と彼女は）抱きあった。（村森）

（64）'（φ我们）然后抱在一起。（林挪）

（65）（φ单家）东院里有三间东厢房，住着烧酒伙计。（莫红）

（65）'（φ単家の母家は）東庭には三間の東屋があり、そこには杜氏たちが住んでいる。（井赤）

（66）（φその女子大は）英語の教育で有名なこぢんまりとした大学だった。（村森）

（66）'那是一间以英语教育闻名的小而整洁的学校。（林挪）

（67）（φ奶奶）心中忽然如电闪雷鸣般骚乱。（莫红）

（67）'祖母の胸はいきなり稲妻か雷鳴のように騒ぎたった。（井赤）


（62）（63）的「そのメロディーは」"大爷"和（62）'（63）'的"那旋律"「大爺」一一对应，属于原样还原翻译的范畴；（64）的「私と彼女」和"我们"所指的内容相同，同时在"我「私」"一词处有重复，（65）的"单家"和（65）'的「φ単家の母家」所指的内容相同，同时在"单家「単家」"一词处有重复，属于部分原样还原的范畴；（66）的「その女子大」是指示代词所构成的名词词组，重点在具体的大学，而（66）'的"那"虽然也是指示代词，但重点就是在这个代词本身，所指的内容之间还是有一定的差距。（67）的"奶奶"和「祖母の胸」虽然有重复之处，但是在所指的内容上，具体的人"奶奶"和身体部位「胸」之间存在明显不对应的地方。因此把这两类归为非原样还原翻译的范畴。

### 5.3  主题省略的关联类型

ST 在主题省略时，省略的主题还原并翻译成 TT。根据功能上的判断，可能存在着对应和不对应的情况。这里不同于主题省略的形式和内容，主要从功能对等实现的角度对 TT 的关联类型进行总结。

如上所述，关于功能对等，总结贝克（1995）的对等理论，概括出了五种对等层面。这五个层面分别是词汇层面对等、词汇以上层面对等、语法层面对等、语篇层面对等和语用层面对等。因为主题省略的内容从基本的构成来看只能是词汇层面或者是超越词汇层面的词组，这些是主题省略的直接关联要素。与此相对的是，语法层面、语篇层面以及语用层面都超越了省略主题本身，从更大的层面间接对翻译功能对等的实现施加影响，提供间接性支撑，这些是主题省略的间接关联要素。另外，主题省略的汉

日互译中，直接关联要素和间接关联要素并非完美的单一存在，存在着相互交叉相互作用的情况。这种交叉一定是直接关联要素取其一，间接关联要素取其一或其二或其三的方式，这样的功能实现是主题省略的混合关联要素。这里按照主题省略的功能对等的特性，把主题省略翻译的功能上的一致性分为三种类型：直接关联型（包括词汇层面对等、词汇以上层面对等）、间接关联型（语法层面对等、语篇层面对等和语用层面对等）、混合关联型（直接关联型和间接关联型的混合）。

（68）（φ爷爷）犹豫半天，又扔过去一支"三八"式盖子枪。（莫红）

（68）'（φ祖父は）そして、だいぶためらってから「三八」式步兵銃を一丁なげてやった。（井赤）

（69）（φその女子校）あまり熱心に勉強をすると「品がない」とうしろ指をさされるくらい品の良い学校だった。（村森）

（69）'（φ那所女校）正统倒是正统，但如果对学习太热心了，便会被人指脊梁骨说成"不本分"。（林挪）

（70）（φ奶奶想）与其那样，还不如一死了之。（莫红）

（70）'（φ祖母は）そんなことなら、いっそ死んだほうがましだ（φと思った）。（井赤）

（71）そして夜になるといつも君のことを考えていた、と（φ僕は書いた）。（村森）

（71）'我写道：每天夜晚总是想你。（林挪）

（72）何况（φ我）已经对那小女子许下了愿，何况已经杀掉了儿子，留着爹不杀，反而使这个爹看着儿子的尸体难过，索性一不作，二不休，扳倒葫芦流光油，为那小女子开创一个新世界。（莫红）

（72）'①しかも俺はあの娘に約束した。②（φ俺は）単家の息子も殺してしまった。③（φ俺は）父親を生かしておいても、息子の死骸を見て悲しませることになるだけだ。④（φ俺は）毒食わば皿まで、いっそやるだけやって、あの娘っ子に新しい世界をきり開いてやろう。（井赤）

（73）（①梢の葉がさらさらと音を立て、遠くの方で犬の鳴く声が聞こえた。）②（φ犬の鳴く声は）まるで別の世界の入口から聞こえてくるような小さくかすんだ鳴き声だった。（村森）

（73）'树梢上的叶片簌簌低语，狗的吠声由远而近，若有若无，细微得如同从另一世界的入口处传来似的。（林挪）

可以明确看出，（68）（69）都属于直接关联型，其中（68）为汉译日的词汇层面对等，（69）是日译汉的词汇以上层面对等。（70）（71）都属于间接关联型，其中（70）和（71）分别为汉译日和日译汉的语法层面对等。（72）（73）都属于混合关联型，其中（72）是汉译日的词汇层面和语篇层面的双混合关联型；（73）是日译汉的词汇层面、语法层面和语篇层面的三混合关联型。

## 5.4 主题省略的偏向类型

ST 在主题省略时，省略的主题还原并翻译成 TT。根据策略上的判断，可能存在着和源语之间对应和不对应的情况。这里不同于主题省略的形式和内容，主要从策略的选取角度对 TT 的偏向类型进行总结。

如上所述，关于策略的选取，总结韦努蒂（1995）的归化异化理论，概括出策略选择的两个层面。这两个层面分别是归化的翻译策略和异化的翻译策略。归化和异化的翻译策略不是简单的翻译方法上所提到的直译和意译的问题，是对源语的翻译处理选择是靠近哪种文化哪种受众的策略问题；是坚持"民族的就是世界的"这样一种异国化、异族化思维，还是迎合目标文本文化的本土化思维的问题，具有偏向性。这里结合主题省略的翻译特性，把主题省略翻译策略上的一致性分为三种类型：偏向本土型（归化的翻译策略）、偏向异国型（异化的翻译策略）、偏向中立型（归化异化各有参半或难以确定归化异化策略）。

（74）（φ墓穴）只剩下最后一层高粱秆子了，父亲想尽快见到奶奶的面容又怕见到奶奶的面容。（莫红）

（74）'（φ穴は）最後の茎を残すだけになった。父は、祖母の顔を見たいと思い、見るのが怖かった。（井赤）

（75）（φ小林書店は）たしかに大きな店ではなかったけれど、僕が緑の話しから想像していたほど小さくはなかった。（村森）

（75）'店固然不大，但也不似我从绿子话中想象出来的那般小气。

（林挪）

（76）治完了下边的伤，（φ张先生）又治脸上的伤。（莫红）

（76）'下の方の傷の手当が済むと、（φ張辛一は）今度は顔の傷の手当てをした。（井赤）

（77）（φ阿美寮は）奇妙な名前だった。（村森）

（77）'（φ阿美寮）好奇特的名称。（林挪）

（78）（φ奶奶的记忆）还有那个头梳小辫子的老头儿，那一串挂在他腰带上的黄澄澄的铜钥匙。（莫红）

（78）'（φ祖母の記憶は）そしてあのちっぽけな弁髪を結った老人と、老人が腰帯にさげていた黄色鍵の束。（井赤）

（79）（φ螢は）しばらく右に進んでそこが行きどまりであることをたしかめてから、また左に戻った。（村森）

（79）'（φ萤火虫）接着向右爬了一会儿，确认再也走不通之后，又拐回左边。（林挪）

（80）（φ另一头骡子）两个时开时合的鼻孔里，吹出口哨一样的响声。（莫红）

（80）'（φもう一頭の驟馬は）開いたり閉じたりする鼻の孔が、口笛のような音をたてた。（井赤）

（81）（φこの洗面所は）化粧クリームやリップ・クリームや日焼けどめやローションといったものがぱらぱらと並んでいるだけで、化粧品らしいものは殆んどなかった。（村森）

（81）'（φ这盥洗室）雪花膏、唇脂膏、防晒膏、洗头膏一类东西倒是零零碎碎排列了不少，而化妆品模样的东西却几乎见不到。（林挪）

可以明确看出，（74）（75）分别是汉译日和日译汉中采用了归化翻译策略的例子，两者同属于偏向本土型；（76）（77）分别是汉译日和日译汉中采用了异化翻译策略的例子，两者同属于偏向异国型；（78）（79）（80）（81）分别属于汉译日和日译汉中的偏向中立型，这里既包括无法判定到底是归化和异化的翻译策略型（78）和（79），也包括既有归化和也有异化的翻译策略的混合型（80）（81）。比如（80）中对于"～骡子"的部分所对应的翻译「～驟馬」属于异化的部分，剩余的属于归化的部分；（81）中对于「この」的部分对应的"这"属于归化异化无法断定的部分，而「～洗面所」对应的"～盥洗室"就属于归化的部分。

# 第六章  汉语主题省略日译的一致性考察及分析

本章从汉语主题省略的日译考察开始，具体分析过程中以莫言的《红高粱家族》作为源文本 ST、井口晃的日文译本『赤い高粱』作为目标文本 TT，从形式上、内容上、功能上和策略上的一致性分别考察两个文本之间的对应性。在此基础上，再来考察和分析其特点和原因。为了和第七章日译汉的 ST 和 TT 作区分，这里把源文本《红高粱家族》简记为 ST1，把目标文本『赤い高粱』简记为 TT1。同时为了保持例句出处的一致性，"莫红"和"井赤"说法维持原样。

## 6.1  汉日翻译形式上的一致性视角

如在第四章的探讨中所总结，形式上的一致性指形式上 TT 和 ST 保持一致，任何形式上的改变都会影响翻译前后的一致性。这里以 ST1 主题出现省略的 140 处句子为对象，从形式上的一致性的角度比较 TT1 的处理类型（省略—省略型、省略—显现型、省略—无主题型、省略—未翻译型以及混合型：省略—显现+省略型，省略—省略+显现型，省略—显现+省略+显现型等）以及翻译后句子的增减所造成的情况（句子数量不变型、句子数量增加型、句子数量减少型）。省略—省略型为一致型，其余均为不一致型；句子数量不变型指含有主题省略的 ST1 翻译成 TT1 时保持句子数量不变；句子数量减少型指含有主题省略的 ST1 翻译成 TT1 时句子减少，降为句节；句子数量增加型指含有主题省略的 ST1 在翻译成 TT1 时句子增加，造成主题部分两处及以上省略或为主题显现、省略或无主题等各种混合搭配形式。统计结果如表 5、表 6 所示，这里主要依据 ST1 和 TT1 中主题省略的形式对应结果绘制而成。

表 5  ST1 和 TT1 中主题省略的选择对应情况

| 处理类型 | 处理次数（ST1→TT1） | 百分比 |
| --- | --- | --- |
| 省略—省略型 | 85 | 60.72% |
| 省略—显现型 | 22 | 15.71% |

| 处理类型 | 处理次数（ST1→TT1） | 百分比 |
|---|---|---|
| 省略—无主题型 | 10 | 7.14% |
| 省略—未翻译型 | 0 | 0.00% |
| 省略—混合型 | 23 | 16.43% |
| 合计 | 140 | 100% |

从表 5 可以看出，省略—省略型（60.72%）占比最高，接下来省略—混合型（16.43%）和省略—显现型（15.71%）排在其后，省略—无主题型（7.14%）占比不高，未出现省略—未翻译型（0.00%）。按照形式上的一致性原则，省略—省略型为一致型，其他三种均为不一致型。总结而言，ST1和 TT1 的一致型占比为 60.72%，不一致型占比为 39.28%（15.71%+7.14%+0.00%+16.43%）；一致型占的比例虽然高于不一致型，但是不一致型本身的占比也不算低，接近四成之多。

表 6　ST1 和 TT1 中主题省略的句子增减对应情况

| 增减类型 | 处理次数（ST1→TT1） | 百分比 |
|---|---|---|
| 句子数量不变型 | 103 | 73.57% |
| 句子数量减少型 | 8 | 5.71% |
| 句子数量增加型 | 29 | 20.71% |
| 合计 | 140 | 100% |

从表 6 可以看出，句子数量不变型（73.57%）占比最高，句子数量增加型（20.71%）次之，句子数量减少型（5.71%）最少。按照形式上的一致性原则，句子数量不变型为一致型，句子数量增加型和减少型为不一致型。总结而言，一致型占比 73.57%，不一致型占比 26.43%（5.71%+20.71%）；一致型占据的比例虽然高于不一致型，但是不一致型本身也占据了一定的比例。

综合表 5 和表 6，整体从形式上的一致性的两个维度来看，主题省略翻译方面呈现出两种倾向。省略类型的选择对应方面，一致型略高于不一致型，略有优势；而句子数量增减对应方面，一致型同样高于不一致型，优势明显。综合概括而言，在形式上的一致性方面，翻译前后 TT1 和 ST1保持了较高的一致性；不管是省略类型的选择对应方面，还是在句子数量增减对应方面，不一致型都有一定的占比，而且已经不能算低；同时，相对于句子数量的增减方面，主题省略类型的选择对应方面的不一致情况更

加突出，变化多样。

## 6.2 汉日翻译内容上的一致性视角

如在第四章的探讨中所总结，内容的一致性指 ST1 和 TT1 在主题省略的翻译处理上基本上保持前后一致。一般作为省略的主题内容需经过还原而确定，但确定后的内容性质属性各异，容易造成前后内容的不一致。这里根据还原内容的特性，结合汉语和日语的习惯，参照庭三郎（2014）和刘泽军（2017b），把省略的主题内容大致分为：普通名词、固有名词、指示代词、人称代词、反身代词、词组等，进而探讨内容上的一致性。结合前后内容性质属性的变化特性，先从宏观的角度分析整体的翻译前后分布对应情况，进而从微观的角度观测具体的属性变化特性。微观层面的变化可以细分属性维持不变型（翻译前后的属性不发生变化）、部分属性维持不变型（翻译前后的部分属性发生变化）、属性变化型（翻译前后的属性发生了明显的变化）；另外，还原的主题内容是否和省略的内容一致，按照原样还原翻译、部分原样还原翻译及非原样还原翻译进行统计。统计结果如表7、表8和表9所示，依据 ST1 和 TT1 中主题省略的翻译内容对应结果绘制而成。

表 7 ST1 和 TT1 主题省略还原内容性质属性对应的总体分布

| 主题属性 | ST1 | ST1 百分比 | TT1 | TT1 百分比 |
|---|---|---|---|---|
| 普通名词 | 15 | 10.72% | 24 | 17.15% |
| 固有名词 | 59 | 42.15% | 49 | 35.00% |
| 固有名词（+动词） | 1 | 0.71% | 3 | 2.14% |
| 反身代词 | 0 | 0.00% | 1 | 0.71% |
| 人称代词 | 32 | 22.87% | 23 | 16.43% |
| 人称代词（+动词） | 3 | 2.14% | 0 | 0.00% |
| 指示代词 | 3 | 2.14% | 2 | 1.43% |
| 指示代词词组 | 3 | 2.14% | 7 | 5.00% |
| 指示代词（+动词） | 1 | 0.71% | 0 | 0.00% |
| 名词词组 | 18 | 12.86% | 18 | 12.86% |
| 名词词组（+动词） | 1 | 0.71% | 0 | 0.00% |
| 名词词组+（介词+宾语） | 1 | 0.71% | 0 | 0.00% |
| 数量词词组 | 3 | 2.14% | 3 | 2.14% |
| 数量词词组（+动词） | 0 | 0.00% | 1 | 0.71% |
| 无主题 | 0 | 0.00% | 9 | 6.43% |
| 合计 | 140 | 100% | 140 | 100% |

从表 7 可以看出，ST1 中最高的是固有名词（42.15%），其他依次为人称代词（22.87%）、名词词组（12.86%）、普通名词（10.72%）；TT1 中最高的是固有名词（35.00%），其他依次为普通名词（17.15%）、人称代词（16.43%）、名词词组（12.86%）。ST1 中有四种 TT1 未出现的类型：人称代词+动词（2.14%）、指示代词+动词（0.71%）、名词词组+动词（0.71%）、名词词组+介词+宾语（0.71%）；TT1 中有三种 ST1 未出现的类型：无主题（6.43%）、反身代词（0.71%）、数量词词组+动词（0.71%）。总体观察可以看出，ST1 和 TT1 中使用数量最多的均为固有名词，前四位的项目一致而且出现顺序相似性也比较高；另外，前四种出现次数总和分别占到各自总数的 88.60%（42.15%+22.87%+12.86%+10.72%）、81.44%（35.00%+17.15%+16.43%+ 12.86%），一致性比较高；ST1 和 TT1 第五名以后的部分除去无主题（6.43%）之外，比例都比较低；另外，ST1 和 TT1 都出现了一些特殊类型，但使用比例均比较低。按照内容上的一致性原则，除具有最高比例的固有名词之外，其他人称代词、名词词组以及普通名词这些使用方面，不管是使用的顺序还是使用的比例，整体而言 ST1 和 TT1 都具备了较高的一致性；另外两者之间都出现了一些特殊类型，相对占比都比较小。然而前四名的使用顺序中普通名词的位置发生了变化，ST1 为第四位（10.72%），TT1 上升到了第二位（17.86%）；相互缺失类型的出现中，ST1 为三种，TT1 为四种，也有较大的差异：特别是 TT1 中的无主题（6.43%）出现的比例具备一定的代表性。

表 8　ST1 和 TT1 主题省略还原内容性质属性的具体变化

| 变化类型 | 出现数次（ST1→TT1） | 百分比 |
|---|---|---|
| 属性维持不变型 | 86 | 61.43% |
| 部分属性维持不变型 | 23 | 16.43% |
| 属性变化型 | 31 | 22.14% |
| 合计 | 140 | 100% |

从表 8 可以看出，属性维持不变型（61.43%）占比最高，属性变化型（22.14%）次之，部分属性维持不变型（16.43%）排在第三位。按照内容上的一致性原则，属性维持不变型和部分属性维持不变型为一致型，属性变化型为不一致型。总结而言，一致型占比 77.86%（61.43%+16.43%），不一致型占比 22.14%；一致型占的比例虽然高于不一致型，但是不一致型本身

所占的比例也具有一定的代表性。

表 9　ST1 和 TT1 主题省略翻译类型的对应情况

| 翻译类型 | 出现数次（ST1→TT1） | 百分比 |
| --- | --- | --- |
| 原样还原 | 80 | 57.14% |
| 部分原样还原 | 20 | 14.29% |
| 非原样还原 | 40 | 28.57% |
| 合计 | 140 | 100% |

从表 9 可以看出，原样还原翻译（57.14%）占比最高，部分原样还原翻译（14.29%）占比最低，非原样还原翻译（28.57%）居中。按照内容上的一致性原则，原样还原翻译和部分原样还原翻译可以看作一致型，非原样还原翻译可以看作不一致型。总结而言，一致型占比为 71.43%（57.14%+14.29%），不一致型为 28.57%；ST1 和 TT1 在主题省略的翻译类型的对应上，一致型占的比例最高，但是不一致型的比例也不算低。

综合表 7、表 8 和表 9，整体从内容上的一致性两个维度来看，主题省略翻译方面呈现出相同的倾向。省略还原内容的性质对应方面，不管从整体的角度还是具体的层面，一致型要高于不一致型；在主题省略翻译类型的对应方面，一致型同样也高于不一致型。综合概括而言，在内容上的一致性方面，翻译前后 TT1 和 ST1 保持了较高的一致性；但不管是省略还原内容的性质对应方面，还是主题省略翻译类型的对应方面，不一致型都有一定的占比；涉及主题省略的 ST1 译成 TT1 后，还原属性上同质化特征明显，多样化特征复杂；内容还原理解上共同点多，分歧点也不可忽视。

## 6.3　汉日翻译功能上的一致性视角

如在第四章的探讨中所总结，功能上的一致性指 ST1 和 TT1 在主题省略的翻译处理上基本上保持一致性的总体情况。一般作为省略的主题翻译需要确定其要素的关联性，有的是直接的，有的是间接的。这里结合汉语和日语的习惯，参照奈达（1964）和贝克（1995），把省略的主题功能对等分成词汇层面、词汇以上的层面、语法层面、语篇层面和语用层面，对两者的一致性进行探讨。同时按照要素的关联性，把词汇层面和词汇以上的层面归结为直接关联型，把语法层面、语篇层面和语用层面归结为间接关联型，直接要素关联的词汇层面和词汇以上的层面任意组合间接要素关联

的语法层面、语篇层面和语用层面构成混合关联型。统计结果如表 10 所示，依据 ST1 和 TT1 中主题省略的功能对等结果绘制而成。

表 10　ST1 和 TT1 主题省略翻译功能对等的对应情况

| 关联型 | | 功能对等<br>（ST1→TT1） | 百分比 |
|---|---|---|---|
| 直接关联型 | 词汇 | 58 | 41.43% |
| | 词汇以上 | 8 | 5.71% |
| 间接关联型 | 语法 | 4 | 2.86% |
| | 语篇 | 0 | 0.00% |
| | 语用 | 0 | 0.00% |
| 混合关联型 | 词汇、语法 | 15 | 10.72% |
| | 词汇、语篇 | 30 | 21.43% |
| | 词汇以上、语法 | 12 | 8.57% |
| | 词汇以上、语篇 | 8 | 5.71% |
| | 词汇、语篇、语用 | 1 | 0.71% |
| | 词汇、语法、语篇 | 2 | 1.43% |
| | 词汇以上、语法、语篇 | 2 | 1.43% |
| 合计 | | 140 | 100% |

从表 10 可以看出，词汇层面对等（41.43%）占比最高，其次是词汇、语篇层面对等（21.43%），第三位的是词汇、语法层面对等（10.72%），其他层面的对等普遍在 10.00%以下。按照要素的关联型进行分类的原则，从三种类型的分布来看，混合关联型（50.00%=10.72%+8.57%+5.71%+0.71%+1.43%+1.43%）占比最高，其次是直接关联型（47.14%=41.43%+5.71%），最后是间接关联型（2.86%）。从三种类型的内部分布来看，混合关联型中词汇、语篇对等（21.43%），词汇、语法对等（10.72%），词汇以上、语法（8.57%）排在前三位。两结合型（32.15%=10.72%+21.43%）大于三结合型（18.75%=8.57%+5.71%+0.71%+1.43%+1.43%），词汇对等的混合型（34.29%=10.72%+21.43%+0.71%+1.43%）大于词汇以上对等的混合型（15.71%=8.57%+5.71%+1.43%）。按照功能上的一致性原则，可以看出：ST1 和 TT1 主题省略的翻译在功能对等上的分布情况，混合关联型和直接关联型的使用比例高，间接关联型的使用比例低；包括词汇层面的对等的直接关联型抑或是有词汇层面的对等的混合关联型都要远远大于其他层面的对等；ST1 和 TT1 都未涉及间接关联型中的语篇或语用对等层面内容。

## 6.4 汉日翻译策略上的一致性视角

如在第四章的探讨中所总结，策略上的一致性指 ST1 和 TT1 在主题省略的翻译处理上基本上保持一致的总体情况。一般作为省略的主题翻译需要确定翻译策略的偏向性，有的靠近源文本文化，有的靠近目标文本文化。这里结合汉语和日语的习惯，参照韦努蒂（1995）关于翻译策略的论述，把省略的主题翻译策略分成归化的翻译策略和异化的翻译策略，对两者在策略选择上的一致性进行探讨。同时按照翻译的偏向性，把归化的翻译策略归结为偏向本土型，把异化的翻译策略归结为偏向异国型，把难以判断归化异化的或者是既有归化又有异化的翻译策略归结为偏向中立型。统计结果如表 11 所示，依据 ST1 和 TT1 中主题省略的翻译策略结果绘制而成。

表 11　ST1 和 TT1 主题省略翻译策略的对应情况

| 偏向型 | | 策略使用<br>（ST1→TT1） | 百分比 |
|---|---|---|---|
| 本土 | 归化的翻译策略 | 80 | 57.14% |
| 异国 | 异化的翻译策略 | 30 | 21.43% |
| 中立 | 归化异化混合的翻译策略 | 30 | 21.43% |
| | 合计 | 140 | 100% |

从表 11 可以看出，归化的翻译策略（57.14%）占比最高，其次是异化的翻译策略（21.43%）和归化异化混合的翻译策略（21.43%）。按照翻译策略的文化偏向型原则，可以看出：偏向本土型（57.14%）占比最高，偏向异国型（21.43%）和中立偏向型（21.43%）占比相同，低于本土型。按照策略上的一致性原则，可以得出 ST1 和 TT1 主题省略的翻译在策略选择偏向的分布情况：偏向本土型的使用比例高，偏向异国型和中立型相对较低；归化的翻译策略使用要远远大于异化的翻译策略和混合的翻译策略；另外也可以看出，有归化的翻译策略出现的翻译不管是单一型还是混合型，都远远大于有异化的翻译策略。

## 6.5 汉日翻译一致性的总结及原因探析

6.1 和 6.2 分别从形式和内容角度出发，并细分四点对 TT1 和 ST1 进行了一致性的探讨，得出了两者的特征差异。根据观测点的性质和属性，

在主题省略选择对应方面，省略-省略型可看作前后一致，其他省略-显现型、省略-无主题型、省略-混合型为前后不一致；在主题省略的句子增加对应方面，句子数量不变型为一致型，其他句子数量增加型和减少型为不一致型；在还原主题的性质属性方面，整体而言多用固有名词以及人称代词、普通名词、名词词组可看作一致性比较高，具体而言属性维持不变型和部分属性维持不变型为一致性型，其他存在的差异或属性变化型可看作不一致的要素；在翻译类型的对应方面，原样还原翻译和部分原样还原翻译可看作一致型，非原样还原翻译可看作不一致型。6.3 和 6.4 分别从功能和策略的角度出发，各自细分三点对 ST1 和 TT1 的一致性进行了探讨，得出翻译过程中的使用倾向。其中在功能对等方面，把词汇、词汇以上、语法、语篇和语用等五个层面的对等按照要素的关联性分成直接关联型、间接关联型和混合关联型；在翻译策略选择方面，把归化的翻译策略、异化的翻译策略两个层面按照翻译的文化偏向性分成偏向本土型、偏向异国型、中立偏向型。根据以上分析，综合考察 6.1、6.2、6.3 和 6.4 的结果可以得出：

1）从形式上的一致性角度，TT1 虽和 ST1 保持了较高的一致性，但是不一致的情况比较突出，占据较高比例，特别是类型的选择对应方面。

2）从内容上的一致性角度，TT1 虽和 ST1 保持了较高的一致性，但是出现了很多的例外及不可忽略因素，造成不一致的比例也不低，特别是内容的理解和还原方面。

3）从功能上的一致性角度，TT1 和 ST1 的对等层面保持比较高的是混合关联型以及直接关联型，同时词汇层面对等的占比高于其他功能对等，另外越偏向于单一型则达成的功能对等程度越高。无语篇或语用的单一型对等形式出现。

4）从策略上的一致性角度，TT1 和 ST1 的翻译策略偏向较高的是偏向本土型，另外使用归化的翻译策略不管是单一型还是复合型，都占据很高的比例。

汉语和日语同属主题突出性语言，在主题的认识和理解上、在句子的结构上，都具有一定的共性。同时作为目标文本和源文本的对应性而言，TT1 和 ST1 保持一致性应该属于常态。这些既是语言类型学中的相似性要素所决定，又是翻译中的基本性要求。基于这些前提，TT1 和 ST1 在主题省略上所体现出来的一致性不难理解，和预测的结果一致。但是，翻译并不是两种代码的简单转换，其背后所隐藏的文化背景和时代要素以及众多

的不确定因素都会使得每一个译本具备新的创造性要素,特别是文学作品。这也是在讨论主体接受性时常提到的"一千个读者心中有一千个哈姆雷特"。译者首先是读者,自己对作品接受的不同、理解的不同、认识的不同,造成在此基础上翻译出来的译本也有无数个"哈姆雷特"。这些结果,成了 TT1 和 ST1 之间出现不一致的基本原因构成。对同属主题突出性语言的汉语和日语而言,共性是无标性的存在,是典型的;差异是有标性的存在,非典型的。另外,除汉日翻译在主题省略上的问题之外,这些差异的出现还有其他特殊性的影响要素存在。比如汉语主题不易判别,从而影响了日语与其保持一致等。可以看出,虽然日语和汉语在主题方面具有一定的相似性要素,但是一些小的差异也会成为差异化处理的潜在性影响因素,不可忽视。

## 6.6 汉日翻译不一致的影响要素分析

如同一致性的达成背后有着其特定的影响要素一样,不一致的背后自然也有其特定的影响要素。这些多样化、周边性、非典型的要素往往在定量分析中难以发现其端倪,难以概括其特征。这里结合定量分析中出现的使用倾向,对这些特质化的不一致进行定性分析。形式上和内容上的一致性的考察属于达成结果后的一致性考察,而功能上和策略上的一致性的考察属于达成过程中的一致性考察。换言之,形式上或内容上的部分主要从形式和内容的角度判定翻译前后是否达成一致,功能上和策略上主要考察采取了什么样的方式和策略使得翻译前后达成了一致。前者是翻译后是否一致的问题,后者是什么样的过程使得一致成为可能。前者是否一致有变化,后者默认翻译前后一致。因此汉日翻译里关于不一致的要素分析只能限定在结果性要素考察的形式和内容层面。

通过从形式上和内容上的不一致的角度对实例所进行的一一考察,具体到主题相关的内容及句子,发现至少有以下五个因素值得关注:涉及形式上的一致性时,包括相关的句子增减和句式变化问题;涉及内容上的一致性时,包括相关的人称代词的使用、主题及谓语动词的省略和还原内容理解问题。

首先是涉及形式上的一致性方面,第一是因句子的增减所带来的不一致。具体而言,从 ST1 到 TT1,句子增加的多(29/140=20.71%),句子减少的少(8/140=5.71%)。

（82）（φ县府的人）在大堂上点着蜡烛东扯西聊。（莫红）

（82）' 役所の正庁舎には蠟燭がともされ、役人たちががやがやと喋りながら、……（井赤）

（83）①中间那辆流大米的汽车，进不得退不得。②（φ中间那辆流大米的汽车）在桥上吭吭怪叫，车轮子团团旋转。（莫红）

（83）' 米を積んだ中間の車は進みも退きもならず、（φ米を積んだ中間の車は？？）橋の上でゴンゴンとおかしな音をたてながら車輪を回転させている。（井赤）

（84）（φ曹县长）一看这状子又牵扯那桩杀人命案，不由得汗从腋下流出。（莫红）

（84）'（φ曹県長は）訴状を見るとまた例の殺人事件と関わりがある。（φ曹県長は）思わず腋の下から汗が流れた。（井赤）

（85）（φ野鸭子）盘旋三个圈，大部分斜刺里扑到河滩的草丛中，小部分落到河里，随着河水漂流。（莫红）

（85）' ①鴨の群れは三度旋回して、ほとんどが浅瀬の草村へ斜めに突っ込んでいった。②残りは川の中へ降り立って、流れに身を任せている。（井赤）


（82）"φ县府的人"译成「役人たちが」在 TT1 中因句子减少降为句节主语，从而失去主题地位造成了翻译前后不一致。（83）中因①主题显现造成了②同主题省略，（83）'中因为前后句合成一句、同句中不存在主题省略而未和 ST1 达成一致。（84）中只有一处省略，（84）'因句子增加省略两处，造成了一对多类的不一致。（85）主题省略只有一处，随着句子增加，（85）'两处主题显现。特别是②「残り」如若省略，容易造成意义脱节。

第二是因为句式的变化所带来的不一致。汉语和日语的表达习惯存在差异，这些差异会对主题的使用特别是省略带来影响。


（86）（φ花脖子帮里人）上午绑走的人，下午传过话来，让烧酒锅上拿一千元大洋去赎活人。（莫红）

（86）' ①祖母は昼前に誘拐され、昼過ぎにはもう伝言が伝えられた。②酒造小屋は一千元の身代金を出せ、……（井赤）

（87）（φ大家）始终不见新郎的踪影。（莫红）

（87）' <u>新郎も</u>ついに姿を見せなかった。（井赤）

（88）（φ爷爷和队员们）沉默三分钟。（莫红）

（88）' 三分の間、沈黙が続けた。（井赤）


（86）中"让"字使役句使得句子整体视点前后统一，"（φ花脖子帮里人）"作为主题保持对句尾的影响力。而（86）'视点发生变化，采用了被动句，句子数量增加，同时因为①视点是「<u>祖母</u>」，②视点发生了变化，故「<u>酒造小屋</u>」以显现的主题形式出现。ST1 和 TT1 因为句式改变，使役句变成了被动句，造成了前后的不一致。（87）原本为宾语部分的定语修饰"<u>新郎</u>"在（87）'中变成了显现主题。这样一来，宾语的升格所带来的句式改变影响了前后的一致。（88）（88）'中，无主题的 TT1 无法和 ST1 保持一致。

其次是涉及内容上的一致性方面，第一是人称代词使用特点的不一致。众所周知，日语小说句子主题喜欢采用主人公的名字，固有名词使用频繁。这和日语的代词使用特点有一定的联系，小泉保（1990：8）指出「日本語には三人称代名詞というものがない。日本語の人称代名詞は名詞との区別が明確でなく、固有名詞や普通名詞それに指示代名詞によって代用されるし、省略されることも多い（日语不存在第三人称代词。日语的人称代词和名词的区别不明确，被固有名词或普通名词以及指示代词替代或者是省略的时候比较多）」。日语中因不存在第三人称代词，使得名字的使用更加频繁。而汉语的"他、她、它"比较发达，句子主题不受这方面的影响。


（89）（φ他）斗笠绳用翠绿的玻璃珠儿串就。（莫红）

（89）'（φ男は）笠の紐には緑のガラス玉が数珠つなぎにしてあった。
　　　　　　　　　　　　　　　　　　　　　　　　　　　　　（井赤）

（90）（φ它）也许是狼与狗杂交的产物。（莫红）

（90）'（φそれは）あるいは狼と犬の雑交の産物だったのかもしれない。（井赤）

（91）（φ哑巴）低手指公路；公路空荡荡；哑巴指指肚子，嗷嗷地叫
　　　着，挥动着胳膊，对准村庄的方向。（莫红）

（91）' ①（φかれは）つぎに公路を指さした。公路はがらんとして
　　　いる。②<u>哑巴は</u>自分の腹を指さしてアーアーと叫びながら、

村の方に向けて腕をふり動かした。（井赤）

　（89）第三人称"他"常作为汉语主题，（89）'结合日语的表达习惯根据上下文可以确定省略的内容则为非代词的「男」，不太一致。（90）是表示动物的代词"它"，日语无法对应只能采用指示代词「それは」；但 TT 也有反其道而行之的处理方式，如（91）省略的主题"哑巴"为固有名词，是人的绰号；作为译本的（91）'并未按照日语小说的表达习惯反而采用了人称代词的「（φかれは）」。后续句子②马上回归日语表达习惯，主题"哑巴"再次显现。

　第二是汉语采用主题搭配"想、认为、思考、觉得、说"等动词的形式，提示主题采取动作后的具体内容。然而 TT1 不管 ST1 的部分省略与否，基本上采用省略主题及这些动词的形式，造成了内容上的不一致。

（92）父亲觉得，天地之间弥漫着高粱的红色粉末，弥漫着高粱酒的香气。（莫红）

（92）'世界じゅうに高粱の赤い粉と、高粱酒の香りが満ち満ちていた。（井赤）

（93）（①奶奶想这一双娇娇金莲，这一张桃腮杏脸，千般的温存，万种的风流，难道真要由一个麻风病人去消受？）②（φ奶奶想）与其那样，还不如一死了之。（莫红）

（93）'①（φ祖母は）この愛らしい金蓮、この花のかんばせ、ありあまる女らしさと色香を、ほんとうに一人の麻風病者にささげるのか。②（φ祖母は／自分は？？）そんなことなら、いっそ死んだほうがましだ。（井赤）

（94）①（他知道毁了！）②（φ他知道）这一台戏砸了！（莫红）

（94）'この芝居はめちゃめちゃだ。（井赤）

　（92）（92）'为 ST1 显现 TT1 无对应的翻译例子，日文译本选择不译。（93）根据①上文的情况，②处认为省略了"（φ奶奶想）"比较合理；但是（93）'根据①判定②处省略了「祖母は」或「自分は」更加合适。结果是，TT1 形式上和 ST1 保持一致，内容上却出现了不一致。（94）（94）'和（93）（93）'相似，不同的是 TT1 把主语谓语句中的主语「この芝居」升格成主

90

题，和源文本有偏差。

　　第三是汉日之间对内容理解上的偏差所造成的不一致。省略主题的还原内容即使相同母语话者之间也会存在认识或理解上的差异，不同语言背景的人之间的差异更大。如前所述，刘泽军（2012a：27）提出了显在主题的省略和潜在主题的省略的概念。前者易于还原，后者在还原上易出现争议。另外，汉日两种语言理解和认知上的差异，综合作品的时代背景等要素，容易放大主题还原内容的不确定性，进而影响一致性。

　　（95）（φ它们）是对奴役了它们漫长岁月的统治者进行疯狂报复。

（莫红）

　　（95）'（φ自分たちは）自分たちを長い歳月にわたって奴隷としてきた支配者に狂気の報復をおこなっているのだと、なんとなく感じていたことであった。（井赤）

　　（96）（φ村子里）只剩下父亲、母亲、王光、德治。（莫红）

　　（96）'残ったのは父と母、王光と徳治だけだ。（井赤）

　　（97）（φ他们是）江小脚的人！（莫红）

　　（97）'（φその男は）江小脚の配下だ。（井赤）

　　（95）结合上下文按照汉语习惯可还原为代词"它们"；（95）'结合上下文按照日语习惯却易还原成「自分たちは」。（96）的"村子里"，TT1显现的主题为词组「残ったのは」。（97）中省略了第三人称代词的复数"他们"，（97）'则为指示代词词组且为单数，理解上有偏差。

# 第七章 日语主题省略汉译的一致性考察及分析

本章从日语主题省略的汉译考察开始，具体分析过程以村上春树的『ノルウェイの森』作为源文本 ST、林少华的中文译本《挪威的森林》作为目标文本 TT，从形式上和内容上的一致性分别考察两个文本之间的对应性。在此基础上，再来考察和分析其特点和原因。为了和第六章汉译日的 ST1 和 TT1 作区分，这里把源文本『ノルウェイの森』简记为 ST2，把目标文本《挪威的森林》简记为 TT2。同时为了保持例句出处的一致性，"村森"和"林挪"说法维持原样。

## 7.1 日汉翻译形式上的一致性视角

如在第四章的探讨中所总结，形式上的一致性指形式上 TT2 和 ST2 保持一致，任何形式上的改变都会影响翻译前后的一致性。这里以 ST2 主题出现省略的 788 处句子为对象，从形式上的一致性的角度比较 TT2 的处理类型（省略—省略型、省略—显现型、省略—无主题型、省略—未翻译型以及混合型：省略—显现+省略型，省略—省略+显现型，省略—显现+省略+显现型等）以及翻译后句子的增减所造成的情况（句子数量不变型、句子数量增加型、句子数量减少型）。省略—省略型为一致型，其余均为不一致型；句子数量不变型指含有主题省略的 ST2 翻译成 TT2 时保持句子数量不变；句子数量减少型指含有主题省略的 ST2 翻译成 TT2 时句子减少，降为句节；句子数量增加型指含有主题省略的 ST2 在翻译成 TT2 时句子增加，造成主题部分两处及以上省略或为主题显现、省略及无主题等各种混合搭配形式。统计结果如表 12、表 13 所示，这里主要依据 ST2 和 TT2 中主题省略的形式对应结果绘制而成。

表 12　ST2 和 TT2 中主题省略的选择对应情况

| 选择类型 | 处理次数（ST2→TT2） | 百分比 |
| --- | --- | --- |
| 省略—省略型 | 386 | 48.98% |
| 省略—显现型 | 380 | 48.22% |

| 选择类型 | 处理次数（ST2→TT2） | 百分比 |
|---|---|---|
| 省略—无主题型 | 0 | 0.00% |
| 省略—未翻译型 | 4 | 0.51% |
| 省略—混合型 | 18 | 2.28% |
| 合计 | 788 | 100% |

从表 12 可以看出，省略—省略型（48.98%）和省略—显现型（48.22%）占比基本相同，其他的类型中除了主题—混合型（2.28%）有所涉及外，省略—无翻译型（0.51%）占比更少，未发现省略—无主题型（0.00%）。按照形式上的一致性原则，省略—省略型为一致型，其他四种均为不一致型。总体而言，ST2 和 TT2 的一致型占比为 48.98%，不一致型占比为 51.02%（48.22%+0.00%+0.51%+2.28%）；两者之间虽差别不大，但不一致型略高于一致型。

表 13  ST2 和 TT2 的句子数量增减对应情况

| 句子数量增减类型 | 处理次数（ST2→TT2） | 百分比 |
|---|---|---|
| 句子数量不变型 | 660 | 83.76% |
| 句子数量增加型 | 38 | 4.82% |
| 句子数量减少型 | 90 | 11.42% |
| 合计 | 788 | 100% |

从表 13 可以看出，句子数量不变型（83.76%）占比最高，其次为句子数量减少型（11.42%），句子数量增加型（4.82%）最少。按照形式上的一致性原则，句子数量不变型为一致型，句子数量增加型和减少型为不一致型。总体而言，一致型占比 83.76%，不一致型占比 16.24%（4.82%+11.42%）。两者之间差别较大，一致型远远高于不一致型。

综合表 12 和表 13，整体从形式上的一致性的两个维度来看，主题省略方面呈现出两种倾向。省略类型的选择对应方面，不一致型略高于一致型，略有优势；而句子数量增减对应方面，一致型要远远高于不一致型。综合概括而言，在形式上的一致性方面，翻译前后 TT2 和 ST2 保持了较高的一致性；但是在主题类型选择对应方面，不一致型的情况突出，变化多样；而涉及主题省略翻译句子数量增减方面，句子上的变化较少，基本维持现状。

## 7.2  日汉翻译内容上的一致性视角

如在第四章的探讨中所总结，内容的一致性指 ST2 和 TT2 在主题省略
的翻译处理上基本上保持前后一致。一般作为省略的主题内容需经过还原
而确定，但确定后的内容性质属性各异，容易造成前后内容的不一致。这
里同样根据还原内容的特性，保持和汉日翻译考察时的一致处理方法，结
合汉语和日语的习惯，参照庭三郎（2014）和刘泽军（2017b），把省略的
主题内容大致分为：普通名词、固有名词、指示代词、人称代词、反身代
词、词组等，进而探讨内容上的一致性；同时和汉日的翻译处理一样，结
合前后内容性质属性的变化特性，先从宏观的角度分析整体的翻译前后分
布对应情况，进而从微观的角度观测具体的属性变化特性细分属性维持不
变型（翻译前后的属性不发生变化）、部分属性维持不变型（翻译前后的部
分属性发生变化）、属性变化型（翻译前后的属性发生了明显的变化）；另
外，还原的主题内容是否和省略的内容一致，按照原样还原翻译、部分原
样还原翻译及非原样还原翻译进行统计。结果如表 14、表 15 和表 16 所
示，这里依据 ST2 和 TT2 中主题省略的翻译内容对应结果绘制而成。

表 14　ST2 和 TT2 主题省略还原内容性质属性对应的总体分布

| 主题属性 | ST2 出现次数 | ST2 百分比 | TT2 出现次数 | TT2 百分比 |
|---|---|---|---|---|
| 反身代词 | 6 | 0.76% | 5 | 0.63% |
| 固有名词 | 84 | 10.66% | 71 | 9.01% |
| 固有名词（+动词） | 1 | 0.13% | 1 | 0.13% |
| 名词词组 | 79 | 10.03% | 47 | 5.97% |
| 普通名词 | 11 | 1.40% | 26 | 3.30% |
| 人称代词 | 514 | 65.23% | 527 | 66.88% |
| 人称代词（+动词） | 28 | 3.55% | 20 | 2.54% |
| 人称代词词组 | 5 | 0.63% | 2 | 0.25% |
| 数量词 | 2 | 0.25% | 8 | 1.01% |
| 数量词词组 | 9 | 1.14% | 11 | 1.40% |
| 指示代词 | 15 | 1.90% | 23 | 2.92% |
| 指示代词（+动词） | 0 | 0.00% | 6 | 0.76% |
| 指示代词词组 | 33 | 4.32% | 36 | 4.57% |
| 指示代词词组（+动词） | 0 | 0.00% | 2 | 0.25% |
| 未翻译 | 0 | 0.00% | 3 | 0.38% |
| 合计 | 788 | 100% | 788 | 100% |

从表 14 可以看出，ST2 中最高的是人称代词（65.23%），其他依次为固有名词（10.66%）、名词词组（10.03%）、指示代词词组（4.32%）；TT2 中最高的是人称代词（66.88%），其他依次为固有名词（9.01%），名词词组（5.97%）、指示代词词组（4.57%）。TT2 中有三种 ST1 未出现的类型：指示代词（+动词）（0.76%）、指示代词词组（+动词）（0.25%）和未翻译（0.38%）。总体观察可以看出，ST2 和 TT2 中使用数量最多的均为人称名词，前四位的项目一致而且出现的顺序一致；另外，前四种项目出现次数总和分别占到各自总数的 90.24%（65.23%+10.66%+10.03%+4.32%）、86.43%（66.88%+9.01%+5.97%+4.57%），一致性比较高；ST2 和 TT2 在第五顺位上出现了差异，ST2 为人称代词（+动词）（3.55%），TT2 为普通名词（3.30%），但是TT2 的人称代词（+动词）（2.54%）紧跟在第六顺位的指示代词（2.92%）之后，两者比例也接近；另外，ST2 和 TT2 都出现了一些特殊类型，但使用比例均比较低。按照内容上的一致性原则，除具有最高比例的人称代词之外，其他固有名词、名词词组以及指示代词词组使用方面，不管是使用的顺序还是使用的比例，整体而言 ST2 和 TT2 都具备了较高的一致性；另外两者之间都出现了一些特殊类型，相对占比都比较小。另外，第五顺位到第七顺位的使用顺序也发生了位置变化：ST2 分别为人称代词（+动词）（3.55%）、指示代词（1.90%）、普通名词（1.40%），TT2 分别为普通名词（3.30%）、指示代词（2.92%）、人称代词（+动词）（2.54%），两者存在一定的差异；关于缺失类型的出现中，TT2 为三种，ST2 不涉及，也存在较大的差异。

表 15　ST2 和 TT2 主题省略还原内容性质属性的具体变化

| 变化类型 | 出现数次（ST2→TT2） | 百分比 |
| --- | --- | --- |
| 属性维持不变型 | 669 | 84.90% |
| 部分属性维持不变型 | 36 | 4.57% |
| 属性变化型 | 83 | 10.53% |
| 合计 | 788 | 100% |

从表 15 可以看出，属性维持不变型（84.90%）占比最高，属性变化型（10.53%）次之，部分属性维持不变型（4.57%）最少。按照内容上的一致性原则，属性维持不变型和部分属性维持不变型为一致型，属性变化型为不一致型。总结而言，一致型占比 89.47%（84.90%+4.57%），不一致型占

比 10.53%；一致型占据的比例虽然高于不一致型，但是不一致型本身所占的比例也略超过整体的一成。

表 16　ST2 和 TT2 主题省略翻译类型的对应情况

| 翻译类型 | 出现数次（ST2→TT2） | 百分比 |
|---|---|---|
| 原样还原翻译 | 636 | 80.71% |
| 部分原样还原翻译 | 46 | 5.84% |
| 非原样还原翻译 | 106 | 13.45% |
| 合计 | 788 | 100% |

从表 16 可以看出，原样还原翻译（80.14%）占比最高，部分原样还原翻译（5.84%）占比最低，非原样还原翻译（13.45%）居中。按照内容上的一致性原则，原样还原翻译和部分原样还原翻译可以看作一致型，非原样还原翻译可以看作不一致型。总体而言，一致型占比为 86.55%（80.71%+5.84%），不一致型为 13.45%；ST2 和 TT2 在主题省略的翻译类型的对应上，一致型占的比例最高，远高于不一致型，但是不一致型也有一定的比例体现。

综合表 14、表 15 和表 16，整体从内容上的一致性两个维度来看，主题省略翻译方面呈现出相同的倾向。省略还原内容的性质对应方面，一致型要高于不一致型；在主题省略翻译类型的对应方面，一致型同样远远高于不一致型。综合概括而言，在内容上的一致性方面，翻译前后 TT2 和 ST2 保持了较高的一致性；但不管是省略还原内容的性质对应方面，还是主题省略翻译类型的对应方面，不一致型都有一定的占比；涉及主题省略的 ST2 译成 TT2 后，还原属性上同质化特征更加明显，但是多样化特征趋于复杂；内容还原理解上共同点多，也存在分歧部分。

## 7.3　日汉翻译功能上的一致性视角

如在第四章的探讨中所总结，功能上的一致性指 ST2 和 TT2 在主题省略的翻译处理上基本上保持一致性的总体情况。一般作为省略的主题翻译需要确定其要素的关联性，有的是直接的，有的是间接的。这里和汉译日章节的 6.3 相同，结合汉语和日语的习惯，参照奈达（1964）和贝克（1995），把省略的主题功能对等分成词汇层面、词汇以上的层面、语法层面、语篇层面和语用层面，对两者的一致性进行探讨。同时按照要素的关联性，把

词汇层面和词汇以上的层面归结为直接关联型，把语法层面、语篇层面和语用层面归结为间接关联型，直接要素关联的词汇层面和词汇以上的层面任意组合间接要素关联的语法层面、语篇层面和语用层面构成混合关联型。统计结果如表 17 所示，依据 ST2 和 TT2 中主题省略的功能对等结果绘制而成。

**表 17　ST2 和 TT2 主题省略翻译功能对等的对应情况**

| 关联型 | | 功能对等<br>（ST2→TT2） | 百分比 |
|---|---|---|---|
| 直接关联型 | 词汇 | 390 | 49.49% |
| | 词汇以上 | 83 | 10.53% |
| 间接关联型 | 语法 | 15 | 1.91% |
| | 语篇 | 0 | 0.00% |
| | 语用 | 0 | 0.00% |
| 混合关联型 | 词汇、语法 | 41 | 5.20% |
| | 词汇、语篇 | 160 | 20.31% |
| | 语法、语篇 | 13 | 1.65% |
| | 词汇以上、语法 | 13 | 1.65% |
| | 词汇以上、语篇 | 16 | 2.03% |
| | 词汇、语法、语篇 | 41 | 5.20% |
| | 词汇以上、语法、语篇 | 16 | 2.03% |
| 合计 | | 788 | 100% |

从表 17 可以看出，词汇层面对等（49.49%）占比最高，其次是词汇、语篇层面对等（20.31%），第三位的是词汇以上层面对等（10.53%），其他层面的对等普遍在 10.00% 以下。按照要素的关联型进行分类的原则，从三种类型的分布来看，直接关联型（60.02%=49.49%+10.53%）占比最高，其次是混合关联型（38.07%=5.20%+20.31%+1.65%+1.65%+2.03%+5.20%+2.03%），最后是间接关联型（1.91%）。从三种类型的内部分布来看，混合关联型中词汇、语篇对等（20.31%），词汇、语法对等（5.20%），词汇、语法、语篇对等（5.20%）排在前三位。两结合型（30.84%=5.20%+20.31%+1.65%+1.65%+2.03%）大于三结合型（7.23%=5.20%+2.03%），词汇对等的混合型（30.71%=5.20%+20.31%+5.20%）大于词汇以上对等的混合型（5.71%=1.65%+2.03%+2.03%）。按照功能上的一致性原则，可以看出：ST2 和 TT2 主题省略的翻译在功能对等上的分布情况，直接关联型的使用比例

高，混合关联型次之，间接关联型的使用比例低；包括词汇层面的对等的直接关联型抑或是含有词汇层面对等的混合关联型都要远远大于其他层面的对等；ST2 和 TT2 都没有涉及间接关联型中的语篇或语用对等层面的内容。

## 7.4　日汉翻译策略上的一致性视角

如在第四章的探讨中所总结，策略上的一致性指 ST2 和 TT2 在主题省略的翻译处理上基本上保持一致的总体情况。一般作为省略的主题翻译需要确定翻译策略的偏向性，有的靠近源文本文化，有的靠近目标文本文化。这里采取和日译汉 6.4 同样的做法，结合汉语和日语的习惯，参照韦努蒂（1995）关于翻译策略的论述，把省略的主题翻译策略分成归化的翻译策略和异化的翻译策略，对两者在策略选择上的一致性进行探讨。同时按照翻译的偏向性，把归化的翻译策略归结为偏向本土型，把异化的翻译策略归结为偏向异国型，把难以判断归化异化的或者是既有归化又有异化的翻译策略归结为中立偏向型。统计结果如表 18 所示，依据 ST2 和 TT2 中主题省略的翻译策略结果绘制而成。

表 18　ST2 和 TT2 主题省略翻译策略的对应情况

| 偏向型 | | 策略使用<br>（ST2→TT2） | 百分比 |
|---|---|---|---|
| 本土 | 归化的翻译策略 | 274 | 34.77% |
| 异国 | 异化的翻译策略 | 46 | 5.84% |
| 中立 | 归化异化混合的翻译策略 | 468 | 59.39% |
| | 合计 | 788 | 100% |

从表 18 可以看出，归化异化混合的翻译策略（59.39%）占比最高，其次是归化的翻译策略（34.77%），异化的翻译策略（5.84%）最少。按照翻译策略文化上的偏向型原则可以看出：偏向中立型（59.39%）占比最高，偏向本土型（34.77%）次之，最少的是偏向异国型（5.84%），远低于其他两种类型。按照策略上的一致性原则，可以得出 ST2 和 TT2 主题省略的翻译在策略选择偏向的分布情况：偏向中立型的使用比例高，偏向本土型也占据一定比例，但是偏向异国型的比例相对较低；整体而言，归化的翻译策略使用要远远大于异化的翻译策略；另外也可以看出，含有归化的翻译

策略出现频率的翻译远远高于含有异化的翻译策略。

## 7.5 日汉翻译一致性的总结及原因探析

7.1 和 7.2 分别从形式和内容的角度出发，并细分四点对 TT2 和 ST2 进行了一致性的探讨，得出了两者的特征差异。根据观测点的性质和属性，在主题省略选择对应方面，省略—省略型可看作前后一致，其他省略—显现型、省略—无主题型、省略—混合型为前后不一致；在主题省略的句子增加对应方面，句子数量不变型为一致型，其他句子数量增加型和减少型为不一致型；在还原主题的性质属性方面，整体而言多用固有名词以及人称代词、普通名词、名词词组可看作一致性比较高，具体而言属性维持不变型和部分属性维持不变型为一致性型，其他存在的差异或属性变化型可看作不一致的要素；在翻译类型的对应方面，原样还原翻译和部分原样还原翻译可看作一致型，非原样还原翻译可看作不一致型。7.3 和 7.4 分别从功能和策略的角度出发，各自细分三点对 ST2 和 TT2 的一致性进行了探讨，得出翻译过程中的使用倾向。其中在功能对等方面，把词汇、词汇以上、语法、语篇和语用等五个层面的对等按照要素的关联性分成直接关联型、间接关联型和混合关联型；在翻译策略选择方面，把归化的翻译策略、异化的翻译策略两个层面按照翻译的文化偏向性分成偏向本土型、偏向异国型、偏向中立型。根据以上分析，综合考察 7.1、7.2、7.3 和 7.4 的结果可以得出：

1）形式上的一致性方面，TT2 句子数量虽然和 ST2 保持了很高的一致性，但是在省略的选择对应上，不一致的情况更加突出。

2）内容上的一致性方面，TT2 虽和 ST2 最大限度地保持了一致性，不管是还原内容的属性还是省略的内容理解，但是不一致的情形也有一定比例的存在。

3）从功能上的一致性角度，TT2 和 ST2 的对等层面保持比较高的是直接关联型，同时词汇层面对等的占比高于其他功能对等，另外越偏向于词汇等单一型则达成的功能对等程度越高。没有出现单一型的语篇或语用层次的对等。

4）从策略上的一致性角度，TT2 和 ST2 的翻译策略偏向较高的是偏向中立型，另外使用归化的翻译策略不管是单一型还是复合型，都占据很高的比例。

结合以上结论可以得出：形式上的一致性追求形式上的对应性，内容上的一致性更多追求意义上的对应性，功能上的一致性是翻译追求的目标，策略上的一致性是翻译策略的选择。日语翻译成中文时，在主题省略上，意义的对应性更加明确，形式的对应性会在某种程度上做出牺牲，功能才能实现对等，策略才能得以实现。这也说明：为了满足翻译的需要，结合TT2自身的语言特点，ST2在形式上有着不同程度的改造。这些都是为了提升内容理解和信息传递的效果，满足受众的要求。不一致的出现，对同属主题突出性语言的汉日互译而言，不太符合常理。究其实，除汉日互译在主题省略上的问题之外，还有其自身的特殊性。比如译者自身问题，两种语言表达习惯间存在的关联性问题。如汉语主题不易判别，容易受到日语主题的影响来进行翻译等。日译汉主题省略中出现的有关一致性的决定要素和汉译日是相同的，虽然是翻译过程的逆转，但是存在的前提和机理是共通的。关于这些共通的部分的探讨，还将在第八章涉及两个翻译过程对照比较的章节中详细论述。

## 7.6  日汉翻译不一致的影响要素分析

如 6.6 中所述，如同一致性的达成背后有着其特定的影响要素一样，不一致的背后自然也有其特定的影响要素。这些多样化、周边性、非典型的要素往往在定量分析中难以发现其端倪，难以概括其特征。这里结合定量分析中出现的使用倾向，对这些特质化的不一致进行定性分析。如同 6.6 中关于形式上、内容上、功能上和策略上的一致性的不同类分析的说明，这里对不一致的要素分析仅限定在注重结果一致性的形式上和内容上两个方面。

具体到日译汉主题省略相关的内容及句子，在形式和内容上至少有以下五个因素值得关注：涉及形式上的一致性方面，涉及省略—显现型的多用、句子数量减少、句式的改变等问题；涉及内容上的一致性方面，涉及主题属性的翻转变化和还原内容理解等问题。

首先是省略—显现型的多用。根据统计，涉及形式上的一致性，ST2 和 TT2 在主题省略的选择对应上，不一致型的省略—显现型（48.98%）占的比例远远高于其他不一致型，和一致型的省略—省略型（48.22%）不相上下。如（98）（99）（100），ST 全部省略，而 TT 全部显现，虽然 TT2 采用显现的方式也不会影响汉语的表达。

（98）（φ僕は）そして一時間ほどうとうとと眠った。（村森）

（98）'大约过了一小时，我便迷迷糊糊地睡了。（林挪）

（99）（φ僕は）そして人々にその素晴しさを伝えたいと思った。（村森）

（99）'我真想把其中的妙处告诉别人。（林挪）

（100）（φ彼は）びっくりするほど高貴な精神を持ちあわせていると同時に、どうしょうもない俗物だった。（村森）

（100）'他既具有令人赞叹的高贵精神，又是个无可救药的世间俗物。
（林挪）


可以看出，相对于汉语而言，日语在主题省略上所体现出来的无标性更加明显。这间接说明了汉语中充当陈述部分的谓语，不管是动词还是名词，对主题的依赖性更高。特别是汉语句子对主题显现的依赖性。结合语篇衔接视角，主题省略所带来的衔接性效果，相比汉语而言，日语发挥得更加突出和明显。换言之，汉语主题显现所带来的衔接效果某种程度上大于主题省略的部分；日语则相反。另外，结合主题构成的属性可以看出，汉语中人称代词的显现更加普遍。经过统计，不一致型中占比最多的省略—显现型，其涉及的人称代词的部分高达 68.95%（262/380）。

其次是句子数量减少。涉及形式上的一致性，ST2 在翻译时，原本独立的一个句子变成了 TT2 的一个句节，句子完整性受到破坏而造成了不一致型的出现。按照一句一主题的原则，ST2 的主题虽然省略，但在 TT2 中因同一句子内前后句节处主题的显现，使得 TT2 无法与 ST2 取得一致，如（101）（102）（103）。


（101）（①彼女はときどきそんな話し方をした。）②（φ彼女は）正確な言葉を探し求めながらとてもゆっくりと話すのだ。（村森）

（101）'（她说话往往这样），慢条斯理地物色恰当的字眼。（林挪）

（102）（①（φ彼は）顔を洗うのにすごく長い時間がかかる。）②歯を一本一本取り外して洗っているんじゃないかという気が（φ僕は）するくらいだ。（村森）

（102）'（φ他）洗脸时间惊人地长），我真怀疑他是不是把满口牙一

101

颗颗拔下来刷洗一遍。（林挪）

（103）(① (φ僕は)うまく答えられることもあれば、どう答えれば
いいのか見当もつかないようなこともあった。) ② (φ僕は)
何を言っているのか聞きとれないということもあった。

（村森）

（103）' (我有时应对自如，有时就不知如何回答)，也有时听不清她说
了什么。（林挪）


（101）中①主题显现，②主题省略，这是属于前后句的同主题省略，
是日语中最为常见的主题省略形式。翻译成汉语时，因为合成为一个句子，
一旦第一次的"她"显现了之后，后面就不存在主题省略之说，前后形式
自然不一致。（102）中①②均为主题省略，TT2 中合成为一个句子时，因
为前后主题动作发出者已经发生了变化，"我"作为整个句子的主题不得不
以显现的形式出现。（103）中①②同主题省略，TT2 中合成为一个句子时，
为了统领整个句子，句首采用主题显现形式。主题一旦显现，对后面的句
节形成了支配，后面的句节就没有必要再次出现主题，故两处均为形式上
的不一致。

再者，句式的改变也是造成形式上的不一致的主要原因之一。从 ST2
到 TT2 的翻译过程中，按照各自语言表达的习惯，造成了 ST2 中部分成分
的升格。这就使得翻译前后的句式发生了改变，从而造成了形式上的不
一致。


（104）(φ私は)この手紙も力をふりしぼって書いています。（村森）

（104）' 这封信也是我拿出吃奶力气写的，……（林挪）

（105）(φ我々のバスが峠の上でもう一台のバスが来るのを待ってい
たかという理由は) 山を少し下ったあたりから道幅が急に狭
くなっていて二台の大型がすれちがうのはまったく不可能
だったからだ。（村森）

（105）从山顶下行不远，道路突然变窄，根本错不过两辆大型客车。

（林挪）


（104）中「(φ私は)」作为写信的主体也是此句的主题，TT2 中把宾

格的"这封信"升格成了主题，"我"下降成了名词谓语句中谓语的组成部分。（105）中省略的主题是和「からだ」呼应，以名词谓语句的形式来形成因果关系的表达，TT2 直接变成了动词句，"道路"从主语升格成了主题。

另外，涉及内容上的一致性，虽然比形式上的一致性比例高，但是 TT2 也出现了 ST2 没有的不一致型和一定数量的不一致型，如非原样还原翻译达到了 13.54%，占据了一定的比例。首先是主题省略内容翻译前后的属性转变，造成了 ST2 和 TT2 在内容上的不一致。在 106 处非原样还原的不一致类型中，属性转换占比 81.13%（86/106）。

（106）（φ直子は）そして髪留めを外し、髪の毛を下ろし、指で何度かすいてからまたとめた。（村森）

（106）'她取下发卡，松开头发，用手指梳了几下重新卡好。（林挪）

（107）（φ鉄筋コンクリート三階建ての棟は）窓の沢山ついた大きな建物で、アパートを改造した刑務所かあるいは刑務所を改造したアパートみたいな印象を見るものに与える。（村森）

（107）'这是开有玻璃窗口的大型建筑，给人以似乎是由公寓改造成的监狱或由监狱改造成的公寓的印象。（林挪）

（106）中「φ直子は」属于固有名词，TT2 变成了人称代词"她"，属性发生了变化；（107）的「φ鉄筋コンクリート三階建ての棟は」为名词词组，TT2 处理时变成了指示代词"这"。虽然都不影响意义的理解，但是在内容的还原上却是不一致的。

其次，涉及内容上的不一致，对省略的主题内容还原的理解方面也会出现差异。不管是形式上是否取得一致，在内容上都有可能出现不一致。

（108）（φ僕は）覚まさないわけにはいかなかったのだ。（村森）

（108）'（φ这个声音）不容你不醒。（林挪）

（109）（φ緑は）まるで世界中の細かい雨が世界中の芝生に降っているようなそんな沈黙がつづいた。（村森）

（109）'（φ绿子的沉默）如同全世界所有细雨落在全世界所有的草坪上。（林挪）

（108）是「僕」不得不醒，可是 TT2 的理解是因为"这个声音"不得不醒，同时使用了拟人化的效果。这样使得 ST2 动作主体第一人称的「僕」在 TT2 中变成了第二人称的"你"，并且还是动作的承受者。（109）是关于「绿」的沉默的一段描述，「沈黙」之前有了长长的并带有比喻效果的定语修饰；而 TT2 翻译时，显现的只有充当谓语的比喻。这样一来，在内容的理解上，省略的"绿子的沉默"成为句子的真正主题。

# 第八章　主题省略的汉日互译对比

通过第六章汉日翻译中 ST1、TT1 和第七章日汉翻译中 ST2、TT2 在形式上、内容上、功能上、策略上的一致性的探讨，各自得出翻译前后在主题省略处理上出现的各种不同倾向和特征，既包括强调结果的一致性，也包括强调过程中的偏向性。从汉语到日语，从日语到汉语，虽然都是翻译，但是所经历的变化过程却不尽相同。这些变化过程来自源文本语言特征的不同，也来自译者本身对于翻译认识和理解的不同。本书选择了汉语和日语中代表性作家的作品以及他们的代表性译本，各自还原他们的翻译过程，寻找其中的共性和差异。从两种不同的渠道和还原过程来看两种不同代码间的转换，找寻主题省略在不同源文本及目标文本间的翻译过程和翻译结果，以期揭示其中的翻译特征。

## 8.1　汉日日汉文本的基本数据方面

在第三章研究文本的介绍中，对两个源文本 ST1 和 ST2 以及两个目标文本 TT1 和 TT2 的基本情况进行了总结和概括。为了更好地分析和考察源文本和目标文本之间在形式和内容上、功能和策略上的一致性，作为参考的前提，这里结合两组数据的基本情况加以对照和比较，提取和考察其中所包含的信息和意义。

表 19　ST1、TT1 和 ST2、TT2 的对照和比较

| 项目及增减 | ST1 莫红 | TT1 井赤 | 增加倍数（TT1/ST1） | ST2 村森 | TT2 林挪 | 减少倍数（TT2/ST2） |
|---|---|---|---|---|---|---|
| 句子平均长度 | 19.98 字/句 | 29.86 字/句 | 1.49 倍 | 42.18 字/句 | 31.55 字/句 | 0.75 倍 |
| 句平均省略数 | 0.02 处/句 | 0.10 处/句 | 5.00 倍 | 0.11 处/句 | 0.10 处/句 | 0.91 倍 |

根据表 19 的数据，下面具体从文本语言（汉语文本对日语文本）、翻

译前后（翻译前文本对翻译后文本）和汉日互译（汉译日文本对日译汉文本）等三个维度来进行对照和比较。

第一维度，按照文本的语言来比较，把汉语文本的 ST1 和 TT2 放在一起，和同是日语文本的 TT1 和 ST2 进行对比。可以看出，相对两个日语文本 TT1 和 ST2 而言，两个汉语文本 ST1 和 TT2 句子平均长度（（19.98+31.55）/2=25.77 字/句）相对较短，两个日语文本的句子平均长度（（29.86+42.18）/2=36.02 字/句）相对较长。但是值得关注的是，作为汉语目标文本的 TT2（31.55 字/句）要比作为汉语源文本的 ST1（19.98 字/句）的句子长很多，甚至超过了日语目标文本的 TT1（29.86 字/句）。同时作为日语源文本的 ST2（42.18 字/句）反而要比作为日语目标文本的 TT1（29.86 字/句）的句子长很多。另外，相对两个日语文本 TT1 和 ST2 而言，两个汉语文本 ST1 和 TT2 的主题省略平均数（（0.02+0.10）/2=0.06 处/句）较少，两个日语文本 TT1 和 ST2 的主题省略平均数（（0.10+0.11）/2=0.105 处/句）较大。同时两个汉语文本 ST1（0.02 处/句）和 TT2（0.10 处/句）的主题省略之间差异很大，特别是 TT2（0.10 处/句）的主题省略次数已经接近 TT1（0.10 处/句）或 ST2（0.11 处/句），而两个日语文本 TT1（0.10 处/句）和 ST2（0.11 处/句）主题省略次数之间差异不大。

第二维度，按照翻译前后来比较，把翻译前文本的 ST1 和 ST2 放在一起，和同是翻译后文本的 TT1 和 TT2 进行对比。可以看出，在句子平均长度方面，两个翻译前文本 ST1 和 ST2 的句子平均长度（（19.98+42.18）/2=30.18 字/句）和两个翻译后文本的句子平均长度（（29.86+31.55）/2=30.71 字/句）基本上持平。在句子平均省略数方面，两个翻译前文本 ST1 和 ST2 句子平均省略数（（0.02+0.11）/2=0.065 处/句）要小于两个翻译后文本的句子平均省略数（（0.10+0.10）/2=0.10 处/句）。另外也可以看出，ST1 和 ST2 这两个翻译前文本之间存在的巨大差异，ST2 不管是句子平均长度（42.18 字/句），还是句子平均省略数（0.10 处/句），都远远大于 ST1（19.98 字/句，0.02 处/句）；相对而言，翻译后文本的 TT1（29.86 字/句，0.10 处/句）和 TT2（31.55 字/句，0.10 处/句）之间存在的差异几乎可以忽略不计。

第三维度，按照日汉汉日互译的角度来比较。把汉译日的 ST1 和 TT1 放在一起，和同是日译汉的 ST2 和 TT2 进行对比。可以看出，在句子平均长度方面，汉译日文本 ST1 和 TT1 的句子平均长度（（19.98+29.86）/2=24.92

字/句)要远远小于日译汉文本 ST2 和 TT2 的句子平均长度（(42.18+31.55) /2=36.87 字/句)。在句子平均省略数方面，汉译日文本 ST1 和 TT1 的句子平均省略数（(0.02+0.10) /2=0.06 处/句)要小于日译汉文本 ST2 和 TT2 的句子平均省略数（(0.11+0.10) /2=0.105 处/句)。另外还可以看出，相对于日译汉的 ST1（19.98 字/句)和 TT1（29.86 字/句)而言，汉译日的 ST2（42.18 字/句)和 TT2（31.55 字/句)在句子平均长度方面出现不同倾向：日译汉时出现了增加（1.49 倍)，而汉译日出现了减少（0.75 倍)，减少不如增加明显。相对于日译汉的 ST1（0.02 处/句)和 TT1（0.10 处/句)而言，汉译日的 ST2（0.11 处/句)和 TT2（0.10 处/句)在主题省略的平均数方面也出现了不同倾向：日译汉时出现了增加（5.00 倍)，增加幅度大；而汉译日时出现了减少（0.91 倍)，减少幅度比较小。整体而言，在句子平均长度和句子平均省略上面，汉译日的变动幅度要大于日译汉。

综合而言，第一维度中，ST1 和 TT2 的差异（主要体现在句子平均长度和平均省略数)、TT1 和 ST2 的差异（主要体现在句子平均长度)体现了即使是同一种语言，源文本和目标译本之间还是会存在一定的差异。特别是汉语的源文本 ST1 和目标文本的 TT2，TT2 的句子平均长度是 ST1 的 1.58 倍，句子平均省略数是 5 倍，差异明显；相对而言，日语源文本的 ST2 的句子平均长度是日语目标文本 TT1 的 1.41 倍，句子平均省略数是 1.10 倍而已。第二维度中，翻译前文本 ST1 和 ST2（主要体现在句子平均长度和平均省略数)和翻译后文本 TT1 和 TT2 相比，句子平均长度基本上变化不大，而句子平均省略数有所增加；同时翻译前文本之间无论在句子平均长度还是句子平均省略数上都差距明显，翻译后的文本之间相对差异不明显。第三维度中，汉译日 ST1 到 TT1 的过程与日译汉 ST2 到 TT2 的过程相比，句子平均长度和平均省略数都有降低，体现了汉译日和日译汉之间存在着一定的差异。另外就是，汉译日的变动幅度要比日译汉大得多。

以上分三个维度对文本的特征进行了探讨，这些特征也符合了汉语和日语在句子平均长度和平均省略数上的一般常识性情况：即相较于汉语而言，日语的句子较长，省略的次数较多。上述三个维度都从不同层面印证了这些常识性情况。特别是在变动的幅度上，汉语到日语变化的幅度明显，而日语到汉语变化的幅度不够明显。比如汉语译本的 TT2 的特征和日语译本的 TT1 基本持平，并且和自己的源文本的日语文本 ST2 也有接近的迹象。这也说明了汉译日时，目标译本会根据自身的语言特点做出接近于自

身语言特征的翻译改变。而与此相对的是，日译汉时，目标译本会根据源文本和目标文本的语言特点甚至偏向源文本进行综合的翻译改变。也就是说，汉译日时，主题省略的翻译更容易受到日语的影响，呈现归化的翻译特征；日译汉时，主题省略的翻译相比受到的汉语影响，更容易受到日语的影响，呈现异化的翻译特征。

## 8.2 汉日互译形式上的一致性方面

汉日互译形式上的一致性涉及两个方面，一个是主题省略的选择与否所带来的不同类型，另一个是涉及主题省略的句子数量翻译前后的增减变化。这里对前面第五章中所探讨的汉译日的两个文本 ST1 和 TT1、第六章中所探讨的日译汉的两个文本 ST2 和 TT2 进行对照比较，分析汉译日和日译汉两个翻译过程中主题省略处理在形式上的一致性，阐明两者之间的共性及差异。下面对汉译日（ST1→TT1）和日译汉（ST2→TT2）的基本数据进行对照比较，详情如表 20 和表 21 所示。

表 20　汉译日（ST1→TT1）和日译汉（ST2→TT2）中主题省略的选择对应情况

| 处理类型 | ST1→TT1 处理次数 | 百分比 | ST2→TT2 处理次数 | 百分比 |
|---|---|---|---|---|
| 省略-省略型 | 85 | 60.72% | 386 | 48.98% |
| 省略-显现型 | 22 | 15.71% | 380 | 48.22% |
| 省略-无主题型 | 10 | 7.14% | 0 | 0.00% |
| 省略-未翻译型 | 0 | 0.00% | 4 | 0.51% |
| 省略-混合型 | 23 | 16.43% | 18 | 2.28% |
| 合计 | 140 | 100% | 788 | 100% |

从表 20 可以看出，涉及主题省略类型的选择对应方面，汉译日和日译汉之间存在着明显的共性和差异。首先，在出现的使用类型上，常见的类型基本上都存在，但是都出现了对方没有的类型，如汉译日中出现了省略—未翻译型，而日译汉中出现了省略—无主题型；其次，在各类型的出现频率上，最高的都是省略—省略型（60.72% 比 48.98%），但是汉译日（60.72%）占据的整体比例更高。但是接下来的差异明显，相对于汉译日而言，日译汉中所出现的省略—显现型（48.22%）所占据的比例要高得多，而汉译日（15.71%）只能排在第三位，而且数量相对不多。另外，两者都出现了一定

数量的省略—混合型（16.43%比2.28%），相对于日译汉（2.28%）而言，汉译日（16.43%）占据的比例更高，排在整体使用比例的第二位，甚至超过了省略—显现型（15.71%）。总结而言，无论是汉译日还是日译汉，使用比例最高的都是省略—省略型；但是相对于日译汉而言，汉译日的省略—混合型数量也不算少，更加多样；但是相对于汉译日而言，日译汉的省略—显现型数量突出，和省略—省略型持平；两者或缺失省略—无主题型或缺失省略—未翻译型。根据形式上的一致性的原则，省略—省略型为一致型，其他均为不一致型。可以看出，汉译日的一致型和不一致型的占比分别为60.72%和 39.28%；日译汉的一致型和不一致型的占比分别为 48.98%和51.02%。换言之，主题省略类型的翻译选择对应方面，无论是日译汉还是汉译日，在形式上的一致性保持方面占据的优势都不明显，不一致型占据了较高的比例；同时相对于日译汉而言，汉译日形式上的一致性保持得更好一些；不一致方面，相对于日译汉而言，汉译日更加复杂和多样化。

表 21　汉译日（ST1→TT1）和日译汉（ST2→TT2）中主题省略的句子增减对应情况

| 增减类型 | ST1→TT1 处理次数 | 百分比 | ST2→TT2 处理次数 | 百分比 |
|---|---|---|---|---|
| 句子数量不变型 | 103 | 73.57% | 660 | 83.76% |
| 句子数量减少型 | 8 | 5.71% | 38 | 4.82% |
| 句子数量增加型 | 29 | 20.71% | 90 | 11.42% |
| 合计 | 140 | 100% | 788 | 100% |

从表 21 可以看出，涉及主题省略的句子增减对应方面，汉译日和日译汉之间存在着明显的共性和一定的差异。首先，在出现的对应类型上，常见的三种类型都存在，双方没有例外；其次，在各类型的出现频率上，最高的都是句子数量不变型（73.57%比 83.76%），日译汉（83.76%）的时候占据的整体比例更高。接下来两者的顺序相同，依次都是句子数量增加型（20.71%比 11.42%）和句子数量减少型（5.71%比 4.82%）。还是可以看出，句子数量减少型层面两者之间的差异不大；在句式数量的增加型层面，相对于日译汉（11.42%）而言，汉译日（20.71%）所占据的比例要高得多。总结而言，无论是汉译日还是日译汉，使用比例最高的都是句子数量不变型，但是相对于汉译日而言，日译汉的比例更高；句子数量减少型层面，无论是汉译日还是日译汉基本上使用数量较少，在各自的整体类型中所占

比例相当；句子数量增加型层面，两者占比虽然都不是很高。但是相对于日译汉而言，汉译日的使用比例更加明显。根据形式上的一致性的原则，句子数量不变型为一致型，句子数量增加型和句子数量减少型均为不一致型。可以看出，汉译日的一致型和不一致型的占比分别为73.57%和26.43%；日译汉的一致型和不一致型的占比分别为 83.76% 和16.24%。换言之，主题省略翻译前后句子数量变化方面，无论是日译汉还是汉译日，在保持形式上的一致性方面占据的优势都比较明显，不一致型占据的比例较低；同时相对于汉译日而言，日译汉形式上的一致性保持得更好一些。

对涉及形式上一致性的两个方面综合判断，在主题省略类型的翻译选择对应方面，日译汉和汉译日在形式上的一致性保持方面占据的优势都不明显。同时相对于日译汉而言，汉译日形式上的一致性保持得更好一些；在主题省略翻译前后句子数量变化方面，汉译日和日译汉在保持形式上的一致性方面占据的优势都比较明显。同时相对于汉译日而言，日译汉形式上的一致性保持得更好一些。至此，对比汉译日和日译汉在形式上的一致性，难以准确说明哪一项在形式上具有更高的一致性，应该说各有所长，各有所短。

## 8.3　汉日互译内容上的一致性方面

汉日互译内容上的一致性涉及两个方面，一个是主题省略内容的还原属性的对应情况，另一个是涉及主题省略的内容还原和理解对应情况。这里对前面第五章中所探讨的汉译日两个文本 ST1 和 TT1、第六章中所探讨的日译汉两个文本 ST2 和 TT2 进行对照比较，分别分析汉译日和日译汉翻译完成后主题省略处理在内容上的一致性，阐明两者之间的共性及差异。下面对汉译日（ST1→TT1）和日译汉（ST2→TT2）的基本数据进行对照比较，详情如整体对应的表 22、图 8、图 9 和具体情况的表 23 以及翻译类型对应的表 24 所示。

表 22　汉译日（ST1→TT1）和日译汉（ST2→TT2）中主题省略还原内容性质属性对应的总体分布

| 主题属性 | ST1 出现次数 | ST1 百分比 | TT1 出现次数 | TT1 百分比 | ST2 出现次数 | ST2 百分比 | TT2 出现次数 | TT2 百分比 |
|---|---|---|---|---|---|---|---|---|
| 人称代词 | 32 | 22.87% | 23 | 16.43% | 514 | 65.23% | 527 | 66.88% |
| 固有名词 | 59 | 42.15% | 49 | 35.00% | 84 | 10.66% | 71 | 9.01% |
| 名词词组 | 18 | 12.86% | 18 | 12.86% | 79 | 10.03% | 47 | 5.97% |
| 指示代词词组 | 3 | 2.14% | 7 | 5.00% | 33 | 4.32% | 36 | 4.57% |
| 人称代词（+动词） | 3 | 2.14% | 0 | 0.00% | 28 | 3.55% | 20 | 2.54% |
| 指示代词 | 3 | 2.14% | 2 | 1.43% | 15 | 1.90% | 23 | 2.92% |
| 普通名词 | 15 | 10.72% | 24 | 17.15% | 11 | 1.40% | 26 | 3.30% |
| 数量词词组 | 3 | 2.14% | 3 | 2.14% | 9 | 1.14% | 11 | 1.40% |
| 反身代词 | 0 | 0.00% | 1 | 0.71% | 6 | 0.76% | 5 | 0.63% |
| 人称代词词组 | 0 | 0.00% | 0 | 0.00% | 5 | 0.63% | 2 | 0.25% |
| 数量词 | 0 | 0.00% | 0 | 0.00% | 2 | 0.25% | 8 | 1.01% |
| 固有名词（+动词） | 1 | 0.71% | 3 | 2.14% | 1 | 0.13% | 1 | 0.13% |
| 名词词组（+动词） | 1 | 0.71% | 0 | 0.00% | 0 | 0.00% | 0 | 0.00% |
| 名词词组（+介词+宾语） | 1 | 0.71% | 0 | 0.00% | 0 | 0.00% | 0 | 0.00% |
| 指示代词（+动词） | 1 | 0.71% | 0 | 0.00% | 0 | 0.00% | 6 | 0.76% |
| 数量词词组（+动词） | 0 | 0.00% | 1 | 0.71% | 0 | 0.00% | 0 | 0.00% |
| 指示代词词组（+动词） | 0 | 0.00% | 0 | 0.00% | 0 | 0.00% | 2 | 0.25% |
| 未翻译 | 0 | 0.00% | 0 | 0.00% | 0 | 0.00% | 3 | 0.38% |
| 无主题 | 0 | 0.00% | 9 | 6.43% | 0 | 0.00% | 0 | 0.00% |
| 合计 | 140 | 100% | 140 | 100% | 788 | 100% | 788 | 100% |

　　从表 22 中可以看出，涉及主题省略的内容属性方面，汉译日和日译汉之间存在着明显的共性和一定的差异。首先，在出现的对应类型上，两者都出现了十五种类型，相互之间重复的有十一种；其次，在各类型的出现频率上，汉译日出现频率最高的是固有名词，而日译汉出现频率最高的是人称代词。汉译日接下来的前三名依次为：人称代词、名词词组、普通名词（按照 ST1 顺序）。日译汉接下来的前三名依次为：固有名词、名词词组、指示代词词组（按照 ST2 顺序）。可以看出，前三位基本相同，而第四

位出现了变化：汉译日为普通名词而日译汉为指示代词词组。另外，汉译日出现了日译汉没有的四种类型：无主题、数量词词组（+动词）、名词词组（+动词）、名词词组（+介词+宾语）；日译汉出现了汉译日没有的四种类型：未翻译、指示代词词组（+动词）、人称代词词组、数量词。不过这些一方缺失的类型总量相对较少。为了更好地观察两者之间共性和差异的整体分布情况，对汉译日和日译汉数据进行进一步精简，具体内容如图8和图9所示。图8按照ST1的出现频率降序排列，图9按照ST2的出现频率降序排列。

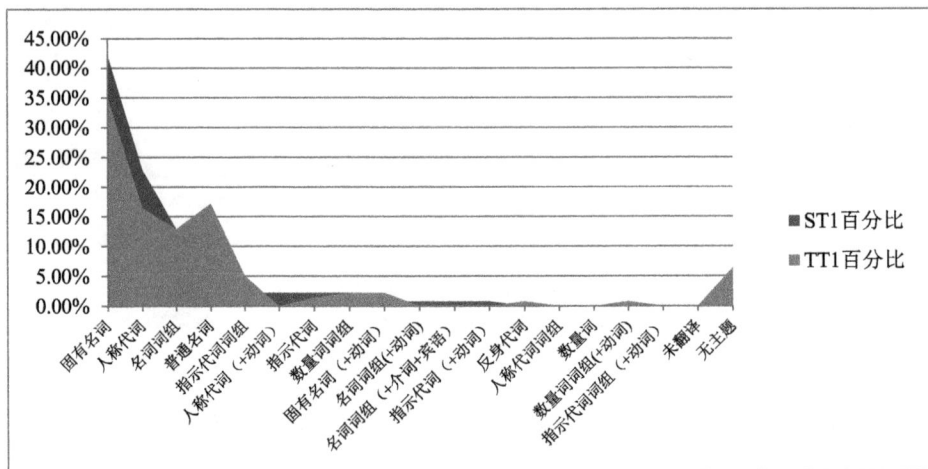

**图8　汉译日（ST1→TT1）中主题省略还原内容性质属性的百分比**

从图8可以看出，按照ST1的出现频率降序排列，ST1和TT1在主题省略的翻译处理上基本上保持了良好的契合度，也就是说两者之间的一致性比较高。但是，也可以明显地看出来在固有名词、普通名词和无主题两个地方，出现了ST1或TT1的使用频率相对高的问题，两者的一致性保持得不够好。

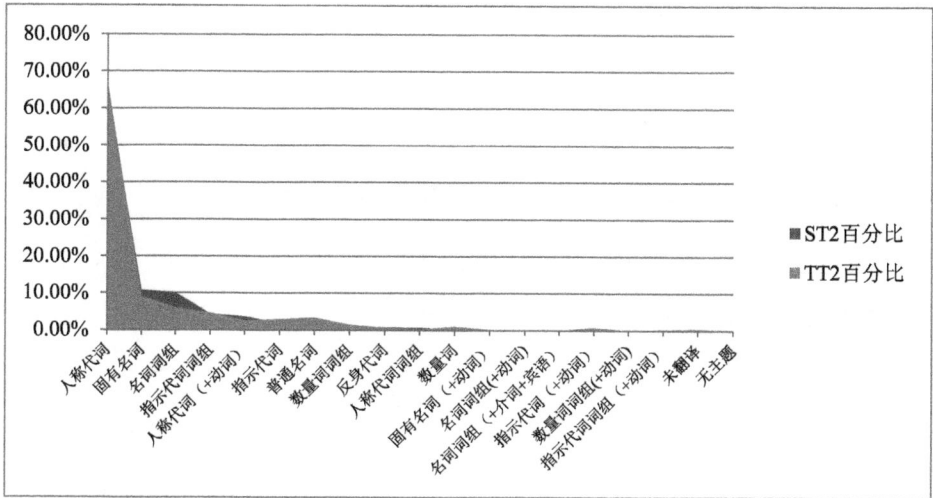

**图 9　日译汉（ST2→TT2）中主题省略还原内容性质属性的百分比**

从图 9 可以看出，按照 ST2 的出现频率降序排列，ST2 和 TT2 在主题省略的翻译处理上基本上保持了良好的契合度，也就是说两者之间的一致性比较高。但是，也可以看出来在名词词组和普通名词两个地方，分别明显出现了 ST2 或 TT2 的使用频率稍微偏高的问题，两者的一致性保持得不够好。

通过图 8 和图 9 的数据，可以看出日汉互译时主题省略内容属性的对应情况特征。无论是汉译日还是日译汉，曲线整体的契合度保持得比较好，从高到低基本一致。根据内容上的一致性原则，可以看作日译汉和汉译日时内容上的一致性保持得很好。但是，也可以看出，汉译日在固有名词、名词词组和无主题方面，日译汉在名词词组和普通名词两个方面，曲线整体的契合度相对不够好。其中汉译日时，固有名词 ST1 占据上风较多，其他无论是名词词组还是普通名词 ST1 都是低于 TT1 的；而日译汉时，在名词词组时 TT2 低于 ST2，在普通名词时 TT2 高于 ST2。根据内容上的一致性原则，汉译日在固有名词的对应上稍有问题而日译汉不明显；汉译日和日译汉均在名词词组的对应上出现了不一致，但是汉译日和日译汉前后的出现频率正好相反；另外，汉译日中出现了无主题，日译汉中出现了普通名词。

表 23　汉译日（ST1→TT1）和日译汉（ST2→TT2）中主题省略还原内容性质属性的具体变化

| 变化类型 | 出现数次 ST1→TT1 | 百分比 | 出现数次 ST2→TT2 | 百分比 |
|---|---|---|---|---|
| 属性维持不变型 | 86 | 61.43% | 669 | 84.90% |
| 部分属性维持不变型 | 23 | 16.43% | 36 | 4.57% |
| 属性变化型 | 31 | 22.14% | 83 | 10.53% |
| 合计 | 140 | 100% | 788 | 100% |

从表 23 可以看出，涉及主题省略还原内容性质属性的具体变化方面，汉译日和日译汉之间存在着一定的共性和差异。首先，从出现的类型上，常见的三种类型都有涉及，不存例外；其次，在各类型的出现频率上，最高的都是属性维持不变型（61.43% 比 84.90%），日译汉（84.90%）的时候占据的整体比例更高。接下来两者的顺序相同，依次都是属性变化型（22.14% 比 10.53%）和部分属性维持不变型（16.43% 比 4.57%）。但是可以看出，在属性变化型方面，汉译日（22.14%）要明显高于日译汉（10.53%），而部分属性维持不变型方面，汉译日（16.43%）也明显高于日译汉（4.57%）。总结而言，无论是汉译日还是日译汉，使用比例最高的都是属性维持不变型，但是相对于汉译日而言，日译汉的比例更高；剩余两种比例相对不高，但是汉译日均高于日译汉。根据内容上的一致性原则，属性维持不变型和部分属性维持不变型为一致型，属性变化型为不一致型。可以看出，汉译日的一致型和不一致型的占比分别为 77.86% 和 22.14%；日译汉的一致型和不一致型的占比分别为 89.47% 和 10.53%；日译汉的一致型要高于日译汉，自然汉译日的不一致型要高于汉译日。

综合表 22、表 23 以及图 8 和图 9，在主题省略内容属性的对应方面，不管从整体而言还是从具体情况而言，汉译日和日译汉都保持了很高的一致性，两者具有很大的共性；但是在一些个项上存在各自不同的特点，存在差异，然而差异的地方又同时凸显出个性之处。

表 24　汉译日（ST1→TT1）和日译汉（ST2→TT2）中主题省略翻译类型的对应情况

| 翻译类型 | ST1→TT1 出现数次 | 百分比 | ST2→TT2 出现次数 | 百分比 |
|---|---|---|---|---|
| 原样还原 | 80 | 57.14% | 636 | 80.71% |
| 部分原样还原 | 20 | 14.29% | 46 | 5.84% |
| 非原样还原 | 40 | 28.57% | 106 | 13.45% |
| 合计 | 140 | 100% | 788 | 100% |

从表 24 可以看出，涉及主题省略翻译类型的对应方面，汉译日和日译汉之间存在着明显的共性和一定的差异。首先，在出现的对应类型上，常见的三种类型都存在，双方没有例外；其次，在各类型的出现频率上，最高的都是原样还原型（57.14%比 80.71%），汉译日（80.71%）的时候占据的整体比例更高。接下来两者的顺序相同，依次都是非原样还原型（28.57%比 13.45%）和部分原样还原型（14.29%比 5.84%）。但是可以看出，非原样还原型和部分原样还原型两个层面，相对于日译汉而言，汉译日分别所占据的比例要高一些。总结而言，无论是汉译日还是日译汉，使用比例最高的都是原样还原型，但是相对于汉译日而言，日译汉的比例更高；剩余两种比例都不是很高，但是汉译日均高于日译汉。根据形式上的一致性原则，原样还原型和部分原样还原型为一致型，非原样还原型为不一致型。可以看出，汉译日的一致型和不一致型的占比分别为 71.43% 和 28.57%；日译汉的一致型和不一致型的占比分别为 86.55% 和 13.45%。换言之，主题省略翻译类型的对应方面，无论是日译汉还是汉译日，在内容上的一致性保持方面占据的优势都比较明显，不一致型占据的比例较低；同时相对于汉译日而言，日译汉内容上的一致性保持得更好一些。

对涉及内容上一致性的两个方面综合判断，在主题省略内容的属性对应方面，不管是整体层面还是具体层面，汉译日和日译汉都保持了很高的一致性，两者具有很大的共性；但是在一些个项上存在各自不同的特点，存在差异，并且差异的地方同时存在个性部分；在主题省略翻译类型的对应方面，日译汉、汉译日在内容上的一致性保持方面占据的优势都比较明显，不一致型占据的比例较低；但是相对于汉译日而言，日译汉内容上的一致性保持得更好一些。至此，对比汉译日和日译汉在内容上的一致性，虽然两者之间都存在一些个性差异，但是就总体而言，相对于汉译日，日

译汉在内容上的一致性方面更胜一筹。

## 8.4 汉日互译功能上的一致性方面

汉日互译功能上的一致性涉及三个层次和五个小点：直接关联型（词汇层次、词汇以上）、间接关联型（语法层次、语篇层次、语用层次）和混合关联型（直接关联型和间接关联型组合型）。这里对前面第五章中所探讨的汉译日两个文本 ST1 和 TT1、第六章中所探讨的日译汉两个文本 ST2 和 TT2 进行对照比较，分析汉译日和日译汉两个翻译过程中主题省略处理在功能上的一致性，阐明两者之间的共性及差异。下面对汉译日（ST1→TT1）和日译汉（ST2→TT2）的基本数据进行对照比较，详情如表 25 所示。

表 25　汉译日（ST1→TT1）和日译汉（ST2→TT2）中主题省略翻译功能的对应情况

| 关联型 | | 功能对等<br>（ST1→TT1） | 百分比 | 功能对等<br>（ST2→TT2） | 百分比 |
|---|---|---|---|---|---|
| 直接<br>关联型 | 词汇 | 58 | 41.43% | 390 | 49.49% |
| | 词汇以上 | 8 | 5.71% | 83 | 10.53% |
| 间接<br>关联型 | 语法 | 4 | 2.86% | 15 | 1.91% |
| | 语篇 | 0 | 0.00% | 0 | 0.00% |
| | 语用 | 0 | 0.00% | 0 | 0.00% |
| 混合<br>关联型 | 词汇、语法 | 15 | 10.72% | 41 | 5.20% |
| | 词汇、语篇 | 30 | 21.43% | 160 | 20.31% |
| | 语法、语篇 | 0 | 0.00% | 13 | 1.65% |
| | 词汇以上、语法 | 12 | 8.57% | 13 | 1.65% |
| | 词汇以上、语篇 | 8 | 5.71% | 16 | 2.03% |
| | 词汇、语篇、语用 | 1 | 0.71% | 0 | 0.00% |
| | 词汇、语法、语篇 | 2 | 1.43% | 41 | 5.20% |
| | 词汇以上、语法、语篇 | 2 | 1.43% | 16 | 2.03% |
| 合计 | | 140 | 100% | 788 | 100% |

从表 25 可以看出，涉及主题省略翻译功能对等方面，汉译日和日译汉之间存在着明显的共性和差异。首先，在出现的对等层面上，三种关联型都有涉及，没有例外。三个类型的分布基本上呈现了差异，汉译日和日译汉的直接关联型层面为 47.14% 比 60.02%，间接关联型层面为 2.86% 比 1.91%，混合关联型层面为 50.00% 比 38.07%；其次，在各功能对等层面上，

最高的都是词汇层面对等（41.43%比49.49%），日译汉略高。接下来都是词汇、语篇层面的对等（21.43%比20.31%），两者不分上下。第三位出现了差异，汉译日为词汇、语法层面的对等（10.72%），而日译汉为词汇以上层面的对等（10.53%）。另外，双方都出现了对方没有的类型：其中汉译日出现了词汇、语篇、语用层面的对等，日译汉出现了语法、语篇层面的对等；另外，无论汉译日还是日译汉都未出现单一型的语篇层面或语用层面的对等。按照功能上的一致性原则，可以看出日译汉和汉译日之间涉及的三个大的层面差异大于共性，除了间接关联型上两者的差异不够明显之外，其他的直接关联型和混合关联型都有一定的差异。换言之，主题省略翻译功能对等方面，无论是日译汉还是汉译日，在涉及主题省略本身以外的关联型对等时运用得都不够明显，而在涉及主题省略本身的直接关联型以及部分涉及的混合关联型的使用更加突出。相对于日译汉而言，汉译日更加体现在混合关联型的对等上；相对于汉译日而言，日译汉更加体现在直接关联型的对等上。

## 8.5 汉日互译策略上的一致性方面

汉日互译策略上的一致性涉及三个层次和三个小点：偏向本土型（归化的翻译策略）、偏向异国型（异化的翻译策略）和偏向中立型（不明确偏向本土或异国的某一方，或是本土和异国的混合）。这里对前面第五章中所探讨的汉译日两个文本 ST1 和 TT1、第六章中所探讨的日译汉两个文本 ST2 和 TT2 进行对照比较，分析汉译日和日译汉两个翻译过程中主题省略处理在策略上的一致性，阐明两者之间的共性及差异。下面对汉译日（ST1→TT1）和日译汉（ST2→TT2）的基本数据进行对照比较，详情如表26 所示。

表26 汉译日（ST1→TT1）和日译汉（ST2→TT2）中主题省略策略偏向的对应情况

| | 偏向型 | 策略使用（ST1→TT1） | 百分比 | 策略使用（ST2→TT2） | 百分比 |
|---|---|---|---|---|---|
| 本土 | 归化的翻译策略 | 80 | 57.14% | 274 | 34.77% |
| 异国 | 异化的翻译策略 | 30 | 21.43% | 46 | 5.84% |
| 中立 | 归化异化混合的翻译策略 | 30 | 21.43% | 468 | 59.39% |
| | 合计 | 140 | 100% | 788 | 100% |

从表 26 可以看出，涉及主题省略翻译策略偏向方面，汉译日和日译汉之间存在着明显的共性和差异。首先，在出现的翻译策略上，汉译日和日译汉都有涉及，没有例外。三个类型的分布基本上呈现了差异，汉译日和日译汉的归化的翻译策略层面为 57.14% 比 34.77%，异化的翻译策略层面为 21.43% 比 5.84%，归化异化混合的翻译策略层面为 21.43% 比 59.39%；其次，在翻译偏向类型上，和翻译策略的呈现是一致的，也就是汉译日最高的是偏向本土型，而日译汉最高的是偏向中立型。汉译日和日译汉中虽然排在第三位的都是偏向异国型，但是相对于日译汉（5.84%）而言，汉译日（21.43%）表现得更加明显和突出，异化的翻译策略使用占据了一定的比例。按照策略上的一致性原则，可以看出日译汉和汉译日之间涉及的三个大的层面的差异大于共性。虽然涉及归化的翻译策略两者都比较突出和明显，但是具体到三个层面而言，都出现了差异。换言之，在主题省略翻译策略的偏向上：偏向本土型层面，相对于日译汉而言，汉译日更加具有优势；偏向异国型层面，相对于日译汉而言，汉译日更加具有优势；偏向中立型层面，相对于汉译日而言，日译汉更加具有优势。

## 8.6　汉日互译一致性的总结及原因探析

通过 8.2、8.3、8.4 和 8.5 等四个小节对汉译日和日译汉的对照和比较，在形式、内容、功能和策略四大方面对其共性和差异进行了探讨。整体结论可以总结如表 27 所示。

表 27　汉译日和日译汉在形式上、内容上、功能上和策略上的一致性对比

| 主要对比项目 | 注重结果的静态一致性 | | | | 注重过程的动态一致性 | | | | | |
| | 形式上的一致性 | | 内容上的一致性 | | 功能上的一致性 | | | 策略上的一致性 | | |
| | 主题省略类型 | 句子增减变化 | 内容属性构成 | 省略翻译类型 | 直接 | 间接 | 混合 | 本土 | 异国 | 中立 |
| 汉译日 | ○ | × | × | × | × | × | ○ | ○ | ○ | × |
| 日译汉 | × | ○ | ○ | ○ | ○ | × | × | × | × | ○ |

（○表示相对而言具有优势，特征更加明显；×表示相对而言不具有优势，特征相对不明显）

从表 27 中可以看出，涉及汉译日和日译汉的两大类、四个大项、十个小项上关于优劣性比较对照的结果可以概括如下：

1）形式上的一致性方面，在主题省略类型的翻译选择对应方面，相对

118

于日译汉而言，汉译日形式上的一致性具有优势；在主题省略翻译前后句子数量变化方面，相对于汉译日而言，日译汉形式上的一致性具有优势。形式上总体而言，汉译日和日译汉基本持平。

2）内容上的一致性方面，在主题省略内容的属性对应方面，汉译日和日译汉都保持了很高的一致性，相对于汉译日而言，日译汉内容上的一致性更加明显；在主题省略翻译类型的对应方面，相对于汉译日而言，日译汉内容上的一致性具有优势。内容上总体而言，日译汉比汉译日更具优势。

3）功能上的一致性方面，在功能对等的要素关联类型上，汉译日和日译汉在间接关联型上两者表现都不明显，旗鼓相当；但是在直接关联型上，日译汉比汉译日更加明显；而在混合关联型上，日译汉不如汉译日明显。

4）策略上的一致性方面，在翻译策略选择的偏向类型上，汉译日和日译汉在偏向异国型上虽然都是最少的，但是汉译日比日译汉更加明显；在偏向本土型上，汉译日比日译汉更加明显；在偏向中立型上，日译汉比汉译日更加明显。

5）按照以上指标进行统计的话，各自占据优势或者比较明显的项目，日译汉有五项，汉译日有四项，日译汉略胜一筹。同时形式和内容上的一致性涉及翻译结果出现后的一致性，这里可以看出，日译汉保持了更高的一致性；因为功能和策略上的一致性涉及翻译过程中的一致性，这里可以看出，汉译日方面所涵盖的指标更多。

6）除了在功能上的间接性关联方面两者的劣势性旗鼓相当之外，其他九个项目两者之间都存在着比较明显的区别。

参照以上的六点总结，同时结合 8.1 中关于源文本和目标文本的一致性的要素分析，来具体分析 ST1 和 TT1 以及 ST2 和 TT2 的翻译前后在主题省略上的一致性的原因。影响源文本和目标译本之间一致性的因素很多，比如译者的自我翻译风格、源文本本身的特征、翻译的时代等诸多要素。这里结合 6.5 的汉译日和 7.5 的日译汉中各自关于一致性的探讨，同时结合表 27 中关于功能和策略上的所出现的结果，对汉译日和日译汉所出现的一致性进行综合性的考察。通过考察，可以得出决定一致性的要素至少可以分成文本性要素和语言性要素两个大项。

首先是文本性要素层面。8.1 中提到了在句子平均长度和平均省略数上，两个源文本 ST1 和 ST2 以及两个目标译本 TT1 和 TT2 在翻译前后出现了差异，指出了汉译日时，即 ST1 向 TT1 翻译转化时，受到来自日语目

标文本的影响大；而在日译汉时，即 ST2 向 TT2 翻译转化时，同样受到来自日语源文本的影响大。概括而言，无论是汉译日还是日译汉，都是受到日语文本的影响大一些，与日语是目标文本或源文本的关系不大。这些文本本身特征在日译汉或汉译日过程中成为影响一致性的重要因素，这些施加影响的过程可以通过表 27 的结论找到根据。从表 27 可以看出，在翻译结果一致性的角度上，日译汉更具有优势，汉译日不够明显。四个维度（主题省略类型、句子数量增减、省略内容属性、省略翻译类型）均有差异；在翻译过程一致性的角度上，汉译日更具有优势。五个维度有差异（直接关联、混合关联、偏向本土、偏向异国、偏向中立），只有一个维度（间接关联）接近。总结而言，目标文本的日语化特征成为一致性的决定要素之一。

其次是语言性要素层面。汉语和日语同属主题突出性语言，无论是从日语到汉语的转化，还是从汉语到日语的转化，在主题的认识和理解上和句子的结构上具有共性，应属常态。这些无论从类型学角度，还是翻译学的思路，都在可以理解接受的范围之内。基于这些前提，TT 和 ST 在主题省略翻译上所体现出来的一致性预测的结果基本一致。总结而言，汉日在主题上的共性特征成为翻译过程一致性出现的决定要素之一。

究其实，除去文本性要素和语言内要素之外，还应该包括译者本体性要素。虽然在本次的研究中无法通过一致性的结果对其加以有效的验证和考证，但是丝毫不能否定这个要素的存在。表 27 中关于汉译日和日译汉相对一致的部分只出现在一个层面，其他九个层面出现的差异也预示了主要的问题所在，至少说明了翻译的过程是一个复杂而又综合了各种要素的繁杂作业。去统括这个复杂而又繁杂作业的主体往往是这部源文本的译者。从源文本经过译者再到目标文本，其中牵涉的三个要素（源文本、译者、目标文本）以译者要素为代表，自然也是一致性构成的决定性要素。另外还原性过程的方向（从日语到汉语、从汉语到日语等）也会成为其中的重要影响指标。以上关于汉译日和日译汉一致性的体现也是这些要素及指标作用的结果，当然不一致的出现也是这些指标和要素出现了问题。

## 8.7 汉日互译不一致的影响要素方面

6.6 中对 ST1 和 TT1 在形式上和内容上不一致的考察，得出至少主题省略翻译中五大要素会影响汉日翻译的不一致。这些要素分别是：形式上

相关的句子增减和句式变化问题；内容上相关的人称代词的使用、主题及谓语动词的省略和还原内容理解问题。7.6 中对 ST2 和 TT2 在形式上和内容上一致性的考察，也得出主题省略翻译中至少五大要素会影响日汉翻译的不一致。这些要素分别是：形式上涉及省略—显现型的多用、句子数量减少、句式的改变等问题；内容上涉及主题属性的翻转变化和还原内容理解等问题。因这里考察的不一致是指影响一致性判断结果的过程性要素的部分，不涉及结果默认一致性前提下的过程性要素的部分，所以只对 6.6 和 7.6 所涉及的形式上和内容上不一致的影响要素进行对照比较，而不考虑功能上和策略上不一致的情况。具体对汉译日和日译汉进行对照比较的结果如表 28 所示。

**表 28　汉译日和日译汉中主题省略翻译的不一致要素对照**

| | 具体要素 | 汉译日 | 日译汉 |
|---|---|---|---|
| 形式上 | 句子数量增减 | ○ | ○ |
| | 句式变化 | ○ | ○ |
| | 省略-显现型的多用 | × | ○ |
| 内容上 | 人称代词的使用 | ○ | × |
| | 主题及谓语动词的省略 | ○ | × |
| | 主题属性翻译变化 | × | ○ |
| | 还原内容理解 | ○ | ○ |

（○代表影响相对明显的要素，×代表影响不够明显的要素）

　　从表 28 可以看出，影响汉译日和日译汉过程的五大要素有着明显的共同点和不同点。在前面 6.6 和 7.6 中对这个因素的影响主要采用了质的归纳，适当插入了量的说明。因此这里比较的是整体情况，对具体的使用倾向和趋势不做细致的对比。其缘由在于，首先这些不一致整体所占据的数量相对不是太多；其次这些要素不是全部要素的体现，只是其中最有特性的代表。通过以上对各个翻译结果出现影响要素的比较，汉译日和日译汉过程中在形式层面的句子数量增减、句式变化以及内容层面的还原内容理解等三个要素方面具有相似性；其他内容层面人称代词的使用和主题及谓语动词的省略方面，汉译日更加明显；其他形式层面省略—显现型的多用和主题属性翻译变化方面，日译汉更加明显。从以上七个要素可以看出，有三个要素两者的共性比较明显，剩下的四个要素中，大家各有千秋，各占据两个要素，存在着差异。

## 8.8 主题省略的汉日互译对比的考察分析

以上 8.1 至 8.7 等 7 个小节从四个文本的原始对照开始，再到形式上、内容上、功能上和策略上的一致性方面，以及一致性和不一致性要素的探讨，对照比较了汉译日和日译汉过程中的共性和差异。这里把以上所有的部分综合起来进行对照比较，同时对这些结果结合汉日语言差异及翻译过程进行考察和分析，以期找到汉日互译在主题省略上的特征和趋势。具体的总结情况如表 29 所示。

表 29　汉译日和日译汉在主题省略翻译上的综合对比

| 项目类别 | 汉译日 | 日译汉 | 综合对比 |
|---|---|---|---|
| 文本对比 | 偏目标文本 | 偏源文本 | 差异明显 |
| 形式对比 | 省略类型一致性高<br>句子增减一致性低 | 省略类型一致性低<br>句子增减一致性高 | 差异明显 |
| 内容对比 | 省略内容属性一致性低<br>省略翻译类型一致性低 | 省略内容属性一致性高<br>省略翻译类型一致性高 | 差异明显 |
| 功能对比 | 混合关联型使用频率高<br>间接关联型使用频率低 | 直接关联型使用频率高<br>间接关联型使用频率低 | 有共性，差异明显 |
| 策略对比 | 偏向本土型使用频率高<br>偏向异国型使用频率较低 | 偏向中立型使用频率高<br>偏向异国型使用频率低 | 有共性，差异明显 |
| 一致性要素对比 | 同属主题优势性语言<br>文本性、语言性和译者本体性 | 同属主题优势性语言<br>文本性、语言性和译者本体性 | 差异不明显 |
| 不一致要素对比 | 句子增减、句式变化、人称代词、主题及谓语动词、还原内容理解 | 句子增减、句式变化、省略-显现型的多用、主题属性变化、还原内容理解 | 有共性，差异明显 |

从表 29 中可以看出，涉及主题省略的翻译时，总体而言汉译日和日译汉之间的共性和差异比较明显。具体而言，七个比较项目类别中，在文本本身、形式上、内容上、功能上、策略上和不一致要素等六个类别上，两者之间都存在了明显的差异；只有在一致性要素对比这一个类别上，两者才取得了相对一致的结果。文本对比的相对不一致可能涉及最初文本选择的问题，后面的四个对比都属于翻译本身的问题了，形式和内容上的一致性属于翻译结果的呈现，功能和策略上的一致性是属于翻译过程中的问题。以下分七个小节对这七个类别上汉译日和日译汉所概括的共性和差异进行

进一步的探讨。

### 8.8.1 文本本身层面的对比

关于文本本身层面的对比，可以看出：汉译日时偏目标文本，日译汉时偏源文本，综合而言就是无论汉译日还是日译汉都偏日语文本。

这样的结果并不是对四个文本所有的观测点进行统计分析对照比较后的内容，而是仅从主题省略和句子数量两个指标的对照得出了上述的结论。文本本身层面的问题，是文本选择的问题，也涉及文本题材等综合问题。本次选择的源文本均为文学作品，作者都是各自文学中的代表性人物之一，也是其代表性作品之一。但是两个文本之间还是存在着差异，这个差异也和作家或者这些作为源文本作品的风格有着很大的关系。汉译日的源文本是莫言的作品，所选的这部作品带有山东地方浓厚的乡土气息。同时这部作品的背景和发生年代也相当久远，场景也定格在战争年代，夹杂着诸多不确定的因素。故事再现战争背景下几代人的抗争史，刻画兼具正义和匪性的主人公的辛酸史和儿女情仇，极具争议。而日译汉的村上春树的这部源文本，虽然离现在的年代有些久远，但也是在二战之后日本相对和平稳定的年代所发生的几位年轻人对人性的基本思考和认识的故事；虽然也夹杂着社会的诸多不稳定因素，有社会动乱的成分，但是人们是处在一个上升的年代，是一个逐渐向好的年代。是在这样一个特殊的年代里，因为一些社会常识、人文道德、人性伦理等最基本的价值观等而衍生出来的诸多故事和社会问题。两个源文本所展现的内容有着本质的区别，时代背景和主人公的塑造也有着天壤之别。

首先在主题省略方面，汉译日时目标文本也就是日语译本按照日语的特征大量使用了主题省略，对源文本没有采用主题省略的句子仍然按照日语本身的习惯而采用了大量主题省略的翻译处理方式。这个主题省略的频率特征也和后面日译汉中的源文本基本接近，也就是译本和非译本的母语文本相似度高，接近母语文本。但是在日译汉时，相对于源文本即日语文本按照日语的特征大量使用主题省略，目标文本也就是汉语译本并没有按照汉语的习惯，而是受到了日语文本的影响，也同样采用了大量主题省略的翻译处理方式。这里当然也和汉语本身的特点有关系，因为汉语也属于主题优势语言的代表，本身具备主题省略的基本条件，所以才能够在目标文本的层面取得与源文本在主题省略上的对应处理关系；如果具备条件但是不去使用的话，那就是和创作这个作品的作家本身的写作和创作习惯以

及作品的文体特点有着直接的联系，比如说这部题材并不适宜主题省略的多用，或者是作者本身并不喜欢多用主题省略等。总结而言，汉译日或日译汉时主题省略的偏向特征说明：汉语作为主题优势语言，既能够按照作家风格或作品风格来选择主题省略的使用，也可以迎合日语进行改变；日语作为主题优势语言，不管是充当源文本还是目标文本的时候，都会按照自己语言的特点而大量使用主题省略。汉语在主题省略的使用上具有选择性，日语在主题省略的使用上具有必然性。

其次在句子数量上和句子长度上，汉译日时目标文本的句子数量大量增加，平均句子长度也大幅增长；日译汉时，目标文本的句子数量减少，平均句子长度也出现了缩减现象。这个对比的结果，反映了中日两种语言在句子数量和平均句子长度上的典型差异。因为汉字所具有的高度的表意功能、汉语的孤立语特征、句子视点的不确定性等要素使得汉语表达时具备了更高的概括性、简洁性。这就使得在同一现象的主观和客观的表达上比同级别的日语具备更大的经济性效果。日语中大量的功能词的出现，助词所占据的部分等要素加大了句子数量和句子的平均字节数。此次汉译日和日译汉在句子数量和平均句子长度上所呈现出来的趋势是完全一致的，即汉译日时，句子数量增加，句子平均长度增长；日译汉时，句子数量减少，句子平均长度缩减。不过可以看出，日译汉时减少的幅度小于汉译日时增加的幅度，这也说明了相对于汉译日而言，日译汉受到源文本的影响更大，也就是一致性更高。

### 8.8.2　形式层面的对比

关于形式层面的对比，可以看出：汉译日时省略类型的一致性高、句子数量增减的一致性低；日译汉时省略类型的一致性低、句子数量增减的一致性高，两者之间正好相反。

这样的结果是对汉译日和日译汉两个过程各自分析对照比较后得出的，两者之间呈现着截然相反的趋势和倾向。主题省略翻译类型有基本的固定形式（省略—省略型，省略—显现型，省略—无主题型，省略—未翻译型），这是翻译处理中的典型形式；同时还有很多不确定的形式（省略—显现+省略型，省略—省略+显现+省略型……），对应翻译处理中的周边形式。所以这里的区别也主要出现在以典型形式为主的基本固定型的使用倾向上。概括而言，就是汉译日时，参照源文本的形式，主题省略的部分目标文本也省略，主题不省略的时候目标文本尽量也不省略；日译汉时，参

照源文本的形式，主题省略的部分也省略，但是不省略的时候也占据了大量的比例，和省略的平分秋色。这里面主要是因为省略—显现型占据了比较大的比例。如上所述，汉语和日语同属主题优势性语言，都具备主题省略的基本能力和句式结构，当然日语在此方面更加具有先天性的优势。汉译日时，可以看出目标文本基本上考虑到了形式上与源文本保持一致的问题；日译汉时，也考虑到了与源文本一致性的问题，不过在形式上体现得不够明显，而是涉及后面内容上的问题。相对于形式而言，内容上的问题更被日译汉所重视。

另外，在句子数量的变化上，汉译日时，因为照顾到日语句子的特点，频繁调整句子的数量；日译汉时，汉语反而也是照顾到日语句子的特点，尽量不做句子数量的调整。这样的结果，才使得两个不同的翻译过程呈现在句子数量变化上的差异。句子数量的调整本身就是打破两者形式上的对应去追求形式之外的对等和平衡。汉译日时，因为源文本中特殊表达和作品中所具有的时代背景以及语言风格，同时包括汉语句子长的特点，这里在内容上需要对等和一致的话，自然需要在形式上进行弥补和对应，也就是要牺牲形式上的一致性，这也是汉译日时句子频繁调整的原因。相反，日译汉时，虽然日语的句子较长，至少作为源文本的村上春树的这部作品中的句子以长句为主，汉语翻译时在形式上还是进行了很好的应对。至少未采用长句子来统合日语的好几个长句子这样打破形式平衡的做法，也没有把日语的长句子更多地分成汉语的短句子。换而言之，日译汉时可以有选择，但是译者并没有选，在句子数量的增减上具有一定的随机性；汉译日时，译者可以选择的空间太小，视点随时发生变化、动作主体随时改变的汉语，让日译变得疲于应对。其中较好的办法就是对句子的数量加以改变，特别是增加数量，才能做出较好的应对。也就是说在汉译日时，句子数量的增减上具有一定的必然性。

### 8.8.3　内容层面的对比

关于内容层面的对比，可以看出：在省略内容属性变化上，相对于汉译日而言，日译汉的一致性更高；在省略类型上，汉译日的一致性低，日译汉的一致性高。

这样的结果是从内容的两个维度三个层面对日译汉和汉译日过程所做比较后得出来的部分，内容属性的比较相对分散，既有整体的对比结果，也有具体的分散探讨；省略类型的比较相对集中，是个体的对比结果。作

为省略的主题一般只能是名词或者名词词组，鉴于名词在汉日两种语言中的区别，同时考虑到人称代词的特殊情况，对省略主题的名词属性做了比较细致的分类，从而得出汉日互译两个过程的对应性结果。虽然在形式上有很多的不同，但是可以看出，名词构成属性上两者差异不大。特别是使用的整体分布上，汉日互译具有较高的共性。也就是说，不管是汉译日还是日译汉，对省略主题的名词属性的整体性把控是比较一致的。这也反映了源文本主题省略内容的整体构成倾向和译本中主题省略内容的整体构成倾向都是比较高的，是一致的。这里是宏观的、整体的角度，具体到每个省略主题上的对应情况时却出现了比较明显的变化：相对于汉译日而言，日译汉属性维持不变型等一致性的占比更高。也就是说，日译汉翻译时基本上和源文本保持了一致的处理方式：即源文本使用何种属性的名词、目标文本就会采用相对应属性名词的概率要大于汉译日。日译汉时，相对于省略掉的主题名词等汉语易于找到其相应属性的内容来替代，而汉译日时省略掉的主题名词等在日语中能找到相应属性的内容来替代的概率会降低。这也和文本的选择以及源文本作者的写作风格有着比较大的关系，当然也和译者对于翻译风格的选择有着密切的关联性。翻译不是词汇层面的简单逐个替换，在功能和意义等宏观层面和具体内容或单个单词的微观层面出现选择上的优先顺序冲突时，自然要结合目标文本的语言特点进行合理化的牺牲。顾名思义，内容属性变化的一致性，取决于源文本和目标文本各自内容的语篇特征，这也是日译汉比汉译日保持更高一致性的根本原因所在。

后面的省略类型可以看出汉译日的一致性低，而日译汉的一致性高。这说明了对于省略的主题，保持原样还原翻译的问题上，日译汉要比汉译日在一致性方面做得更好。汉译日时，省略掉的主题往往在原样还原时比较困难，或者是按照日语的上下文原样还原或部分还原的难度较高，只能按照日语的行文习惯进行适当的调整。这样就造成了汉译日在主题还原类型上的差异。在判定主题省略的内容时，其中最重要的是推论还原的线索，按照主题省略的传统判定原则，这个线索包含语言内要素和语言外要素〔具体可以参照刘泽军（2016b）〕。语言内要素一般优先考虑本句，接着是上下文。具体顺序是先句内，再句外；先前句，再后句；先语言内，再语言外。源文本所特有的表达手段和行文顺序以及逻辑关系，和目标文本之间存在了无法弥补的差异。这个时候，再要追求原样还原是比较困难的，也是不

太现实的。翻译的还原都是对已有的主题省略结合语言内外的线索进行推论还原而形成的结果，这个推论的线索自然存在于各自文本之中，不可能出现交叉。因此，这也说明了汉译日时主题还原上的现实问题，存在难以还原的实际情况。与此相对的日译汉，在此方面问题解决得相对成功。这个解决的前提，在于汉语很大程度地按照日语的句式进行翻译，主题所充当的功能和地位得到了发挥和保证。在省略的时候，目标文本和源文本的上下文也有很高的一致性。这就使得主题省略进行还原可以依赖的还原线索也比较一致，自然还原的结果也容易达成一致。这就是日译汉时主题省略类型上保持一致性比较高的直接原因。另外，日译汉和汉译日的翻译过程完全不同，也影响了两者的结果，造成了差异。省略类型的差异是外在的表现，内在的要因在于推论还原的基本线索。内在线索的来源在汉译日和日译汉上出现的区别，才是造成外在差异问题的主要原因所在。

### 8.8.4 功能层面的对比

关于功能层面的对比，可以看出：汉译日时混合关联型使用频率高、间接关联型使用频率低；而日译汉时直接关联型使用频率高、间接关联型使用频率低。高的有区别，低的都相同。

这样的结果反映了汉译日和日译汉在主题省略功能层面对等时的差异，既有主题省略本身的差异，也有超越主题省略本身的差异。功能层面涵盖了五个方面，两个属于直接关联的部分，三个属于间接关联的部分，其他的还有直接关联加间接关联所构成的混合关联形式。汉译日时，混合关联型使用频率最高；日译汉时，直接关联型使用频率最高。两者共通的部分是间接关联型的使用频率都比较低。相对于混合关联型而言，直接关联型也好，间接关联型也好，都是单一型的处理方式。对于这样的结果，日译汉时比较容易理解，因为主题省略的部分一般都是建立在名词或词组基础上的处理方式。名词是词汇层面的问题，词组属于词汇层面以上的问题，正好对应的就是直接关联型，因此直接关联型的多用是理所当然的，比较容易理解。但是，汉译日中直接关联型的使用并不是最多的，而是排在其次。这里面存在着以下的问题：首先，混合关联型一定是直接关联型加间接关联型的复合形式；混合关联型的多用说明和直接关联型一致的词汇层面或词汇以上的层面也是使用频率最高的。只不过这个最高的同时还伴随着出现了很多的间接关联型，也就是间接关联型的使用频率也是最高。这样把汉译日和日译汉比较起来而言，因为主题的省略是词或词组的省略，

也就是词汇层面或词汇以上层面的对等问题，所以在这两个层面的功能对等都是主要的处理方式。不同的是，汉译日的时候往往还伴随着间接关联型要素的同时出现，而日译汉的时候基本上就是单一的词汇层面或词汇以上的层面。换而言之，日译汉时比较单纯地实现某一个层面的功能对等就能够很好地展现源文本的意义；汉译日时仅靠某一层面的功能对等很难展现源文本的意义，必须借助多个层面的功能对等才能实现。

另外，间接关联型的使用，不管是汉译日还是日译汉都比较低。这种类型首先也是单一型的一种，包含了超越主题省略之处的句子层面及以外的问题。两者都比较低，说明了语法层面、语篇层面、语用层面单独使用情况是比较少的。准确而言，主题省略的是名词或词组，首先必须是词汇层面或词汇以上层面。只不过在有些省略主题的句子中出现了主题加动词一起省略的形式，造成了语法层面的对等问题，才有了间接关联型的出现。而单独是语篇或者是语用层面的可能性是不存在的，这也和日译汉和汉译日都没有单独出现这两个功能对等是吻合的。概括而言，汉译日时直接关联型出现的频率虽然低于混合型，间接关联型出现的频率也很低，但是词汇和词汇以上层面很喜欢搭配关联要素的形式；日译汉时直接关联的要素虽然也喜欢搭配间接关联型要素的东西，但是本身的单一型的使用也是主流。换而言之，日译汉喜欢单打独斗型，汉译日喜欢配合使用型。这也说明，汉译日时要达成功能对等需要借助多个层面，日译汉时却未必要多个层面，一个层面有的时候就已经足够。

### 8.8.5 策略层面的对比

关于策略层面的对比，可以看出：汉译日时偏向本土型使用频率高、偏向异国型使用频率较低；日译汉时偏向中立型使用频率高、偏向异国型使用频率低。使用频率低的两者比较相近，但是使用频率高的不同。

这样的结果涵盖了汉译日和日译汉在策略方面对比的内容，都是结果型的一致性对比。汉译日偏向本土型使用频率高，归化的翻译策略使用频繁；日译汉偏向中立型使用频率高，归化也好异化也好，使用策略并不频繁。汉译日时的偏向本土型，也说明目标文本充分靠近了对象国的文化，去更好地迎合目标文本的语言体系和风土人情。这种结果在此次的文本选择中不难理解。因为源文本具有很强的中国地方特色和民风民情，在向日语翻译的过程中，如果保持异化的翻译策略，就会造成很多文化要素无法做到功能对等，同时也很难得到对象国受众的理解和认可。虽然中日历史

有渊源，文化有借鉴，文字有共通。但是在源文本所描述的一个时代背景下，这样的渊源也好，借鉴也罢，共通等等，都无法消除因为时代背景所造成的文化鸿沟。如若取得受众在语言文字以及文化上的共鸣，消除读者在文化上最大的干扰要素，译本采用归化的翻译策略则是最经济的方法，也是达到意义传达和功能对等的良好方式。对于受众的负担度相对较小或者是比较容易理解的部分，目标译本也还是保留了异化的翻译策略，这也是偏向异国型使用频率虽然低但不是很低的原因所在。而作为日译汉的源文本这方面的问题就比汉译日的源文本小得多，在文化背景和时代背景的干扰要素上给受众带来的影响就会降低很多。发生在近现代背景下的青年男女之间的感情纠葛的设定，本身缩小了文化鸿沟所带来的距离。这样一来，目标文本可以寻找和源文本中对象的内容加以替换，这就是日译汉中少用归化的翻译策略的原因。

如上所述，汉译日中较少地使用了异化的翻译策略作为归化的翻译策略的重要补充，保持部分原汁原味的东西。然而，日译汉原本就可以不受一些文化鸿沟的制约，结合目标文本对象国读者的实际情况，可以多使用异化的翻译策略，靠近异国文化，让受众体验更多的异国风情。但是实际上，日译汉并没有比较多地使用异化的翻译策略。这里面主要的原因在于中国文化和日本文化的共通性集中在主题省略上的部分比较明显。特别是诸如在汉语和日语中很难辨别是属于哪一种文化专属的人称代词类，或者是归化和异化同时出现的词组类，这些类别在日译汉中都有很高的出现频率。目标文本可以借助这些内容，来自归化或异化的翻译策略的选择压力要远远小于汉译日。换而言之，日译汉中日语和汉语的融合部分使得归化和异化的翻译策略混合出现，汉译日中日语和汉语背后的文化差异使得归化的翻译策略要好于异化的翻译策略。两者在面临翻译策略一致性的选择上，日译汉要承受的压力远远小于汉译日，这个也和文本本身题材有着一定的关联性。

### 8.8.6 一致性要素层面的对比

关于一致性要素层面对比，可以看出：汉译日和日译汉都有比较高的相似性，一致实现的主要要素都可以理解为文本性、语言性和译者本体性三者来决定。

这样的结果是比较宽泛地对日译汉和汉译日的主题省略进行对比后的结论。本身对于日译汉和汉译日一致性要素层面的对比，最大还是来源于

类型学上汉日两种语言的主题突出性说法。因为汉日两种语言都属于主题占据优势地位的语种，对句子本身有着其他语言所不具备的影响力和控制力。因为这样的特性，使得主题的省略成为两种语言表达中常出现的现象，也让两者在互译时比较主题省略上的一致性方面成为可能。综合而言，汉日两种语言所具备的主题突出性特征，是汉译日和日译汉取得以上多个层面一致性的语言内前提。

当然，这样的前提是宏观的，是比较宽泛的。这也是即使出现了一致性，也同时预示了不一致存在的前提。另外需要注意的是，源文本、译者、目标文本之间的关系也是取得一致性的基础。翻译是通过译者从源文本向目标文本转化的一个过程。这里面的决定要素就是这三个，然后这样的过程也是不可逆的，是约定俗成的。这样特定性的要素、不可逆的过程，也是决定汉译日和日译汉达成共性的前提。不管是日译汉，还是汉译日，都是这三个要素在起作用，都是在重复同一个过程。源文本和目标文本代表的是文本性特征，译者需要发挥的是本体性。相同的制约要素，相同的制约过程，自然容易衍生共性要素。特别是在宏观层面，比较宽泛性的层面，可以取得局部的一致。但是这样的过程，如果细化到微观，细化到比较具体的层面，自然就会产生一些特例，形成不一致的情况。这也是下面马上提到的不一致情况的根本来源。

### 8.8.7 不一致要素层面的对比

关于不一致性要素层面的对比，可以看出：汉译日和日译汉在形式方面的句子增减、句式变化和内容方面的还原内容理解这三个点上相似度比较高；而汉译日方面还有人称代词、主题及谓语动词等，日译汉方面还有省略—显现型的多用、主题属性变化等，两者差别较大。

这样的结果是上文所提到内容的具体展现。一致性的要素主要体现在宏观部分，无论是两种语言的相似性，还是整个过程的相似性，都是比较宽泛的、整体性的考虑。具体到汉译日和日译汉的部分，微观的观察就可以发现上述几个不一致要素。这个不一致要素中，日译汉和汉译日也有共性的部分，比如句子增减的问题、句式变化的问题以及还原时对内容理解的问题。汉译日也好，日译汉也罢，形式上涉及句子层面的问题很容易影响主题省略采取的类型和处理方式，所以出现共性的概率大大增加。内容方面的理解也是如此，主题的还原依靠推论的过程和推论的线索，这些都来源于上下文，而不是简单来自源文本。因为受众在读目标文本的时候，

不可能会拿源文本来对照，这是违反基本常识的东西。既然是这样，自然就要按照目标文本的行文方式和上下文内容来处理还原的内容，加上文化和历史背景上的不同，使得潜藏的内容理解时会出现各种偏差。这就是在内容上汉译日和日译汉都会出现不一致的情况的缘由。因为这部分虽然没有进行量的统计，但作为典型的例子进行定性分析，也说明两者都存在这样的问题，而且是比较突出的问题。

另外，不一致型要素层面的不一致，在日译汉和汉译日中都有不同的呈现。汉译日是多了人称代词和主题谓语动词同时省略的情况；日译汉时是省略—显现型的多用和主题属性变化的问题。虽然汉日两种语言都有人称代词，但是两者使用还是有很大的差别。因此在翻译时，因人称代词的使用差异造成的不一致就比较突出。日语始终难以具备如汉语中人称代词的使用范围和广度，翻译时自然受限，造成不一致的情况发生。主题和谓语动词同时省略也是汉译日中造成不一致的主要因素之一。源文本中因为表达的需要，会出现主题连动词一起省略掉的情况，但是翻译处理时，经常会对省略掉的主题和动词的还原出现不同的处理和解释。源文本强调的是第一视角所带来的强大表现力，目标文本强调的是第三视角所带来的相对客观的判断和叙述。这样的结果使得还原的内容很难取得与源文本的一致，成为不一致性要素的构成之一。而日译汉时，比较典型的却是省略—显现型的多用，这也是汉语在日语主题省略的处理时并没有发挥同为主题突出性语言的自身特点的一种显现方式。汉语本身具备这样的能力，也可以实现。但是相对于日语主题省略的广泛利用度，汉语还是做不到与之等同，故而采用了显现的形式。其实可以看出，即使主题显现了，内容上很大程度地还是保持了和源文本一致性的还原处理。这个其实表现出对汉语主题省略表达的不自信，当然也有作品本身风格的问题以及对读者的照顾问题。毕竟汉语的受众相对于省略掉的主题，还是对显现的主题更有亲切感和熟悉度。关于属性的变化问题，这里面其实也牵涉到了人称代词的使用问题。日语的小说中经常会出现名字或者是直接称呼类的说法，而汉语的翻译比较常用第三人称代词进行替换的做法，这也是造成属性变化的一个原因。另外，日语指示代词的问题，也容易在汉语中采用第三人称代词替代的处理方式。还有就是日语中省略的内容常常是同主题词组，汉语中也习惯采用指示代词直接替换且显现的形式。这些都加大了两者之间主题构成属性上的差异，成为不一致性要素的重要组成部分。

以上从七个方面对汉译日和日译汉的结果进行了总结，同时对这些结果所出现的原因、所能读取的代表性含义进行了考察分析。通过以上分析可以明确看出，汉译日时目标译本会根据目标文本的语言特点做出接近于自身语言特征、迎合自身语言受众的翻译改变。而与此相对的是，日译汉时，目标译本会根据源文本和目标文本的语言特点综合做出翻译的改变。更多的时候是目标译本根据源文本的语言特点甚至做出接近于源文本语言特征的翻译改变。也就是说，汉译日时，主题省略的翻译更容易受到日语的影响；日译汉时，主题省略的翻译相比受到的汉语影响，也更容易受到日语的影响。

　　如前所述，关于一致性和不一致性的出现问题，有三个要素需要考虑。第一个是文本性要素，也就是文本选择的问题；第二个是语言性要素，指的是两种语言具有的相同特性的问题；第三个是译者主体性要素，也就是同为翻译、经历同一个翻译过程的问题，这也是翻译本身的问题。这些问题，文本的选择是外在型的问题，可以改变，具有自由度；语言的共同性是语言本身的问题，可以寻找，具有可行性；翻译的过程是翻译本身的问题，可以规范，具有实操性。这三个问题成为日译汉和汉译日是否取得一致的决定性要素。这里的一致不是简单的形式上的一致性，更多的是指功能上的对等；不仅仅是表面的对等，而是更深层次的内在的对等。当外在的要素影响了内在的要素，就会出现取舍，就要做出牺牲。然而取舍的标准却不是固定的，一成不变的东西也会随着时代的变化，会随着交际的需要发生改变。这样的情况在文学作品的翻译上体现得更加明显，这也是文学翻译的创造性和时代性的需求所致。然而标准是什么，谁来制定，制定的效果如何，这个只能交给译者或者是受众来做判断了，没有好坏和优劣之分。

# 第九章　结　论

本书分别选取汉译日的两个文本 ST1 和 TT1 以及日译汉的两个文本 ST2 和 TT2，按照源文本中出现的主题省略的翻译情况，从形式上、内容上对结果型的一致性和不一致性进行了分析，从功能上、策略上对过程型的一致性进行了考察。然后对汉译日和日译汉的两个翻译过程结合各自的文本特征进行了综合的对照比较，以期找到主题省略在汉日互译上的共性和差异。分析考察的结果是翻译文本分析的一个侧面，虽然不能对整体的翻译过程做到精确而又全面的总结，但是为了解汉日互译过程中的主题省略的处理提供了分析和考察的视角，提供可行性尝试的着力点。翻译不是简单的替换或代换，所牵涉的要素比想象的要复杂得多，翻译的过程也比想象的困难。但是，如何做到作者和读者之间的隔空对话、译者和作者之间的隔空对话、译者和读者之间的隔空对话，这样的三层关系始终会左右着这一过程。作为中日之间上千年文化交流的传承方式之一，翻译始终是重要的沟通途径和传递桥梁。有了翻译，有了借鉴，就有了交流，有了进步。对日译汉和汉译日文学作品主题省略的翻译一致性考察和探索，能够为今后文学文化文明的沟通交流、传承借鉴提供新的思路和视角。

## 9.1　主题省略的汉日互译对比的结论

涉及主题省略处理方式的一致性，经过对汉译日和日译汉所进行的具体分析和考察，所得出的结论分成四个部分进行呈现：第一涉及汉译日的翻译，第二涉及日译汉的翻译，第三涉及日汉互译的对照比较，第四涉及日汉互译整体的考察分析。四个部分既涉及共性的内容，还包括差异化的要素。

### 第一部分：涉及汉译日（ST1→TT1）的翻译

1）形式上，TT1 虽和 ST1 保持了较高的一致性，但是不一致的情况比较突出，占据较高比例，特别是类型的选择对应方面。

2）内容上，TT1 虽和 ST1 保持了较高的一致性，但是出现了很多的例

外及不可忽略因素，造成不一致的比例也不低，特别是内容的理解和还原方面。

3）功能上，TT1 和 ST1 的对等层面保持比较高的是混合关联型以及直接关联型，同时词汇层面对等的占比高于其他功能对等，另外越偏向于单一型则达成的功能对等程度越高，无语篇或语用的单一型对等形式出现。

4）策略上，TT1 和 ST1 的翻译策略偏向较高的是本土型，另外使用归化的翻译策略不管是单一型还是复合型，都占据很高的比例。

5）同属主题突出性语言的汉语和日语，形式或内容上目标文本与源文本保持一致应属常态，造成不一致的原因相对多样，可归纳为形式上的句子增减、句式变化和内容上的人称代词的不对称、主题及后续动词的省略、省略还原内容的偏差等。

### 第二部分：涉及日译汉（ST2→TT2）的翻译

1）形式上，TT2 句子数量虽然和 ST2 保持了很高的一致性，但是在省略的选择对应上，不一致的情况更加突出。

2）内容上，TT2 虽和 ST2 最大限度地保持了一致性，不管是还原内容的属性还是省略的内容理解，但是不一致的情形也有一定比例的存在。

3）功能上，TT2 和 ST2 的对等层面保持比较高的是直接关联型，同时词汇层面对等的占比高于其他功能对等，另外越偏向于词汇等单一型则达成的功能对等程度越高，没有出现单一型的语篇或语用层次的对等。

4）策略上，TT2 和 ST2 的翻译策略偏向较高的是中立型，另外使用归化的翻译策略不管是单一型还是复合型，都占据很高的比例。

5）同属主题突出性语言的日汉翻译时，形式或内容上目标文本与源文本保持一致应属常态，出现不一致的原因包括形式上涉及省略—显现型的多用、句子数量减少、句式的改变，内容上涉及主题属性的翻转变化和还原内容理解差异。

### 第三部分：涉及日汉互译（ST→TT）的翻译

1）形式上，在主题省略类型的翻译选择对应方面，相对于日译汉而言，汉译日形式上的一致性具有优势；在主题省略翻译前后句子数量变化方面，相对于汉译日而言，日译汉形式上的一致性具有优势。形式上总体而言，汉译日和日译汉基本持平。

2）内容上，在主题省略内容的属性对应方面，汉译日和日译汉都保持了很高的一致性，相对于汉译日而言日译汉更具有优势；在主题省略翻译

类型的对应方面，相对于汉译日而言，日译汉内容上的一致性具有优势。内容上总体而言，日译汉比汉译日更具优势。

3）功能上，在功能对等的要素关联类型上，汉译日和日译汉在间接关联型上两者表现都不明显，旗鼓相当；但是在直接关联型上，日译汉比汉译日更加明显；而在混合关联型上，日译汉不如汉译日明显。

4）策略上，在翻译策略选择的偏向类型上，汉译日和日译汉在偏向异国型上虽然都是最少的，但是汉译日比日译汉更加明显；在偏向本土型上，汉译日比日译汉更加明显；在偏向中立型上，日译汉比汉译日更加明显。

5）各自占据优势或者比较明显的项目，日译汉有五项，汉译日有五项。涉及翻译过程中一致性时，相比汉译日，日译汉保持了更高的一致性；涉及翻译结果中的一致性，相比日译汉，汉译日所涵盖的指标更多。

### 第四部分：涉及日汉互译（ST→TT）的整体考察分析

1）从文本本身的对比出发，可以看出汉译日时偏目标文本，日译汉时偏源文本，综合而言就是无论汉译日还是日译汉都偏日语文本。

2）从形式层面的对比出发，可以看出汉译日时省略类型的一致性高、句子数量增减的一致性低，日译汉时省略类型的一致性低、句子数量增减的一致性高，两者之间正好相反。

3）从内容层面的对比出发，可以看出在省略内容属性上，日译汉的一致性要高于汉译日；在省略类型上，汉译日的一致性低，日译汉的一致性高。

4）从功能层面的对比出发，可以看出汉译日时混合关联型使用频率高、间接关联型使用频率低，而日译汉时直接关联型使用频率高、间接关联型使用频率低。最高的有区别，最低的都相同。

5）从策略层面的对比出发，可以看出汉译日时偏向本土型使用频率高、偏向异国型使用频率较低，日译汉时偏向中立型使用频率高、偏向异国型使用频率低，使用频率低的两者比较相近，但是使用频率高的不同。

6）从一致性要素层面对比出发，可以看出汉译日和日译汉都有比较高的相似性，一致实现的主要要素都可以理解为文本性、语言性和译者主体性三者之间的关系来决定。

7）从不一致性要素层面对比出发，可以看出汉译日和日译汉在形式方面的句子增减、句式变化和内容方面的还原内容理解这三个点上相似度比较高；而汉译日方面还有人称代词、主题及谓语动词等，日译汉方面还有省略—显现型的多用、主题属性变化等，两者差别较大。

通过对以上四个部分的总结和概括，在汉译日和日译汉的主题省略翻译的处理上，所呈现的最大特征就是汉译日的翻译过程偏向目标文本、日译汉的翻译过程偏向源文本。也就是说，汉日互译的过程中，来自日语的影响要远远大于来自汉语的影响。这样的结果也和主题省略在各自语言中所占据的地位有着密切的联系。虽然汉语和日语都是主题突出性语言，但是在主题省略的使用范围和使用功能来看，日语要远远大于汉语的使用，这或许是汉日互译在处理主题省略中出现偏向日语的主要原因。换而言之，语言本身特征的优势与否会决定作为翻译文本时的偏向，会决定翻译前后一致性的走向；越具有优势特征的语言越容易成为偏向的对象，越容易在翻译前后取得良好的一致性。

## 9.2　今后的课题及展望

鉴于汉译日和日译汉在主题省略处理上的共性和差异，最终得到了主题省略在日汉互译处理上所出现的偏向性结果。造成其中差异的一个不可忽略的因素，就是各自语言中对于主题省略的定位和使用习惯的问题。是否真的是这些因素成为翻译中差异的主要来源，还需要考虑诸多的问题。本书对其中的一些问题有了触及，但是至少还有以下三个方面仍然存在着继续研究和论证的必要性。

1）文本的选择性问题。首先，本次选择文本的时代问题。日译汉和汉译日虽然在作品的层次和等级上取得了一定的对等性，但是还存在着如年代、背景等方面的非对称性。其次，文学作品的体裁问题。两者之间有一定的共同性，但是也存在着如风格、语言表达等一些差异化的要素。这些要素无可否认地对主题省略的翻译使用和运用产生影响。这就需要今后的研究中，在文本的选择上要画齐标准，尽量保证同一层次。

2）样本的厚重化问题。本次调查的四部小说，两个源文本和两个目标文本，总字数已经超过了 90 万，句子也超过了 2.8 万句，应该说作为研究对象的量不算少。但是在研究主题省略的时候，这些仍旧不够。毕竟要更全面地挖掘主题省略过程中的翻译处理，需要更大规模、更多层次、更广题材的作品加入。另外，近代的、现代的，不同作家的作品，都应该涉及。甚至不仅仅是文学作品，还需要添加一些其他类的文章，比如新闻报道、说明文等书面题材类语料。这样才能更好地揭示其中的问题和规律，提供更加有力的支撑。

3）视角的多样化问题。本次的视角宏观来自一致性，微观涉及形式上、内容上、功能上和策略上，再对微观的四个部分分成了十个点进行分析。但是涉及主题省略、涉及翻译的点远远不止这些，对翻译对等的研究视角和范围也不限于此。需要建立更加科学严谨的规范、以更加系统的视角，来挖掘日汉互译中涉及主题省略的问题，这样才能够更加接近现象的本质。

本节开头部分提到的主题省略的汉日互译关联到主题省略本身在各自语言中的使用倾向问题，结合本次的研究结果，需要结合上述三个课题进行更加细致和系统的研究。翻译的内容虽然复杂，但其作为文化交流的重要桥梁之一，绝对不可以游离于语言之外。主题省略的翻译研究亦是如此，离不开各自语言中关于主题省略的本体研究。有了主题省略的语言本体研究，才能够更好地揭示翻译中所出现的各种问题，才能更好地发挥翻译在文化交流以及历史传承中的重要作用。这一点对具有悠久历史和相互借鉴过程的中日文化交流来讲，更具有价值和操作空间，希望引起更多语言研究者和翻译研究者的重视。

# 主要例文出处

1. 『伊豆の踊子』，川端康成，『川端康成集』，筑摩書房，1955

2. 《伊豆的歌女》，侍桁译，上海译文出版社，1981

3. 《伊豆的舞女》，叶渭渠译，广西师范大学出版社，2002

4. 《伊豆舞女》，蒋家义译，网络版（https://ishare.iask.sina.com.cn/f/25034495.html?w=MTY2ODAzNTAzMw==），2012

5. 《伊豆舞女》，林少华译，青岛出版社，2011

6. *The Izu Dancer*，Edward Seidensticker 译，Tuttle Publishing，1964

7. 『ノルウェイの森』，村上春樹，講談社，1987

8. 《挪威的森林》，林少华译，上海译文出版社，2001

9. 《红高粱》，莫言，解放军文艺出版社，1987

10. 『赤い高粱』，井口晃訳，岩波書店，2003

# 参考文献

## 中文及国内部分

1. 安汝磐（1984），试谈主语的承前省略[J]，北京师院学报（社会科学版）01 期，81—89。

2. 白水振、金立鑫、白莲花（2014），汉韩语主语省略的类型学分析[J]，邵阳学院学报（社会科学版）03 期，94—102。

3. 蔡艳辉（2009），浅谈日语中的主语或人称代词的省略[J]，科教文汇（中旬刊）05 期，256。

4. 曹逢甫，谢天蔚译（1995），主题在汉语中的功能研究——迈向语段分析的第一步[M]，语文出版社。

5. 曹逢甫，王静译（2005），汉语的句子与子句结构[M]，北京语言大学出版社。

6. 陈虹羽（2014），中高级阶段泰国学生汉语叙述体语篇主语省略偏误研究[J]，文学教育（中）第 7 期，121。

7. 陈楪可、许希明（2013），汉语主语省略句及其英译的对比研究[J]，现代语文（语言研究版）第 8 期，137—139。

8. 陈伟英（2006），唐诗主语省略英译补出现象——解读文化差异及意境不可译性[J]，浙江大学学报（人文社会科学版）第 6 期，177—186。

9. 陈伟英（2009），现代汉语主语省略的认知语用研究[M]，浙江大学出版社。

10. 储泽祥（1996），叙事体中施事主语省略的语用价值[J]，修辞学习 04 期，11—13。

11. 崔崟（2009），关于日语的主语省略问题[J]，日语学习与研究第 2 期，95—99。

12. 邓圆（2014），从纽马克翻译理论视野看《雪国》中主语省略现象的翻译[J]，延边党校学报第 5 期，112—114。

13. 杜玲莉（2012），中日主语省略现象对比研究[J]，乐山师范学院学报

第 9 期，56—59，83。

14. 段嫚娟（2006），汉语空位主语的所指研究[J]，安徽教育学院学报第 1 期，89—92。

15. 范冬妮（2014），日语主语省略的相关问题探究[J]，湖南科技学院学报 01 期，105—106。

16. 方　梅（1985），关于复句中分句主语省略的问题[J]，延边大学学报（社会科学版）01 期，44—54。

17. 方兴旺（2019），《红楼梦》中名词性省略的语用探析[J]文化创新比较研究 01 期，52—53。

18. 付改华（2019），日语童话语篇中的主语省略探究——以会话省略为中心[J]，北京印刷学院学报第 2 期，34—37。

19. 付改华、张定超、吴晶晶（2020），日汉对译语篇中主语隐现浅析[J]，北京印刷学院学报 05 期，116—121。

20. 高更生（1980），谈主语承前省略[J]，东岳论丛 03 期，10—13，47。

21. 关翠琼（2007），英汉主语省略现象对比分析[J]，职业时空第 22 期，86—87。

22. 郭建中（2000），当代美国翻译理论[M]，湖北教育出版社。

23. 何小幼（2018），古典诗歌中的主语省略[J]，文教资料第 15 期，35—38。

24. 华宏仪（2001），主语承主语省略探讨[J]，烟台师范学院学报（哲学社会科学版）01 期，83—89。

25. 华宏仪（2002），主语承非主语省略探讨[J]，烟台师范学院学报（哲学社会科学版）02 期，88—95。

26. 霍　婧（2016），从 PRO 和 pro 看汉语主语 NP 省略特点[J]，现代语文 05 期，122—124。

27. 黄赛赛（2016），英汉主语特征及其省略对比分析[J]，海外英语第 6 期，164—165。

28. 姜　芳（2015），透过日语无主句特征看日本文化对日语主语省略现象的影响[J]，成都理工大学学报（社会科学版）03 期，99—102。

29. 金旭东（1992），汉语主题省略与英汉互译[J]，外国语（上海外国语学院学报）第 6 期，6。

30. 金贤姬（2014），汉韩话题省略和语篇衔接性的对比分析[J]，语言学

论丛（第四十九辑）第 1 期，137—152。

31. 姜艳丽（2013b），浅议日语短评中主语省略句的汉译方法[J]，科技信息第 13 期，233—234。

32. 金东生（1984），什么是主语省略？什么是主语残缺？[J]，语文学习 04 期，12—14。

33. 李丽虹（2010），现代汉语主语 NP 省略的认知研究[J]，语文知识第 2 期，76—78。

34. 李天宇（2019），从汉英的主语不对称谈起—汉语中的逻辑动态作用[J]，北京电子科技学院学报第 1 期，80—87。

35. 李　莹（2013），从语篇功能角度对比分析《论语》中主语省略句的英译[J]，语文学刊第 12 期，34—36。

36. 刘金凤（2014），中日主语省略的对比研究[J]，山东商业职业结束学院学报第 1 期，90—92。

37. 刘　堃（2014），浅谈日语中第一、二人称主语省略的条件[J]，新经济 Z2 期，144—145。

38. 刘双喜（2015），从日语省略现象看日本社会文化对语言的影响[J]，唐山学院学报 04 期，72—74，87。

39. 刘泽军（2008），关于日语主题的省略和非省略[J]，日语学习与研究第 5 期，28—32。

40. 刘泽军（2010），有关日语口语中的主题省略——以日语口语语料库分析为中心[J]，汉字文化圈近代语言文化交流研究，南开大学出版社，231—248。

41. 刘泽军（2012a），日语主题省略的分类和原则再考察[J]，天津外国语大学学报第 4 期，24—29。

42. 刘泽军（2012b），关于日语主题省略的研究——以中国日语学习者为中心[M]，南开大学出版社。

43. 刘泽军（2013），关于日语主题非省略的考察分析[J]，日语学习与研究第 2 期，1—8。

44. 刘泽军（2016a），关于省略的日语主题的中文翻译研究[J]，语言文化学刊第 3 号，81—88。

45. 刘泽军（2016c），日语口头表达中主题省略的双关功能[J]，日语学习与研究第 5 期，68—74。

46. 刘泽军、李文平（2017a），基于语料库的现代日语同名词主题显现的考察[J]，天津外国语大学学报第 6 期，30—36，78—79。

47. 刘泽军（2017b），主题日译和话语体系构建[M]，上海交通大学出版社。

48. 卢启榜（2008），主语省略分析[J]，文学教育（下）10 期，147。

49. 卢婷婷（2011），俄汉主语省略对比分析[J]，黑龙江教育学院学报第 4 期，155—158。

50. 罗　勇（2010），浅谈日语中主语的省略[J]，黑龙江教育学院学报第 1 期，161—162。

51. 马红妹、齐璇、王挺、陈火旺（2002），汉英机译系统 ICENT 中主语省略句的处理[J]，第一届学生计算语言学研讨会论文集，227—232。

52. 马建忠（1898），马氏文通[M]，上海商务印书馆。

53. 马建忠（1998），马氏文通（重印），[M]，上海商务印书馆。

54. 聂琬瑶、王卓（2013），日语中主语省略现象的使用[J]，中外企业家第 14 期，254，256。

55. 彭开明（1999），英文省略对比与翻译[J]，四川外语学院学报第 2 期，93—96，112。

56. 彭　贞（2016），关联理论对日语主语省略的解释力[J]，集宁师范学院学报，第 6 期，77—80。

57. 秦礼君（1987），汉日主语比较[J]，日语学习与研究第 3 期，94—97。

58. 曲　磊（2015），从“关联性”的视角考察主语省略的口译策略——以第十三届中日经济研讨会为例[D]，吉林华桥外国语学院硕士论文。

59. 任永军（2010），古汉语——先秦汉语的意合语法及其发展[D]，山东师范大学博士论文。

60. 石定栩（1998），汉语主题句的特性[J]，现代外语第 2 期，40—57。

61. 石　睿（2010），浅谈日语中人称代词做主题时的省略[J]，《科技信息》第 20 期，569—570。

62. 邵小丽（2012），以《雪国》及其译本为例看汉日主语省略现象[J]，牡丹江大学学报第 10 期，103—107。

63. 沈　阳（1994），祈使句主语省略的不同类型[J]，汉语学习第 1 期，21—22。

64. 孙纪燕、夏日光（2007），英汉语篇衔接中的名词性省略对比小议[J]，

宜春学院学报第 5 期，164—167。

65. 孙艳丽（2007），谈谈日语的主语[J]，吉林师范大学学报（人文社会科学版）04 期，69—71。

66. 孙艳丽（2008），关于日语主语省略原因的考察[J]，北华大学学报（社会科学版）06 期，121—124。

67. 孙艳丽、雷隽博（2010），日语主语的若干省略现象[J]，吉林师范大学学报（人文社会科学版）02 期，69—71。

68. 唐友忠、刘锡嘉（1992），《红楼梦》主语省略艺术简析[J]，娄底师专学报（哲学社会科学版）第 1 期，40—45。

69. 王琼琼（2007），汉英主语省略对比研究[J]，科技信息第 33 期，490。

70. 王传礼（2013），日语复句中主语的省略[J]，佳木斯教育学院学报第 7 期，360—361。

71. 王凤莉、张凤杰（2013），日本凹型文化心理在日语语言中的体现——以日语多主语省略表达为例[J]，佳木斯大学社会科学学报第 3 期，138—139。

72. 王　锐（2009），英汉省略对比研究及翻译策略[J]，齐齐哈尔大学学报（哲学社会科学版）第 3 期，115—117。

73. 王茹茹（2009），从汉英主语的省略对比看国内校训的翻译[J]，宜宾学院学报第 7 期，92—94。

74. 王珊珊（2016），浅谈第二外语教学中日语主语省略问题的教授方法[J]，科教文汇（上旬刊）05 期，175—176。

75. 王维贞（2004），日语语篇中的省略分析[J]，浙江工业大学学报（社会科学版）02 期，175—179。

76. 王　怡（2011），小议翻译技巧中英汉主语省略的策略[J]，佳木斯教育学院学报第 3 期，371—372。

77. 韦　艳（2015），暗中更换主语的汉日对比研究[D]，华东师范大学硕士论文。

78. 吴添汉（1994a），古文今译中主语省略的填补[J]，中文自学指导第 8 期，5—6。

79. 吴添汉（1994b），再谈古文今译中主语省略的填补[J]，中文自学指导第 10 期，26—28。

80. 小川泰生（1997），日汉翻译时的主语省略问题[J]，汉语学习第 5 期，

47—51。

81. 谢梓飞（2019），汉日主语省略的对比研究[J]，文学教育（上）08 期，172—175。

82. 徐　莉（2015），英汉语言"主语省略"现象的跨文化对比[J]，安顺学院学报第 5 期，41—42。

83. 许　媛（2019），人称代词做主语的省略现象在日语初级阶段教学中的应用——以《（新版）中日交流标准日本语（初级）》为例[J]，文化创新比较研究 26 期，98—99。

84. 杨传鸣（2008），《红楼梦》及其英译本语篇衔接对比[D]，黑龙江大学硕士论文。

85. 杨传鸣（2010），从中西思维透析《红楼梦》及其英译本的主语省略[J]，东北农业大学学报（社会科学版）第 4 期，93—95。

86. 杨春春（2011），英汉语篇衔接中省略的对比研究[J]，南京工程学院学报（社会科学版）第 1 期，22—25。

87. 杨　丹（2013），日语主题的提示手段和省略表现[J]，吉林广播电视大学学报　第 3 期，88—90。

88. 杨丽华（2013），日语会话中人称主语的省略及相关教学建议—第一人称和第二人称主语的省略为例[J]，无锡商业职业技术学院学报 05 期，87—90。

89. 杨学淦（1998），主语省略，还是主语残缺？[J]，中学语文教学 12 期，39。

90. 姚灯镇（1994），日汉主语承前省略的比较[J]，日语学习与研究 01 期，46—52。

91. 俞敦雨（1987），主语省略的几种特殊方式[J]，逻辑与语言学习 04 期，43—45。

92. 于　爽（2012），浅析汉语的主语省略及其英译策略[J]，长春师范学院学报（人文社会科学版）第 2 期，69—72。

93. 袁宇辰、黄凤鸽（2018），《边城》及其杨译本中"主语省略"现象对比研究[J]，大众文艺第 19 期，180—183。

94. 臧　丽（2011），浅谈日汉翻译教学中的词和句子的翻译——以有引申意义的词及省略主语的句子为中心[J]，北方文学（下半月）06 期，152，157。

95. 赵　华（2018），也说《论语·宪问》"夫子固有惑志于公伯寮"的断句[J]，语言文字学术研究第 24 期，74—76，79。

96. 赵元任，丁邦新译（1980），中国语的文法增订版[M]，香港中文大学出版社。

97. 张瑞书（2015a），对汉日语中主语省略问题的逻辑思考[J]，科教文汇（上旬刊）01 期，217—218。

98. 张曙光（1991），日语人称主语的省略[J]，现代外语第 2 期，7，50—52，57。

99. 张桐赫（2009），主语省略现象的日汉对照[J]，安徽文学第 3 期，282—283。

100. 张　桃（2015），日语空主语与主语省略[J]，黑河学刊 11 期，89—90。

101. 张文国（1999），先秦汉语主语省略中的词汇手段[J]，聊城师范学院学报（哲学社会科学版）第 2 期，80—85。

102. 张豫峰（2000），"得"字句的主语[J]，语文研究第 2 期，14—19，44。

103. 郑玉和（2004），日语和汉语人称词的使用与主语隐现[J]，日语学习与研究第 2 期，34—37。

104. 郑　中（2019），字幕翻译过程中主语"我"的省略：基于视听翻译语料库的研究[J]，翻译界第 2 期，63—77。

105. 周　恩（2007），英汉语篇省略手段的对比分析[J]，外语教育 00 期，6—11。

106. 邹　虹（2011），汉语带空位主语话题句的英语翻译研究[J]，西安邮电学院学报第 4 期，154—157。

107. 朱楚宏（2008），关于主语承前省略的几个问题[J]，长江大学学报（社会科学版），第 3 期，83—85，88。

108. 朱德梅（2014），从汉日主语省略说起[J]，辽宁教育行政学院学报第 2 期，93—96。

109. 朱立霞（2013），认知语言学视角的省略研究新探索——以日、汉语为中心[J]，外语与外语教学第 3 期，16—19。

110. 朱立霞（2014），认知语言学视角下日汉小说中的省略对比研究[J]，外语教学第 2 期，25—30。

111. 朱立霞（2020），基于平行语料的日汉口语省略现象对比研究[J]，外语教学第 3 期，57—60。

**日语及日本部分。**

1. 今井敬子（1992），「ゼロ照応」の日中対照：主題化との関連で[J]，信州[1]大学教養部紀要 26，89—98。

2. 惠谷容子（2002），説明文と随筆の文章における主語の省略[J]，早稲田大学日本語教育研究（1号）101—115。

3. 惠谷容子（2004），主題の省略に関する一考察——「連続型省略」における容認度の観点から[J]，日本語教育 123，46—55。

4. 王凤莉（2007），日本語と中国語の対照研究——主語の省略をめぐって[J]，人間文化研究科年報 23，79—90。

5. 王凤莉（2009），『玄怪録・続玄怪録』における主語省略について——現代中国語との対照[J]，古代学（1）86—96。

6. 大塚純子（1995），談話主題省略と冗長さの減少について[J]，国文 83，22—33。

7. 小川泰生（1990），日中対照研究——主語の省略について—1—本論編[J]，広島大学総合科学部紀要Ｖ 言語文化研究，1—19。

8. 小川泰生（1991），日中対照研究——主語の省略について（二）資料編[J]，中国中世文学研究（20），200—215。

9. 甲斐沢とし子（1992），話しことばにおける「省略」の研究「思う」とその主語の省略について[J]，学苑 627，122—129。

10. 甲斐ますみ（1995），省略のメカニズム——談話の構造と関連性及び聞き手の推論を中心に[J]，岡山大学留学生センター紀要 3，1—18。

11. 甲斐ますみ（1997），省略にかかわる談話の構造とリンク[J]，日本語・日本文化研究 7，99—108。

12. 甲斐ますみ（1998），発話における省略とその解釈[J]，日本語教育論集世界の日本語教育 8，257—271。

13. 甲斐ますみ（1999），主題と省略[J]，日本語・日本文化研究 9，61—70。

14. 加藤晴子（2009），中国語の文頭成分[J]，東京外国語大学論集第 79号，47—63。

15. 加藤晴子（2018），日中対訳の主語の有無にみる視点の働き[J]，東京外国語大学論集第 96号，85—97。

16. 河原清志（2014），翻訳等価論の潮流と構築論からの批評[J]，日本

146

通訳翻訳学会・翻訳研究育成プロジェクト（編）『翻訳研究への招待』第 11 号，9—33。

17. 金美林（2006），「私は」が現れやすい「〜たい」の文について—格成分の種類と表現形式からの考察を中心に[J]，言語文化学研究 1，101—118。

18. 久野暲（1973），日本文法研究[M]，大修館書店。

19. 久野暲（1978），談話の文法[M]，大修館書店。

20. 小泉保編集（2001），入門語用論研究——理論と応用[M]，研究社。

21. 近藤泰弘（1993），日本語における異主語省略と能格性[J]，松村明先生喜寿記念会編『国語研究』，764—773。

22. 柴田奈津美（2013），日中対照実験からみる代名詞主語とその省略[J]，言語情報科学（11），37—53。

23. 清水佳子（1995），主題の省略と顕現からみた文連鎖の型——文類型との相関という観点からの考察[J]，待兼山論叢 29（日本学），17—30。

24. 徐　曙（2010），中文日訳における人称代名詞の省略と顕現[J]，日本言語文化研究第 14 号，64—70。

25. 砂川有里子（1990），主題の省略と非省略[J]，文芸言語研究言語篇（18），15—34。

26. 曾儀婷（2005），日本語における主題の省略・非省略について——一人称代名詞をめぐって[J]，『国際協力研究誌』第 11 巻第 1 号，175—193。

27. 曾儀婷（2006），日本語に関する主題の省略と非省略[J]，ニダバ（35），西日本言語学会，105—114。

28. 宋協毅（2018），「語り」の日本語を中国語訳する場合の諸問題[J]，東アジア日本語教育・日本文化研究 21，73—88。

29. 寺倉弘子（1986），談話における主題の省略について[J]，言語 15—2、大修館，98—105。

30. 永野賢（1986），文章論総説——文法論的考察[M]，朝倉書店。

31. 庭三郎（2014），現代日本語文法概説（ネット版）[M]，(http://www.geocities.jp/niwasaburoo/ shuyoumokuji.html)，。

32. 野田尚史（1996），『「は」と「が」』[M]，くろしお出版。

33. 架谷真知子（1991），日本語の主語と目的語の省略——学習者の習得
    過程[J]，日本語学 10—01，65—74。

34. 畠弘巳（1980），文とは何か——主題の省略とその働き[J]，日本語
    教育 41，198—208。

35. 林部英雄、雨宮朋子（1993），日本語における"談話主題"の省略に
    関する実験的研究[J]，横浜国立大学教育紀要 33，265—280。

36. 日向茂男、日比谷潤子（1988），談話の構造[M]，荒竹出版。

37. 平川八尋（1989），主題省略の再生メカニズムにおける日本人と外国
    人日本語学習者の相[J]，日本語と日本文学 11，1—8。

38. 付改華（2014a），主語省略に対するテクスト的制約要因についての
    考察[J]，Proceedings of JASFLVOL8，15—26。

39. 穆 欣（2012），日本語と中国語の主題・主格の省略について——『伊
    豆の踊子』を検討材料として[J]，教育学研究紀要 58（1），257—262。

40. 穆 欣（2013），日本語、韓国語、中国語の主題の省略について——
    川端康成『伊豆の踊子』の原文と翻訳文を検討材料として[J]，異文
    化研究 7，31—42。

41. 三上章（1959），続現代語法序説[M]，くろしお出版。

42. 三上章（1960），象は鼻が長い[M]，くろしお出版。

43. 三上章（1970），文法小論集[M]，くろしお出版。

44. 松下大三郎（1928），改選標準日本文法[M]，紀元社。

45. 宮島敦子（2015），日本語学習者の作文から考える日本語の主題／主
    語の省略[J]，東京外国語大学留学生日本語教育センター論集 41，
    185—200。

46. 宮島敦子（2016），日本語、スペイン語、英語の主語省略[J]，東京
    外国語大学留学生日本語教育センター論集（42），85—96。

47. 宮島敦子（2018），文章表現と会話における日本語の主語の省略[J]，
    東京外国語大学留学生日本語教育センター論集（44），133—146，。

48. 森本順子（2006），ト構文の主語省略について[J]，Bulletin of the Kyoto
    University of Foreign StudiesVol.67，155—173。

49. 矢野安剛 1981 談話における名詞句の省略について[J]，日本語教育
    43，日本語教育学会，89—102。

50. 楊 敏（2015），現代翻訳作品における主語の省略と顕現化につい

て——日本語原書とその中国語訳を題材に[J]，日本語教育における日中対照研究・漢字教育研究，439—454。

51. 李　萍（1995），日本語の「～てください」と「お～ください」に対応する中国語の「請」の意味と構文の特徴——主語省略文を手掛かりに[J]，広島大学教育学部紀要第 2 部 44，183—192。

52. 劉澤軍（2011a），視点の観点からみる日本語の主題の省略——中国人日本語学習者と日本人母語話者との比較を中心に[J]，神戸大学国際文化学会第 23、24 合併号，115—129。

53. 劉澤軍（2016b），省略の手掛りとその復元に関する推論からみる日本語の主題の省略–中国人日本語学習者と日本語母語話者との比較を中心に[J]，神戸大学国際文化学研究科国際文化学研究推進センター2015 年度報告書，155—166。


## 其他语种部分

1. Duck-Young Lee，Yoko Yonezawa（2007）The role of the overt expression of first and second person subject in Japanese Journal of Pragmatics[J]，Publisher: Elsevier B.V.733—767.

2. 　Hsiao Yaling，Gao Yannan，MacDonald Maryellen C（2014）Agent-patient similarity affects Sentence structure in language production: evidence from subject omissions in Mandarin.[J]，Frontiers in psychology，页码不详.

3. 金美燕（2016）日本語受動文の動作主と主語の省略について[J]，日語日文學研究 97—01，43—61।

4. Gundel，J. K.，N. Hedberg and R. Zacharski（1993）Cognitive status and the form of referring expressions in discourse [J]，Language69，2.274—307.

5. Lambrecht，K.（1994）Information Structure and Sentence Form:Topic，Focus，and the Mental

6. Representations of Discourse Referents.[M]，Cambridge. Cambridge University Press.

7. Lawrence Venuti（1995）. The translator's invisibility: A history of translation [M]，London: Routledge.

8. Li，Charles N.and Sandra A. Thompson.（1976）. Subject and topic: A new

typology of language.

9. Subject and topic[J]，ed.by Charles N.Li，New York: Academic Press. 457—
489.

10. Mira Kim，Zhi Huang（2012）Theme Choices in Translation and Target
Readers' Reactions to Different Theme Choices [J]，T&I Review VOL2，
79—111.

11. Mona Baker（1992）In Other Words: A Coursebook on Translation［M］，
外语教学与研究出版社，劳特里奇出版社.

12. T. Givón（1983）Topic continuity in discourse:a quantitative cross-language
study [M]，Amsterdam ; Philadelphia: J. Benjamins Pub Co.

13. Eugene A. Nida（1964）Toward a science of translation[M]，Leiden: Brill.

14. Halliday，M. A. K. and Hasan，R.（1976）. Cohesion in English[M]，
London: Longman.

15. Jan De Waard，Eugene A. Nida（1986）From One Language to Another:
Functional Equivalence in Bible Translation[M]，Thomas Nelson Inc.

**（数据截止到 2020 年 8 月）**

# 附录 1

## 《红高粱》及井口晃译本『赤い高粱』的数据简版对照

| 中文原文 | 中文主题 | 日文主题 | 日文原文 |
|---|---|---|---|
| （φ王文义）脸上表情（φ我们）不知是哭还是笑。 | 省略 | 省略 | （φわれわれは）その顔は泣いているのか笑っているのか分からなかった。 |
| （φ父亲他们）拐进高粱地后，雾更显凝滞，质量加大，流动感少，在人的身体与人负载的物体碰撞高粱秸秆后，随着高粱嚓嚓啦啦的幽怨鸣声，一大滴一大滴的沉重水珠扑簌簌落下。 | 省略 | 显现+无主题 | （φ父たちは／φ父たちが？？）高粱畑の裏手へ回り込むと、霧は一層淀んで、量を増やし、流動感を失った。人の身体と人が背負っている物体が高粱の茎にぶつかり、高粱がざわざわとうらみの声を上げるにつれて、重い大粒の水滴がボトボトと落ちる。 |
| 关于他与我奶奶之间是否有染，（φ我）现已无法查清。 | 省略 | 省略 | 彼と私の祖母との間に肉体関係があったかどうか、（φ私は）今となって確かめようもない。 |
| （φ罗汉大爷）头上的血痂遭阳光晒着，干硬干硬地痛。 | 省略 | 省略 | （φ羅漢大爺は）頭のかさぶたが日にさらされてずきずきと痛む。 |
| （φ罗汉大爷）手上血肉模糊。 | 省略 | 省略 | （φ羅漢大爺は）手は血まみれだ。 |
| （φ罗汉大爷）下巴上的骨头受了伤，口水不断流出来。 | 省略 | 省略 | （φ羅漢大爺は）下顎の骨が傷ついて、涎がだらだらと流れ出る。 |
| （φ大爷）梦中觉得头上扎着尖刀，手里握着烙铁。 | 省略 | 省略 | （φ大爺は）夢の中で頭を鋭い刃物で刺され、手に焼き鏝を握らされたような気がした。 |
| （φ大爷）醒来，遍体汗湿，裤子尿得湿漉漉的。 | 省略 | 显现 | （φ大爺は）眼を覚ますと、ぐっしょりと汗をかき、ズボンは小便でぐしょ濡れになっている。 |
| （φ黑骡）吭隆一声倒下，像倒了一堵厚墙壁。 | 省略 | 省略 | （φ騾馬は）分厚い壁が倒れるようにどっと音を立てて倒れた。 |

| 中文原文 | 中文主题 | 日文主题 | 日文原文 |
|---|---|---|---|
| （φ两支枪）一支大，一支小。 | 省略 | 省略 | （φ二丁拳銃は）大きいのと、小さいの。 |
| （φ野鸭子）盘旋三个圈，大部分斜刺里扑到河滩的草丛中，小部分落到河里，随着河水漂流。 | 省略 | 显现+显现 | 鴨の群れは三度旋回して、ほとんどが浅瀬の草村へ斜めに突っ込んでいった。残りは川の中へ降り立って、流れに身を任せている。 |
| （φ父亲泪水没有流下来的情况）就像去年那天一样。 | 省略 | 省略 | （φ父の目が涙で霞んだが流れ出るほどの量ではなかったということは）去年のある日と同じだ。 |
| （φ另一头骡子）两个时开时合的鼻孔里，吹出口哨一样的响声。 | 省略 | 省略 | （φもう一頭の騾馬は）開いたり閉じたりする鼻の孔が、口笛のような音をたてた。 |
| （φ罗汉大爷）造了一个拱桥形状，又双膝跪地，双手按地，竖起了头。 | 省略 | 省略 | （φ羅漢大爺は）太鼓橋の形になり、跪き、両手を地について頭をもたげた。 |
| 司令一声令下，（φ队员们）就应声爬起，有的坐在河堤上，嚓嚓地打火吸烟，有的站在河堤上，往堤下撒尿。 | 省略 | 省略 | （φとっくにくたびれていた隊員たちは）土手に腰をおろして煙草に火をつける者、土手の下へ向かって思い切り放尿する者。 |
| （φ花轿）不知装过了多少个必定成为死尸的新娘。 | 省略 | 省略+无主题 | （φ興は）まるで棺桶のようだ。どれだけの数の花嫁が死の定めを背負って、この興に乗せられたかしれなかった。 |
| （φ奶奶想）与其那样，还不如一死了之。 | 省略 | 省略 | （φ祖母は～～と思った）そんなことなら、いっそ死んだほうがましだ。 |
| 临上轿前，曾外祖母反复叮咛过她，在路上，（φ你）千万不要跟轿夫们磨牙斗嘴。 | 省略 | 显现+省略 | 興に乗り込むとき、彼女は、曽祖母に幾度も言い含められていたのだ。途中、（φあなたは）人足たちとは口をきいてはいけない。 |
| （φ那人）腰带里别着一件用红绸布包起的鼓鼓囊囊的东西。 | 省略 | 省略 | （φあの人は）腰帯には、赤い絹の布に包まれてふくらんだ物がさしてあった。 |
| （φ奶奶）右眼看着吃扦饼的人，左眼看着轿夫和吹鼓手。 | 省略 | 显现 | 祖母は右の目で盗賊を、左の目で人足と楽手たちを見た。 |

152

| 中文原文 | 中文主题 | 日文主题 | 日文原文 |
|---|---|---|---|
| （φ雨点）打在奶奶的绣花鞋上，打在余占鳌的头上，斜射到奶奶的脸上。 | 省略 | 显现 | 雨は祖母の花模様の靴と余占鳌の頭をたたき、横なぐりに祖母の顔に吹きつけた。 |
| （φ余司令）接着便双漆跪地，说："叔，占鳌永远不忘你的养育之恩，你死之后，我给你披麻戴孝，逢年过节，我给你祭扫坟墓。" | 省略 | 省略+无主题 | （φ余司令は）すぐに両膝で地べたに跪いた。「叔父貴、この占鳌、育ての恩は決して忘れるもんじゃねえ。あんたが死んだら、おれは喪に服する。先祖の祭りの日には、ちゃんと墓参りもさせてもらおう。」 |
| 他的脸上只剩下一张完好无缺的嘴，（φ他）脑盖飞了，脑浆糊满双耳，一只眼球被震到眶外，像粒大葡萄，挂在耳朵旁。 | 省略 | 省略+省略+省略 | （φ余大牙は）顔で無傷なのは口だけ。（φ余大牙は）頭蓋は吹っとび、脑浆が二つの耳にべったりとついている。（φ余大牙は）片目が眼窩から飛び出して、大粒の葡萄のように耳のそばにぶらさがっていた。 |
| （φ所有的忧虑、痛苦、紧张、沮丧）在黑土上扎根开花，结出酸涩的果实，让下一代又一代承受。 | 省略 | 省略 | （φあらゆる憂い、苦しみ、緊張や落胆は）黒土に根をおろして花を咲かせ、すっぱい実を結んでつぎの世代へと受け継がれていく。 |
| （φ中间那辆流大米的汽车）在桥上吭吭怪叫，车轮子团团旋转。 | 省略 | 显现 | 橋の上でゴンゴンとおかしな音をたてながら車輪を回転させている。 |
| 奶奶想起那阵儿他的脸离着自己那么近，（φ他）那两片像蚌壳一样坚硬的嘴唇是怎样钳住了自己的嘴唇。 | 省略 | 显现+省略 | 祖母は、あのとき目の前に近づいた男の顔を思い出した。（φあの人は）からす貝のように硬い唇が、彼女の唇を本当に強く締め付けた。 |
| （φ奶奶的记忆）还有那个头梳小辫子的老头儿，那一串挂在他腰带上的黄澄澄的铜钥匙。 | 省略 | 省略 | （φ祖母の記憶は）そしてあのちっぽけな弁髪を結った老人と、老人が腰帯にさげていた黄色鍵の束。 |
| （φ人们风传）说得有鼻子有眼哩。 | 省略 | 显现 | 噂は、まるで見てきたように語られた。 |

| 中文原文 | 中文主题 | 日文主题 | 日文原文 |
|---|---|---|---|
| （φ人们风传）说倩儿去赶集，听到路口有小孩哭，过去一看是个婴儿襁褓，抖擞开一看，襁褓里一个赤红的男孩，还有一张纸条，那纸条上写着：爹十八，娘十八，月亮正晌参正西，生了个孩子叫路喜。爹已娶了西村大脚张二姐，娘就要嫁给东村疤眼子。忍痛抛掉亲骨肉，爹搌鼻涕嗤嗤嗤，娘抹眼泪唏唏唏，堵着嘴巴不敢哭，怕被路上行人知。路喜路喜路上喜，谁家捡着谁家儿。包上绫罗一丈一，送上大洋整二十，求告好心行路人，救条性命积阴骘。 | 省略 | 显现+无主题+无主题+无主题+显现+省略+显现+省略+显现+显现+无主题 | 倩児は町の市へいく途中、ある街角で小さな子供の泣き声を聞いた。近づいてみると赤ん坊のむつきがあった。むつきを広げてみると、なかにはまっ赤な男の子がいて、一枚の紙きれがそえてあった。その紙切れには、こう書いてあった。父は十八歳、母は十七歳。（φ父母は）月生中し参宿〔からすき星〕正西するとき一児を産み、路喜と命名する。父はすでに西村の大足女張二姐を娶り、母は東村の疤眼子〔まぶたにかさぶたにあとのある男〕に嫁する定めあり。（φ父母は）痛みに耐えて血をわけし骨血を捨つ。父母は悲しめど、道行く人に気づかれてはならじと、口を閉じ泣きもならず。そもそも路喜とは路傍の喜びの意、拾われし家の子となるべし。ここに絹反物一丈一尺、銀貨二十枚をそえ、心ある道ゆく人が子の命が救い、陰徳を積まれんことをこい願うものなり。 |
| 一个日本兵的上半身趴在车栏杆上，（φ日本兵）头上的钢盔脱落，挂在脖子上。 | 省略 | 省略 | 日本兵が一人、上半身を車の手すりにもたれていた。（φ日本兵は）鉄かぶとが脱げて頭にぶら下がり、 |
| （φ父亲）爬上河堤，父亲大声喊："爹！" | 省略 | 显现+省略（+动词） | 土手を這いのぼって、父は大声で叫んだ。（φ父は叫んだ）「お父さん！」 |
| （φ爷爷）还能感到从他的鼻孔里，喷出焦灼干燥的气息。 | 省略 | 省略 | （φ祖父は~~感じていた）まだかれの鼻から灼けるような息が噴き出ていた。 |
| （φ爷爷）抬头看时，见远处的河堤上，蜿蜒着一条火的长龙。 | 省略 | 无主题 | （φ祖父は／が？？？）顔を上げてみると、遠くの土手に長い竜のような火の行列がつづいていた。 |

| 中文原文 | 中文主题 | 日文主题 | 日文原文 |
|---|---|---|---|
| （φ他）直睡到红日西沉，睁眼先见到高粱叶茎上、高粱穗子上，都涂了一层厚厚的紫红。 | 省略 | 无主题 | （φかれは／が？？）日が西に沈むころまで眠って目を開けると、高粱の葉や穂がみんなこってりと紫色に染みまっていた。 |
| （φ他）手不慎碰到肚皮，又觉腹中饥饿难忍。 | 省略 | 省略 | （φかれは）手が腹の皮に触れて、今度が耐え難い空腹を感じた。 |
| （φ他）想到此，迎着那阳光，徜徉西行，见落日上方彤云膨胀，如牡丹芍药开放，云团上俱镶着灼目金边，鲜明得可怕。 | 省略 | 显现+省略+省略+无主题 | かれはそう考えたのだ。夕日に向かって、（φかれは）のんびりと西へ行くと、落日の上であかね雲がふくれあがる。（φあかね雲は）まるで咲きほこる牡丹か芍薬のようだ。雲のかたまりをふちどるまぶしい金色が、おそろしくはっきりと見えた。 |
| （φ他）西走一阵，又往北走，直奔我奶奶的名义丈夫单扁郎的村庄。 | 省略 | 省略 | （φかれは）まず西へ、次に北へ向かって、祖母の名義上の夫単扁郎がいる村をめざす。 |
| （φ草屋）外边有两张腿歪面裂的八仙桌子，桌旁胡乱摉着几条狭窄的木凳。 | 省略 | 省略 | （φあばら屋は）外側にはがたびしの八仙卓があり、そばに狭い腰掛けが乱雑に置いてあった。 |
| （φ草屋）泥巴柜台上放着一只青釉酒坛，酒提儿挂在坛沿上。 | 省略 | 省略 | （φあばら屋は）泥の勘定台には青磁の酒甕が一つ置いてあり、甕のふちに酒を汲むための長柄の杓子がかかっていた。 |
| （φ草屋）大炕上半仰着一个胖大的老头。 | 省略 | 省略 | （φあばら屋は）オンドルの上でふとった老人が一人、あお向き加減に寝ころんでいた。 |
| （φ那些原因）概而言之，大概有三：一，他受文化道德的制约，认为为匪为寇，是违反天理。他对官府还有相当程度的迷信，对通过"正当"途径争取财富和女人还没有完全丧失信心。 | 省略 | 省略+显现+显现+省略 | （φそのわけは）おおまかに言えば、つぎの三つにまとめられるだろう。第一に、かれは文化、道徳に縛られて、盗賊はやはり賊だ、天理に背くと考えていた。かれはまだお上をかなり盲目的に信じていた。（φかれは）「正しい」手段でもって富や女をかち取れるのではないか、とまだいくらか信じていたのだ。 |
| （φ单家）东院是烧酒作坊；西院是主人住处。 | 省略 | 省略 | （φ单家の母家は）東半分は焼酎の酒造小屋、西半分は主人の住居だ。 |

| 中文原文 | 中文主题 | 日文主题 | 日文原文 |
|---|---|---|---|
| （φ单家）西院里有三间西厢房。 | 省略 | 省略 | （φ单家の母家は）西庭には間口三間の西屋がある。 |
| （φ单家）东院里有三间东厢房，住着烧酒伙计。 | 省略 | 省略 | （φ单家の母家は）東庭には三間の東屋があり、そこには杜氏たちが住んでいる。 |
| （φ单家）东院里还搭着一个大厦棚，厦棚里安着大石磨，养着两匹大黑骡子。 | 省略 | 省略 | （φ单家の母家は）他に大きな下屋がはりだしてあって大きな石臼が置いてあり、二頭の大きな黒騾馬がいる。 |
| （φ单家）东院还有三间南屋，开着一个冲南的小门，屋里卖酒。 | 省略 | 省略 | （φ单家の母家は）東庭にはなお間口三間の南屋があり、南向きにくぐり戸がついていて酒売り場になっていた。 |
| （φ余占鳌）一进屋就感到潮气逼人，他的头发根子一齐爹起来。 | 省略 | 省略 | （φ余占鰲は）入ったとたんにぞっとするような湿気に襲われて、頭の髪がいっせいに立ち上がった。 |
| （φ天空）透出一片熹微的黎明之光。 | 省略 | 无主题 | 弱弱しい夜明けの光が洩れていた。 |
| （φ他）看了很久。 | 省略 | 省略 | （φかれは）じっと眺めた。 |
| （φ溪边）栽着一片梨树，梨花正开放。 | 省略 | 无主题 | 満開の花を咲かせた梨の木の林があった。 |
| （φ大家）始终不见新郎的踪影。 | 省略 | 显现 | 新郎もついに姿を見せなかった。 |
| 何况（φ我）已经对那小女子许下了愿，何况已经杀掉了儿子，留着爹不杀，反而使这个爹看着儿子的尸体难过，索性一不作，二不休，扳倒葫芦流光油，为那小女子开创一个新世界。 | 省略 | 显现+省略+省略+省略 | しかも俺はあの娘に約束した。（φ俺は）单家の息子も殺してしまった。（φ俺は）父親を生かしておいても、息子の死骸を見て悲しませることになるだけだ。（φ俺は）毒食わば皿まで、いっそやるだけやって、あの娘っ子に新しい世界をきり開いてやろう。 |
| 因用力过猛，（φ他）连剑柄都攮进了老头的胸膛里。 | 省略 | 省略 | （φかれは）あまり力をいれすぎたせいで、短刀は柄まで老人の胸に突き刺さってしまった。 |
| （φ庄长单五猴子）却被私卖大烟土的女人"小白羊"紧紧搂住不放。 | 省略 | 无主题 | 阿片密売屋の女「小白羊」が（φ村長の单五猴子を）抱きしめて放さない。 |

| 中文原文 | 中文主题 | 日文主题 | 日文原文 |
|---|---|---|---|
| （φ黑骡）联贯起来，四个蹄子擂鼓般打着地，节奏分明过度，看去竟似杂乱无章。 | 省略 | 省略 | （φ驟馬は）その動きが連なって、四つの蹄が太鼓をたたくように地面を打つのだが、あまりにもリスミカルなので、意外と無秩序に見えてしまう。 |
| 千头攒动，遮挡视线，（φ罗汉大爷）看不到人圈里的节目。 | 省略 | 无主题+省略 | たくさんの頭がうごめいて、視線をさえぎる。（φ羅漢大爺は）人ごみのなかの演し物は見えない。 |
| （φ他）斗笠绳用翠绿的玻璃珠儿串就。 | 省略 | 省略 | （φ男は）笠の紐には緑のガラス玉が数珠つなぎにしてあった。 |
| （φ他）脖子上扎着一条黑绸子。 | 省略 | 省略 | （φ男は）首には黒い絹のリボンを結んでいる。 |
| （φ县府的人）在大堂上点着蜡烛东扯西聊。 | 省略 | 无主题 | 役所の正庁舎には蠟燭がともされ、役人たちががやがやと喋りながら、 |
| （φ县长）叫来了庄长单五猴子集合起众百姓。 | 省略 | 省略 | （φ県長は）村長の単五猴子を呼んで村の者を集めさせ、 |
| （φ县长）组织打捞尸首。 | 省略 | 省略 | （φ県長は）死骸の引きあげ作業を組織した。 |
| 然后（φ伙计们）墙上刷石灰，门窗上油漆，炕上铺新草，换新席，搞了个新天新地新世界。 | 省略 | 省略 | （φ杜氏たちは）それから壁にしっくいを塗り、戸や窓を塗りかえ、オンドルに新しいわらを敷き、アンペラを取り替えて、天地ともに新たな世界をつくりあげたのだった。 |
| （φ奶奶）回到家上了炕，面对着窗棂上新糊的白纸，操起了剪刀铰窗花。 | 省略 | 显现 | 家に帰ってオンドルにあがると、彼女は新しく貼り替えられた格子窓の白い紙に向かい、上手に鋏を使って窓に貼るきり紙をきりはじめた。 |
| （φ奶奶）心中忽然如电闪雷鸣般骚乱。 | 省略 | 显现 | 祖母の胸はいきなり稲妻か雷鳴のように騒ぎたった。 |
| （φ奶奶）身在炕上，一颗心早飞出窗棂，在海一样的高粱上空像鸽子一样翱翔…… | 省略 | 省略 | （φ祖母は）心はオンドルの上の肉体を離れて、窓の格子から飛び出して、海のように広がる高粱の上空を鳩のように飛翔した・・・・・・ |

| 中文原文 | 中文主题 | 日文主题 | 日文原文 |
|---|---|---|---|
| （φ奶奶）略略长成，又遵从父母之命，媒妁之言，匆忙出嫁。 | 省略 | 省略 | （φ祖母は）やっと年ごろの娘になったばかりで、もう両親の言いつけ、仲人の言葉に従って、あたふたと嫁にきたのだった。 |
| （φ奶奶）十几日来，千颠万倒，风吹转篷，雨打漂萍，满池破荷叶，一对鸳鸯红。 | 省略 | 显现 | この十数日、祖母は幾度もすさまじい変化にめぐりあい、その嵐のなかで一人の男と結ばれた。 |
| （φ一个老头子）弯腰，双手搀扶着我爷爷的胳膊，说："余司令，起来，起来，起来。" | 省略 | 无主题+省略（+动词） | 腰をかがめ、両手で祖父の腕をかかえた。（φ一人の老人は言った）「余司令、さあ、さあ、立ちなされ」 |
| （φ老人）吩咐一些人，赶回去捆扎火把送来，准备连夜埋葬。 | 省略 | 显现 | 今夜じゅうに埋葬するから村へ帰って松明をとってこい、と幾人かの男に言いつけた。 |
| （φ这一切）恰似一声爆炸之后，四溅的弹片划破宁静的空气。 | 省略 | 显现 | それは砲弾が爆発して、あたりに飛び散るだんぺん弾片がしずかな空気をきり裂くのに似ていた。 |
| （φ爷爷）又叫来两个粗野汉子，把那些玩意儿，是谁的就塞进谁嘴里。 | 省略 | 省略 | （φ祖父は）二人のあらくれ男を呼びつけ、そいつをそれぞれの持ち主の口につっこませた。 |
| （φ她）今天这样对待自己，也许正是为了掩人耳目。 | 省略 | 省略 | （φ彼女は）今日自分にこんな扱いをするのも、人の注意をひかぬためだろう。 |
| （φ余占鳌）见那个熟悉的老头儿正坐在柜台拨拉算盘子。 | 省略 | 显现 | あの顔なじみの老人帳場にすわって算盤をはじいていた。 |
| （φ伙计们）打够了，又解开他的腰带，把他的头按到裤裆里去，反剪了手，推倒在地。 | 省略 | 省略 | （φ杜氏たちは）それがすむと、かれの腰帯をト解いて頭をズボンの腰の部分に押し込み、後ろ手に縛り上げて地面に押し倒した。 |
| （φ伙计们）却见他晃晃悠悠奔向酒缸。 | 省略 | 显现 | だが、かれはふらふらと酒甕にかけよると、 |
| （φ他）抄铁瓢舀着酒，一阵狂喝乱饮。 | 省略 | 显现 | 鉄びしゃくですくった酒を狂ったように飲みちらし、 |

| 中文原文 | 中文主题 | 日文主题 | 日文原文 |
|---|---|---|---|
| （φ罗汉大爷）递给我奶奶，说："掌柜的，尝尝酒吧。" | 省略 | 省略+省略（+动词） | （φ羅漢大爺は）祖母に手渡した。（φ羅漢大爺は言った）「女将さん、飲んでごらんなさい」 |
| （φ余占鳌）解开裤子，对着一个酒篓撒尿。 | 省略 | 省略 | （φ余占鰲は）ズボンをゆるめて酒籠の一つに放尿した。 |
| （φ罗汉大爷和众伙计）一个个毕恭毕敬地成了我爷爷手下的顺民。 | 省略 | 无主题 | そして、誰もがうやうやしく祖父の従順な臣民となってしまった。 |
| （φ曹县长）一看这状子又牵扯那桩杀人命案，不由得汗从腋下流出。 | 省略 | 无主题+省略 | （φ曹県長は／曹県長が？？）訴状を見るとまた例の殺人事件と関わりがある。（φ曹県長は）思わず腋の下から汗が流れた。 |
| （φ外曾祖父）走出县城不远，听到背后马蹄响，回头一看，见有人骑着曹县长那匹小黑马追了上来。 | 省略 | 省略+省略 | （φ曽祖父は）県城を出てまだいくらも行かぬうちに、後ろから馬の蹄の音が聞こえてきた。（φ曽祖父は）見ると、誰かが県長の黒馬に乗って追ってくる。 |
| （φ站岗兵士）被奶奶啐了一脸唾沫。 | 省略 | 省略 | （φ歩哨は）顔じゅうに祖母の唾を浴びせられた。 |
| （φ花脖子帮里人）上午绑走的人，下午传过话来，让烧酒锅上拿一千块大洋去赎活人。 | 省略 | 显现 | 祖母は昼前に誘拐され、昼過ぎにはもう伝言が伝えられた。酒造小屋は一千元の身代金を出せ、 |
| （φ烧酒锅上）舍不得花钱就到李崮庄村东头土地庙前抬死人。 | 省略 | 省略 | （φ酒造小屋は）金が惜しければ李崮荘村の東のはずれにある土地神の廟の前で死人を受け取りにこい、というのだ。 |
| （φ我爷爷）让罗汉大爷备上骡子驮着送到接头地点。 | 省略 | 省略 | （φ祖父は）連絡所へ運ぶ騾馬を羅漢大爺に準備させた。 |
| （φ爷爷）关上堂屋门。 | 省略 | 省略 | （φ祖父は）母屋の入口を締めきって、 |
| （φ爷爷）关上房门。 | 省略 | 省略 | （φ祖父は）部屋の戸を締めきって、 |
| （φ爷爷）与我奶奶抱成一团。 | 省略 | 省略 | （φ祖父は）祖母と抱きあった。 |

| 中文原文 | 中文主题 | 日文主题 | 日文原文 |
|---|---|---|---|
| （φ爷爷）汗流光了，身体上流出一层松油般的黏液，热辣辣地灼着皮肤。 | 省略 | 省略 | （φ祖父は）汗は涸れ、身体には松脂のような粘液が流れだして、ひりひりと肌を灼く。 |
| 他的头一会儿露上来，一会儿沉下去，（φ他）双手扑楞着，好象捞着根稻草也要抓的样子。 | 省略 | 省略 | （φ祖父は）頭は浮かんだり沈んだり、両手をばたつかせて、わらでもいいからつかみたいような様子だ。 |
| （φ日本兵）骨头刺出衣袖的一瞬间没有血，骨刺白瘆瘆的，散着阴森森的坟墓气息，但很快就有一股股的艳红的血从伤口处流出来，血流得不均匀，时粗时细，时疾时缓，基本上像一串串连续出现又连续消失的鲜艳的红樱桃。 | 省略 | 省略+省略+省略 | （φ日本兵は）骨が服の袖から突き出た瞬間には、出血はなかった。（φ日本兵は）とがった骨は白っぽく、陰気な墓場の匂いを放っていたが、たちまち傷口から赤い血がつぎつぎに流れ出た。（φ日本兵は）血は太くなったり細くなったり、速くなったりのろくなったりしながら流れたが、とにかくつぎつぎにあらわれては消える色鮮やかな赤い桜桃のようだった。 |
| （φ爷爷）然后猛力捣了一拳，老头脸上腻腻地响了一声，仰面朝天摔在地上。 | 省略 | 省略+显现 | それから、（φ祖父は）老人に力いっぱい拳固をくらわせた。老人の顔がずぶりとねばっこい音をたて、老人はあおのいて地下手に投げ飛ばされた。 |
| （φ她的父亲和母亲把她和弟弟）提到没有阴沉的花颈蛇和黑瘦的癞蛤蟆的世界里。 | 省略 | 省略 | （φ父さんと母さんは）陰気なまだら蛇や黒く爽せたがま蛙のいない世界へひっぱりあげてくれるのだろうか。 |
| （φ她）临近天亮时，肠胃仿佛凝成一团，除了一种紧缩的痛疼外，别的也就没有了。 | 省略 | 省略 | （φ彼女は）明け方には、胃と腸がひとつに凝りかたまったようになり、しぼるような痛みのほかはなにも感じなくなった。 |
| 瞎子的脸痛苦地抽搐着，嘴巴嚅动着，（φ瞎子）好象咀嚼着什么东西。 | 省略 | 无主题+省略 | 盲人が顔を苦しげにひきつらせ、口をひくひくと動かしている。（φ盲人は）まるでなにかを咀嚼しているみたいだ。 |
| （φ爷爷）犹豫半天，又扔过去一支"三八"式盖子枪。 | 省略 | 省略 | （φ祖父は）そして、だいぶためらってから「三八」式歩兵銃を一丁なげてやった。 |

160

| 中文原文 | 中文主题 | 日文主题 | 日文原文 |
|---|---|---|---|
| （φ那里是）爷爷、父亲、母亲与我家的黑狗、红狗、绿狗率领着的狗队英勇斗争过的地方。 | 省略 | 显现 | 場所は祖父と父と母が、わが家の黒犬、赤犬、緑の犬の率いる犬の部隊と勇ましく闘ったところ。 |
| （φ蓝狗）结结实实的爪子把一汪汪混浊的雨水踩得呱唧呱唧响。 | 省略 | 省略 | （φ青犬は）たくましい足が濁った水たまりを踏んでパシャパシャと音をたてた。 |
| （φ我）跟跟跄跄往回走。 | 省略 | 省略 | （φ私は）よろめきながらもどろうとすると、 |
| （φ它）也许是狼与狗杂交的产物。 | 省略 | 省略 | （φそれは）あるいは狼と犬の雑交の産物だったのかもしれない。 |
| （φ爷爷）把我小舅舅的尸体绞出井。 | 省略 | 省略 | （φ祖父は）わたしの小さな叔父の遺体も引き上げた。 |
| （φ它们）是对奴役了它们漫长岁月的统治者进行疯狂报复。 | 省略 | 省略 | （φ自分たちは）自分たちを長い歳月にわたって奴隷としてきた支配者に狂気の報復をおこなっているのだと、なんとなく感じていたことであった。 |
| 它的头在水面上揿了揿，（φ它）便沉下去。 | 省略 | 省略 | （φ黒犬は）黒い布頭が一二度水の上に突き出て、沈んでいく。 |
| （φ村子里）只剩下父亲、母亲、王光、德治。 | 省略 | 显现 | 残ったのは父と母、王光と徳治だけだ。 |
| 治完了下边的伤，（φ张先生）又治脸上的伤。 | 省略 | 省略 | 下の方の傷の手当が済むと、（φ張辛一は）今度は顔の傷の手当てをした。 |
| 骑骡郎中的身体突然筛糠般地颤栗起来，（φ骑驴郎中）翘起的下巴得得地上跳着，没被鼻血濡染的地方露出了烂银般的光泽。 | 省略 | 无主题+省略 | 旅医者の体が、ふるいで糠をふるうように震え始めた。（φ旅医者は）しゃくれた顎が飛び上がり、鼻血に濡れてないところに光沢が現れた。 |
| （φ他知道）这一台戏砸了！ | 省略 | 显现 | この芝居はめちゃめちゃだ。 |
| （φ爷爷和队员们）沉默三分钟。 | 省略 | 无主题 | 三分の間、沈黙が続けた。 |
| （φ墓穴）只剩下最后一层高粱秆子了，父亲想尽快见到奶奶的面容又怕见到奶奶的面容。 | 省略 | 省略+显现 | （φ穴は）最後の茎を残すだけになった。父は、祖母の顔を見たいと思い、見るのが怖かった。 |

161

| 中文原文 | 中文主题 | 日文主题 | 日文原文 |
|---|---|---|---|
| 这张脸上打着鲜明的土八路的印记，（φ他们）是胶高大队！ | 省略 | 无主题+省略 | 八路の印が刻まれた。（φその男は）膠高大隊。 |
| （φ他们是）江小脚的人！ | 省略 | 省略 | （φその男は）江小脚の配下だ。 |
| （φ他们是）土八路！ | 省略 | 省略 | （φかれらは）八路ども。 |
| （φ这）是一个二十多岁的、挽着小髻儿的年轻妇女的嘴，鲜艳的红唇，洁白的玉齿，丰满的下巴，都是构成一个女人美貌的重要因素。 | 省略 | 省略+显现 | （φもぐりこんだのは）髻を結った若い女の口。唇、歯、下顎、美貌を形作る要素だ。 |
| （φ父亲腚上）血糊糊一片，像被疯狗撕了一口。 | 省略 | 显现 | 尻は血まみれ、犬に嚙まれたようだった。 |
| （φ吃的狗肉）是肥胖的狗肉。 | 省略 | 省略 | （φ食べた肉は）よく肥えた犬の肉。 |
| （φ这个传说）也许一万次中能碰上一两次吧。 | 省略 | 显现 | 一万回に一度くらいは、出くわすことがある。 |
| （φ父亲）脸上感到了雁翅扇出来的凉风。 | 省略 | 无主题 | 羽ばたきが風が当たった。 |
| （φ父亲）第二天拿了枪去，片刻功夫就打了三只雁，拿回来撕净了羽毛，扒出了肚肠，下锅煮了。 | 省略 | 省略 | （φ父は）あくる日は三羽をしとめ、腸を抜き取って鍋で煮た。 |
| （φ爱情）如此循环往复，以至不息。 | 省略 | 省略 | （φ愛は）こんなめぐりが続くのだ。 |
| （φ爷爷）耸身上墙，跳进院落。 | 省略 | 省略 | （φ祖父は）塀の上に乗り出して、庭へ飛び込んだ。 |
| （φ黑眼）对那会员示意。 | 省略 | 省略 | （φ黒眼は）その会員に合図した。 |
| 匣子枪够不上了，（φ爷爷他们）又捡起伪军扔下的步枪打。 | 省略 | 无主题 | 銃が届かなくと今度は傀儡が銃を拾って撃った。 |
| 爷爷回过头，看见花花肠子涂在地上的黑眼像青蛙一样伏着，（φ黑眼）大黑眼珠子一眨巴、一眨巴、又一眨巴，两滴金黄色的眼泪挂在他的眼睑上。 | 省略 | 无主题+省略 | 黒眼が腹ばっていた。（φ黒眼は）目玉が瞬いた。その目には、涙が浮かんだ。 |
| （φ绷带）像一截肠衣样挂在脚腕上，那处被爷爷打出的伤口上还在流着一丝丝的黑血。 | 省略 | 省略 | （φ包帯は）踝にかかって、傷口から黒い血が筋になって流れた。 |

| 中文原文 | 中文主题 | 日文主题 | 日文原文 |
|---|---|---|---|
| （φ在柳树皮上摩擦）直擦得额头发绿，瘀迹尚存。 | 省略 | 显现 | 額が擦ったが、跡は残っている。 |
| 这么多的浮萍！一个精瘦的像鹭鸶的冷支队队员说，（φ这么多的浮萍）像绿马皮一样遮满了湾。 | 省略 | 无主题+无主题+省略 | 浮き草が多い。隊員が言った。（φ浮き草は）入江にかぶさった。 |
| （φ他）挥动着马鞭向俘虏们走来。 | 省略 | 省略 | （φ彼は）捕虜のほうへやってきた。 |
| （φ我）赶快把他们带到那几个草鞋窨子里去，谁是咸菜疙瘩谁倒霉。 | 省略 | 省略 | （φ私は）日本人を案内しよう、咸菜疙瘩奴には運が悪かったとあきらめてもらうしかねえ |
| 从此之后，（φ二奶奶）竟一日日好起来。 | 省略 | 省略 | （φ二奶奶は）快方に向かったのである。 |
| （φ他）像只肥硕的蛆虫一样，蠕动到二奶奶身前。 | 省略 | 省略 | （φ日本兵は）蛆虫のように二奶奶に近づいた。 |
| （φ流出的涎水是）粘稠的涎水。 | 省略 | 省略 | （φ口から流れ出た涎は）粘っこい涎。 |
| 回头，（φ爷爷）看到老泪纵横的罗汉大爷抱着香官小姑姑的尸体走过来了。 | 省略 | 省略 | （φ祖父が見ていたのは）顔に涙を流しながら羅漢大爺が香官の肢体を抱いてきた。 |
| （φ他）后背上的冰化了，肚腹里又结了冰。 | 省略 | 省略 | （φ彼は）凍った感じは消えたが、今度は腹が凍る。 |
| （φ他）老眼昏花不抗烟呛，粘液般的泪珠滚下来，滚过枯脸，三五滴汇合成一滴，落到乱麻般的胡须上。 | 省略 | 省略+显现 | （φ彼は）目は煙にいぶされて、涙を出した。涙は転がり、粒が合わさって、鬢の上に落ちた。 |
| （φ他）喝了两瓢热水，浑身粘汗溢出，着热的虱子兴奋起来，只是蠕蠕爬动、并不咬他。 | 省略 | 省略+无主题 | （φ老人は）汗があふれ出た。シラミが興奮し始めたが、噛みしなかった。 |
| （φ成麻子）胸脯上的伤口热辣辣地痛，裤裆里的屎尿粘腻腻地凉。 | 省略 | 省略 | （φ成麻子は）傷口が痛み、小便がつめたかった。 |

| 中文原文 | 中文主题 | 日文主题 | 日文原文 |
|---|---|---|---|
| 唢呐反复吹，（φ她）听厌了；麻子脸本来就厌，这时就更厌了。 | 省略 | 省略+省略 | （φ彼女は）唢呐も繰り返して聞くと、うんざりする。（φ彼女は）あばた面はいやだったが、ますますいやになった。 |
| （φ日伪的兵营）有四排青砖瓦房，一圈青砖高墙。 | 省略 | 省略 | （φ兵営は）建物が塀に囲まれ、 |
| （φ二奶奶）脸上笑容可掬，胸口还有一丝游气，似断不断。 | 省略 | 省略 | （φ二奶奶は）顔には微笑みをたたえ、動いた。 |
| 但（φ罗汉大爷）那里压得住？ | 省略 | 省略 | だが、（φ羅漢大爺は）押さえ切れるはずがない。 |

# 附录 2

『ノルウェイの森』及林少华译本《挪威的森林》的数据简版对照

| 日文版本 | 日文主题 | 中文主题 | 中文版本 |
|---|---|---|---|
| (φそのメロディーは) いや、いつもとは比べものにならないくらい激しく僕を混乱させ揺り動かした。 | 省略 | 省略 | (φ那旋律) 强烈地摇撼着我的身心。 |
| (φ犬の鳴く声は) まるで別の世界の入口から聞こえてくるような小さくかすんだ鳴き声だった。 | 省略 | 显现 | 细微得如同从另一世界的入口处传来似的。 |
| (φ僕は) とくに印象的な風景だとも思わなかったし、十八年後もその風景を細部まで覚えているかもしれないとは考えつきもしなかった。 | 省略 | 省略 | (φ我) 未曾觉得它有什么撩人情怀之处，更没想到十八年后仍历历在目。 |
| (φ僕は) まわりの風景に気持を向ける余裕なんてどこにもなかったのだ。 | 省略 | 显现 | 根本不容我有欣赏周围风景的闲情逸致。 |
| (φそんなものは) とてもくっきりと。 | 省略 | 显现 | 而且那般清晰， |
| どうしてこんなことが起りうるんだろう、と (φ僕は思う)。 | 省略 | 省略 | (φ我想) 为什么会发生这样的事情呢？ |
| あれほど大事そうに見えたものは、彼女やそのときの僕や僕の世界は、みんなどこに行ってしまったんだろう、と (φ僕は思う)。 | 省略 | 省略 | (φ我想) 上去那般可贵的东西，她和当时的我以及我的世界，都通往何处去了呢？ |

| 日文版本 | 日文主题 | 中文主题 | 中文版本 |
|---|---|---|---|
| （φ彼女が僕の目を除き込んだのは）まるで澄んだ泉の底をちらりとよぎる小さな魚の影を探し求めるみたいに。 | 省略 | 省略 | （φ她看着我的双眼的样子）仿佛在一泓清澈的泉水里寻觅稍纵即逝的小鱼的行踪。 |
| そしておそらくやがては（φそれは）夕闇の中に吸いこまれてしまうことになるのだろう。 | 省略 | 显现 | 并将很快消融在冥冥夜色之中。 |
| 起きろ、理解しろ、と。（φ彼らは言った） | 省略 | 省略 | （φ它们说）起来，理解我！ |
| （φ僕は）身をのりだしてその穴の中をのぞきこんでみても何も見えない。 | 省略 | 省略 | （φ我）弯腰朝井下望去，却是一无所见。 |
| （φそれは）見当もつかないくらい深いのだ。 | 省略 | 省略 | （φ这井）深得不知道有多深； |
| （φ彼女は）正確な言葉を探し求めながらとてもゆっくりと話すのだ。 | 省略 | 显现 | 慢条斯理地物色恰当的字眼。 |
| （φ直子は）そしてしばらく黙って歩きつづけた。 | 省略 | 省略 | （φ直子）如此默默地走了一会。 |
| （φ直子は）そして何度か首を振った。 | 省略 | 省略 | （φ直子）摇了几下头说， |
| （φ僕が時々不安な気持ちになってしまったのは）ひょっとして自分はいちばん肝心な部分の記憶を失ってしまっているんじゃないかとふと思うからだ。 | 省略 | 显现 | 我忘却的东西委实太多了。 |
| 僕の体の中に記憶の辺土とでも呼ぶべき暗い場所があって、大事な記憶は全部そこにつもってやわらかい泥と化してしまっているのではあるまいか、と、（φ僕は思う）。 | 省略 | 省略+显现 | （φ我）甚至不由怀疑自己：是不是连最关键的记忆都丧失了。说不定我体内有个叫记忆堆那样的昏暗场所，所有的宝贵记忆统统堆在那里而化为一滩烂泥。 |
| でも（φ僕は）そのときは一行たりとも書くことができなかった。 | 省略 | 未翻译 | |

166

| 日文版本 | 日文主题 | 中文主题 | 中文版本 |
|---|---|---|---|
| （φ僕は)その最初の一行さえ出てくれば、あとは何もかもすらすらと書いてしまえるだろうということはよくわかっていたのだけれど、その一行がどうしても出てこなかったのだ。 | 省略 | 显现+省略 | 虽然我明白只要写出第一行，往下就会文思泉涌。但（φ我）就是死活写不出那第一行。 |
| （φ僕は)全てがあまりにもくっきりとしすぎていて、どこから手をつければいいのかがわからなかったのだ。 | 省略 | 省略 | 一切都清晰得历历如昨的时候，（φ我）反而不知从何处着手，就像一张详尽的地图，有时反倒因其过于详尽而不便于使用。 |
| でも（φ僕は）今はわかる。 | 省略 | 显现 | 但我现在明白了： |
| 僕の中で彼女に関する記憶がいつか薄らいでいくであろうということを（φ直子は知っていたのだ）。 | 省略 | 显现 | 知道她在我心目中的记忆迟早要被冲淡。 |
| 「私のことをいつまでも忘れないで。私が存在していたことを覚えていて」と（φ彼女は言った）。 | 省略 | 显现 | 希望你能记住我，记住我曾这样存在过。 |
| （φ僕は)東京のことなんて何ひとつ知らなかったし、一人暮しをするのも初めてだったので、親が心配してその寮をみつけてきてくれた。 | 省略 | 省略 | （φ我）对东京还一无所知，独自生活也是初次。父母放心不下，在这里给我找了间宿舍。 |
| （φ鉄筋コンクリート三階建ての棟は）窓の沢山ついた大きな建物で、アパートを改造した刑務所かあるいは刑務所を改造したアパートみたいな印象を見るものに与える。 | 省略 | 显现 | 这是开有玻璃窗口的大型建筑，给人以似乎是由公寓改造成的监狱或由监狱改造成的公寓的印象。 |
| （φ鉄筋コンクリート三階建ての棟は）しかし決して不潔ではないし、暗い印象もない。 | 省略 | 省略 | 但（φ这些建筑）绝无不洁之感，也不觉得阴暗。 |
| （φここは）至れり尽せりだ。 | 省略 | 省略 | （φ这里）应有尽有。 |

| 日文版本 | 日文主题 | 中文主题 | 中文版本 |
|---|---|---|---|
| （ф我々は）入寮案内のパンフレットと寮生規則を読めばそのだいたいのところはわかる。 | 省略 | 省略 | （ф我们）这点只消看一下那本寄宿指南的小册子和寄宿生守则，便可知道十之八九。 |
| どうしてそんなうさん臭いところに二年もいたのだと訊かれても（ф僕は）答えようがない。 | 省略 | 显现 | 如果有人问起何以在如此莫名其妙的地方竟然待了两年之久，我也无法回答。 |
| （ф寮長は）背が高くて目つきの鋭い六十前後の男だ。 | 省略 | 显现 | 这是个大约60岁的老年男子，高个头，目光敏锐。 |
| （ф寮長は）いかにも硬そうな髪にいくらか白髪がまじり、日焼けした首筋に長い傷あとがある。 | 省略 | 省略 | （ф楼长）略微掺白的头发显得十分坚挺，晒黑的脖颈上有条长长的伤疤。 |
| （фこの学生は）丸刈りで、いつも学生服を着ている。 | 省略 | 省略 | （ф这学生）光脑袋，经常一身学生服， |
| （фみんなは）名前も知らないし、どの部屋に住んでいるのかもわからない。 | 省略 | 省略 | （ф大家）既不知其姓甚名谁，也不知其房间号码。 |
| （фみんなは）食堂でも風呂でも一度も顔をあわせたことがない。 | 省略 | 省略 | （ф大家）在食堂或浴池里也从未打过照面。 |
| （фみんなは）本当に学生なのかどうかさえわからない。 | 省略 | 省略 | （ф大家）甚至弄不清楚他是否真是学生。 |
| （фこの学生は）まあしかし、学生服を着ているからにはやはり学生なのだろう。 | 省略 | 省略 | （ф这学生）不过，既然身着学生服，恐怕还得是学生才对。 |
| （фみんな/僕は）そうとしか考えようがない。 | 省略 | 省略 | （ф大家/我）只能如此判断。 |
| （фこの学生は）そして中野学校氏とは逆に背が低く、小太りで色が白い。 | 省略 | 显现 | 而且此君同中野学校的那位却是截然相反：五短身材，面皮白嫩，不偏肥。 |

| 日文版本 | 日文主题 | 中文主题 | 中文版本 |
|---|---|---|---|
| (φ僕は)線路工夫やタクシーの運転手やバーのホステスや夜勤の消防士やビルの夜警や、そんな夜に働く人々が国家の庇護を受けることができないというのは、どうも不公平であるような気がした。 | 省略 | 显现 | 巡路工、出租车司机、酒吧女侍、值夜班的消防队、大楼警卫等——这些晚间工作的人们居然享受不到国家的庇护，我觉得委实有欠公道。 |
| (φ二人部屋は)入口の左手に鉄製の二段ベッドがある。 | 省略 | 省略 | (φ两人一个的房间)门内左侧放一架双层铁床。 |
| (φ二人部屋は)机とベッドの他にはロッカーがふたつ、小さなコーヒー・テーブルがひとつ、それに作りつけの棚があった。 | 省略 | 省略 | (φ两人一个的房间)除了桌椅铁床，还有两个衣箱、一张小咖啡桌，以及直接安在墙壁上的搁物架。 |
| (φ二人部屋は)どう好意的に見ても詩的な空間とは言えなかった。 | 省略 | 省略 | (φ两人一个的房间)无论怎么爱屋及乌，都难以恭维是富有诗意的空间。 |
| (φ二人部屋は)大抵の部屋の棚にはトランジスタ・ラジオとヘア・ドライヤーと電気ポットと電熱器とインスタント・コーヒーとティー・バッグと角砂糖とインスタント・ラーメンを作るための鍋と簡単な食器がいくつか並んでいる。 | 省略 | 省略 | (φ两人一个的房间)差不多所有房间的搁物架上，都摆一些日用品。(φ两人一个的房间)有收录机、吹风机、电暖瓶、电热器和用来处理速溶咖啡、袋装茶、方糖、速食面的锅和简单的餐具。 |
| (φ二人部屋は)しっくいの壁には「平凡パンチ」のビンナップか、どこかからはがしてきたポルノ映画のポスターが貼ってある。 | 省略 | 省略 | (φ两人一个的房间)石灰墙上贴着《平凡周刊》上的美人照，以及从报刊上剪下的色情电影广告画。 |
| (φ二人部屋は)中には冗談で豚の交尾の写真を貼っているものもいたが、そういうのは例外中の例外で、殆んど部屋の壁に貼ってあるのは裸の女か若い女性歌手か女優の写真だった。 | 省略 | 省略 | (φ两人一个的房间)其中也有开玩笑贴的猪交尾照片，但这是例外中的例外。(φ两人一个的房间)一般房间贴的都是裸体照，或年轻歌手照和女演员照。 |

| 日文版本 | 日文主题 | 中文主题 | 中文版本 |
|---|---|---|---|
| (φ二人部屋は)机の上の本立てには教科書や辞書や小説なんかが並んでいた。 | 省略 | 省略 | (φ两人一个的房间)桌上的小书架里排列着教科书、辞典、小说之类的。 |
| (φ二人部屋は)男ばかりの部屋だから大体はおそろしく汚ない。 | 省略 | 省略 | (φ两人一个的房间)房间里因都是男人，大多脏得一塌糊涂。 |
| (φ二人部屋は)ごみ箱の底にはかびのはえたみかんの皮がへばりついているし、灰皿がわりの空缶には吸殻が十センチもつもっていて、それがくすぶるとコーヒーかビールかそんなものをかけて消すものだから、むっとするすえた匂いを放っている。 | 省略 | 省略 | (φ两人一个的房间)圾篓底沾着已经发霉生毛的橘子皮，代替烟灰缸用的空罐里烟头积了 10 几厘米厚，里面一冒烟，便用咖啡啤酒什么的随手倒进浇灭，发出令人窒息的酸味儿。 |
| (φ匂いを構成するものは)汗と体臭とごみだ。 | 省略 | 省略 | (φ其成分是)汗、体臭，加上垃圾。 |
| (φ僕の部屋は)床にはちりひとつなく、窓ガラスにはくもりひとつなく、布団は週に一度干され、鉛筆はきちんと鉛筆立てに収まり、カーテンさえ月に一回は洗濯された。 | 省略 | 省略 | (φ我的房间)地板上纤尘不然，窗玻璃光可鉴人，卧具每周晾晒一次，铅笔在笔筒内各得其所，就连窗帘每月都少不得洗涤一回。 |
| (φこうなったのは)僕の同居人が病的なまでに清潔好きだったからだ。 | 省略 | 省略 | 这都因为我的同室者近乎病态地爱洁成癖。 |
| (φ僕の部屋は)そのかわりアムステルダムの運河の写真が貼ってあった。 | 省略 | 显现 | 而代之以阿姆斯特丹运河的摄影。 |
| (φ彼は)僕がヌード写真を貼ると「ねえ、ワタナベ君さ、ぼ、ぼくはこういうのあまり好きじゃないんだよ」と言ってそれをはがし、かわりに運河の写真を貼ったのだ。 | 省略 | 显现 | 我贴裸体画的时候，他开口道："我说渡边君，我，我可不大欣赏那玩艺儿哟！"然后伸手取下，以运河画取而代之。 |

170

| 日文版本 | 日文主题 | 中文主题 | 中文版本 |
|---|---|---|---|
| (φ僕は)冗談のつもりで言ったのだが、みんなあっさりとそれを信じてしまった。 | 省略 | 显现 | 我本来是开玩笑说的，大伙却轻率地信以为真。 |
| (φ彼は)僕が忙しくて三日風呂に入らないとくんくん匂いをかいでから入った方がいいと忠告してくれたし、そろそろ床屋に行けばとか鼻毛切った方がいいねとかも言ってくれた。 | 省略 | 显现 | 要是我忙得三天没进浴池，他便嗅了嗅，劝我最好"呼哧呼哧"嗅嗅自己的味道洗澡去，甚至还提醒我该去理发店了，该剪一剪鼻毛了。 |
| (φ彼は)混乱するとどもりがひどくなった。 | 省略 | 省略 | (φ他)一困惑，口吃便更厉害了。 |
| (φ彼は)学校に行くときはいつも学生服を着た。 | 省略 | 省略 | (φ他)去学校时，时常一身学生服。 |
| (φ彼は) 靴も鞄もまっ黒だった。 | 省略 | 省略 | (φ他) 皮鞋和书包也是一色黑， |
| (φ彼は)洋服を選ぶのが面倒なのでいつもそんな格好をしているだけの話だった。 | 省略 | 省略 | (φ他)不过是嫌选购其他衣服麻烦罢了。 |
| (φ彼は)そして服を着て洗面所に行って顔を洗う。 | 省略 | 省略 | (φ他)旋即穿衣，去洗脸间洗漱， |
| (φ彼は)顔を洗うのにすごく長い時間がかかる。 | 省略 | 省略 | (φ他) 洗脸时间惊人地长， |
| 歯を一本一本取り外して洗っているんじゃないかという気が(φ僕は) するくらいだ。 | 省略 | 显现 | 我真怀疑他是不是把满口牙一颗颗拔下来刷洗一遍。 |
| (φ彼は)部屋に戻ってくるとパンパンと音を立ってタオルのしわをきちんとのばしてスチームの上にかけて乾かし、歯ブラシと石鹸を棚に戻す。 | 省略 | 省略 | (φ他) 返回房间后，便 "噼噼啪啪"地抖动毛巾，小心翼翼地按平皱纹后，放在暖气片上烘干，并把牙刷和香皂放回搁物架。 |
| (φ彼は)それからラジオをつけてラジオ体操を始める。 | 省略 | 省略 | (φ他) 随后，拧开收音机做广播体操。 |
| (φ僕は) しかしそんなときでも、ラジオ体操が跳躍の部分にさしかかったところで必ず目を覚ますことになった。 | 省略 | 省略 | 可是，唯独到了广播体操那跳跃动作部分，(φ我)却是非醒不可。 |

| 日文版本 | 日文主题 | 中文主题 | 中文版本 |
|---|---|---|---|
| （φ僕は）覚まさないわけにはいかなかったのだ。 | 省略 | 省略 | （φ这个声音）不容你不醒。 |
| （φ僕は）いったい何が言えるだろう？ | 省略 | 省略 | （φ我）能说出什么呢？ |
| （φ僕と直子が歩いていたのは）五月の半ばの日曜日の午後だった。 | 省略 | 显现 | 这是5月中旬一个周日的午后。 |
| （φグレーのトレーナー・シャツ）よく洗いこまれたものらしく、ずいぶん感じよく色が褪せていた。 | 省略 | 省略 | （φ浅灰色的运动衫）看上去洗过好多遍了，颜色褪得恰到好处。 |
| （φ僕は）ずっと前にそれと同じシャツを彼女が着ているのを見たことがあるような気がしたが、はっきりとした記憶があるわけではない。 | 省略 | 显现 | 很久以前我也似乎见她穿过同样的衬衫，但记不确切。 |
| （φ僕は）ただそんな気がしただけだった。 | 省略 | 省略 | （φ我）只是觉得而已。 |
| （φ彼女は）それから身をかがめて注意深く靴の紐をしめなおした。 | 省略 | 显现 | 然后弯下腰，细心地重新系好皮鞋带。 |
| （φ彼女は）そして珍しいものでものぞきこむみたいに僕の目をじっと見た。 | 省略 | 省略 | （φ她）之后就像审视什么世间珍品似的凝眸注视我的眼睛。 |
| （φ僕は）考えてみれば直子の目をじっと見るような機会もなかったのだ。 | 省略 | 显现 | 想来，我还真没仔细看她眼睛的机会， |
| （φ直子は）特徴的だったふっくらとした頬の肉もあらかた落ち、首筋もすっかり細くなっていたが、やせたといっても骨ばっているとか不健康とかいった印象はまるでなかった。 | 省略 | 省略 | （φ直子）原先别具风韵的丰满脸颊几乎平平的了。（φ直子）脖颈也一下细弱好多。 |

| 日文版本 | 日文主题 | 中文主题 | 中文版本 |
|---|---|---|---|
| （φ彼女のやせ方は）まるでどこか狭くて細長い場所にそっと身を隠しているうちに体が勝手に細くなってしまったんだという風だった。 | 省略 | 省略 | （φ她这种瘦削）简直就像在某个狭长的场所待过后，体形自行纤细起来一样。 |
| （φ僕は）もちろんその距離を詰めようと思えば詰めることもできたのだが、なんとなく気おくれがしてそれができなかった。 | 省略 | 显现 | 若想缩短，自然可以缩短，但我总觉得有点难为情。 |
| （φ僕は）うまく答えられることもあれば、どう答えればいいのか見当もつかないようなこともあった。 | 省略 | 显现 | 我有时应对自如，有时就不知如何回答， |
| （φ僕は）何を言っているのか聞きとれないということもあった。 | 省略 | 显现 | 也有时听不清她说了什么。 |
| （φ私たちは）そして都電の線路に沿って駒込まで歩いた。 | 省略 | 省略 | （φ我们）又沿着都营电车线路往驹込走去。 |
| （φ私たちが歩いた道は）ちょっとした道のりだ。 | 省略 | 显现 | 路程真长的可以。 |
| （φ私たちは）駒込に着いたときには日はもう沈んでいた。 | 省略 | 省略 | （φ我们）到得驹込，太阳已经落了。 |
| （φこれは）穏かな春の夕暮だった。 | 省略 | 省略 | （φ这是）一个柔和温馨的春日黄昏。 |
| （φ直子は）そこに何か適当な表現を見つけることができるんじゃないかと期待して見ているようにも見えた。 | 省略 | 显现 | 似乎想要从中找出合适的字眼， |
| （φ直子は）でももちろんそんなものは見つからなかった。 | 省略 | 显现 | 那当然是不可能的。 |
| （φその女子校）あまり熱心に勉強をすると「品がない」とうしろ指をさされるくらい品の良い学校だった。 | 省略 | 省略 | （φ那所女校）正统倒是正统，但如果对学习太热心了，便会被人指脊梁骨说成"不本分"。 |
| （φ二人は）僕とダブル・デートしたことも何回かある。 | 省略 | 省略 | （φ两人）还有好几次拉我赴四人约会。 |

| 日文版本 | 日文主题 | 中文主题 | 中文版本 |
|---|---|---|---|
| (φ僕は)たぶん彼女たちにも僕のことは理解できなかったんじゃないかと思う。 | 省略 | 省略 | (φ我)估计她们对我也同样莫名其妙。 |
| (φどこかに出かけたり話したりするのは)キズキと直子と僕の三人だった。 | 省略 | 显现 | 木月、直子加我我们三人。 |
| (φどこかに出かけたり話したりするのは)考えてみれば変な話だが、結果的にはそれがいちばん気楽だったし、うまくいった。 | 省略 | 显现 | 想起来是有些不正常，但就效果而言，这样倒最是其乐融融，相安无事。 |
| (φ彼は)どちらかが長く黙っているとそちらにしゃべりかけて相手の話を上手くひきだした。 | 省略 | 显现 | 倘若有一方长久默然不语，他就主动找话，巧妙地把对方拉入谈话圈内。 |
| そういうのを見ていると大変だろうなと思ったものだが、(φ彼は)実際はたぶんそれほどたいしたことではなかったのだろう。 | 省略 | 省略 | 每见他这样，就觉得他煞费苦心，而实际上（φ他）恐也不致如此。 |
| (φ彼は)またそれに加えて、たいして面白くもない相手の話から面白い部分をいくつもみつけていくことができるというちょっと得がたい才能を持っていた。 | 省略 | 显现 | 另外他还有一种颇为可贵的才能，可以从对方并不甚有趣的谈话中抓出有趣的部分来。 |
| そしてどうして彼が僕を選んで友だちにしたのか、(φ僕は)その理由もわからなかった。 | 省略 | 未翻译 | |
| (φ我々は)そしてキズキが戻ってくるのを待った。 | 省略 | 省略 | （φ我们）等待木月的转来。 |
| (φ僕と直子は)相性がわるいとかそういうのではなく、ただ単に話すことがないのだ。 | 省略 | 省略 | （φ我和直子）并非不对胃口，只是无话可谈。 |

| 日文版本 | 日文主题 | 中文主题 | 中文版本 |
|---|---|---|---|
| (φ僕と直子は)ちょっとした用事があって喫茶店で待ちあわせたのだが、用件が済んでしまうとあとはもう何も話すことはなかった。 | 省略 | 显现+省略 | 因有点小事，我们在一家饮食店碰头。事完之后，(φ我们)便没什么可谈的了。 |
| (φ僕は)こういう言い方は良くないとは思うけれど、彼女の気持はわかるような気がする。 | 省略 | 省略 | 我知道这样说有些不好，但她的心情(φ我)似乎可理解。 |
| (φ僕は)そして誰も知っている人間がいないところで新しい生活を始めたかったのだ。 | 省略 | 显现 | 想在无一熟人的地方开始新的生活。 |
| (φ僕は)そんな空気のかたまりを身のうちに感じながら十八歳の春を送っていた。 | 省略 | 显现 | 我在切身感受那一团薄雾样的东西的朝朝暮暮里送走了 18 岁的春天， |
| (φ僕は)たぶんデートと呼んでいいのだと思う。 | 省略 | 显现 | 我想大概还是称为幽会好。 |
| (φ僕は)それ以外に適当な言葉を思いつけない。 | 省略 | 显现 | 此外我想不出确切字眼。 |
| (φ直子は)そしてしょっちゅうハンカチで口もとを拭いた。 | 省略 | 显现 | 然后掏手帕抹抹嘴角。 |
| (φその女子大は)英語の教育で有名なこぢんまりとした大学だった。 | 省略 | 显现 | 那是一间以英语教育闻名的小而整洁的学校。 |
| (φ直子の部屋は)余計なものが何もないさっぱりとした部屋で、窓際の隅の方にストッキングが干してなかったら女の子の部屋だとはとても思えないくらいだった。 | 省略 | 显现+省略 | 她的房间干净利落，一概没有多余之物。(φ她的房间)若是窗台一角不晾有长筒袜，根本看不出是女孩居室。 |
| (φ僕は)そんな部屋を眺めていると、彼女もやはり僕と同じように大学に入って町を離れ、知っている人が誰もいないところで新しい生活を始めたかったんだろうなという気がした。 | 省略 | 显现 | 目睹她如此光景的房间，我隐约觉得她恐怕也和我同样，希望通过上大学离开原来的城市，在没有任何熟人的地方开始新的生活。 |

| 日文版本 | 日文主题 | 中文主题 | 中文版本 |
|---|---|---|---|
| (φ我々は)坂を上り、川を渡り、線路を越え、どこまでも歩きつづけた。 | 省略 | 省略 | (φ我们)上坡，过河，穿铁道口，只管走个没完。 |
| (φ我々は)どこに行きたいという目的など何もなかった。 | 省略 | 省略 | (φ我们)没有明确的目的地。 |
| (φ我々は)ただ歩けばよかったのだ。 | 省略 | 省略 | (φ我们)反正走路即可。 |
| (φ我々は)雨が降れば傘をさして歩いた。 | 省略 | 省略 | (φ我们)下雨就撑伞走。 |
| (φ僕は)たぶんたいした話はしていなかったのだと思う。 | 省略 | 省略 | 大概(φ我)也没说什么正正经经的话。 |
| (φかわりにサンフランシスコのゴールデン・ブリッジの写真を貼っていったのは) ゴールデン・ブリッジを見ながらマスターベーションできるかどうか知りたいというただそれだけの理由だった。 | 省略 | 显现 | 理由也再简单不过：说是想知道他能否一边看着金门大桥一边手淫。 |
| だからうまく人を愛することができないんじゃないかな、と(φ僕は思った)。 | 省略 | 省略 | (φ我想)所以我才不能对人一往情深。 |
| (φ僕は)冬が深まるにつれて彼女の目は前にも増して透明に感じられるようになった。 | 省略 | 显现 | 随着冬日的延伸，我感到她的眼睛比以前更加透明了。 |
| でも直子はそれをうまく言葉にすることができないのだ、と(φ僕は思った)。 | 省略 | 显现 | 却又无法准确地诉诸语言。 |
| いや、(φ直子は) 言葉にする以前に自分の中で把握することができないのだ。 | 省略 | 显现 | 不，是她无法在诉诸语言之前在心里把握它， |
| (φ僕は)もしできることなら直子を抱きしめてやりたいと思うこともあったが、いつも迷った末にやめた。 | 省略 | 显现 | 如果可能的话，有时我真想将她紧紧地一把搂在怀里，但又总是怅惘作罢。 |

| 日文版本 | 日文主题 | 中文主题 | 中文版本 |
|---|---|---|---|
| (φ僕は)ひょっとしたらそのことで直子が傷つくんじゃないかという気がしたからだ。 | 省略 | 显现 | 我生怕万一因此而伤害直子。 |
| まあ当然といえば当然のことだが、(φ寮の連中は)僕に恋人ができたものとみんな思いこんでいたのだ。 | 省略 | 显现 | 说理所当然也属理所当然，大家都确信我有个恋人。 |
| (φ僕は)そして日曜日が来ると死んだ友だちの恋人とデートした。 | 省略 | 省略 | 每当周日来临，(φ我)便去同死去的朋友的恋人幽会。 |
| (φ僕は)いったい自分が今何をしているのか、これから何をしようとしているのかさっぱりわからなかった。 | 省略 | 显现 | 若问自己现在所做何事，将来意欲何为，我都如坠雾中。 |
| (φ僕は)何にもなりたいとは思わなかった。 | 省略 | 显现 | 什么都不想当。 |
| (φ僕は)彼女なら僕の考えていることをある程度正確にわかってくれるんじゃないかという気がしたからだ。 | 省略 | 显现 | 我隐约觉得她倒可能某种程度地正确理解我的所思所想， |
| しかし（φ僕は）それを表現するための言葉がみつからなかった。 | 省略 | 显现 | 但是找不到用来表达的词句。 |
| これじゃまるで彼女の言葉探し病が僕の方に移ってしまったみたいじゃないか、と(φ僕は思った)。 | 省略 | 显现 | 莫非她的″苦吟″病传染了我不成。 |
| (φ僕は)そして本を何度も読みかえし、ときどき目を閉じて本の香を胸に吸いこんだ。 | 省略 | 省略 | 而且（φ我）读了好几遍，时而合上眼睛，深深地把书的香气吸入肺腑。 |
| (φ僕は)そして人々にその素晴しさを伝えたいと思った。 | 省略 | 显现 | 我真想把其中的妙处告诉别人。 |
| (φ友達になったのは)十月のことだった。 | 省略 | 显现 | 这是10月间的事。 |

| 日文版本 | 日文主题 | 中文主题 | 中文版本 |
|---|---|---|---|
| （φ彼は）何の苦もなく東大に入り、文句のない成績をとり、公務員試験を受けて外務省に入り、外交官になろうとしていた。 | 省略 | 省略 | （φ他）不费吹灰之力地考进东大，学习成绩无可挑剔，眼下正准备进外务省，当外交家。 |
| （φ彼は）まったく申しぶんのない一家みたいだった。 | 省略 | 显现 | 一家堪称十全十美。 |
| （φ彼は）小遣いもたっぷり持っていたし、おまけに風采も良かった。 | 省略 | 省略 | （φ他）零用钱绰绰有余，人又长得仪表堂堂。 |
| （φ言われた人間は）そうしないわけにはいかなかったのだ。 | 省略 | 省略 | （φ那人）不能不应。 |
| （φ長沢が持っているのは）人々の上に立って素速く状況を判断し、人々に手際よく的確な指示を与え、人々を素直に従わせるという能力である。 | 省略 | 显现 | 他有能力站在众人之上迅速审时度势，向众人巧妙地发出恰到好处的指令，使人乖乖地言听计从。 |
| （φ僕は）彼としてはそういうのがけっこう珍しかったのだろうと思う。 | 省略 | 显现 | 在他看来，也许颇觉希罕。 |
| （φ彼は）びっくりするほど高貴な精神を持ちあわせていると同時に、どうしようもない俗物だった。 | 省略 | 显现 | 他既具有令人赞叹的高贵精神，又是个无可救药的世间俗物。 |
| （φ彼は）人々を率いて楽天的にどんどん前に進んで行きながら、その心は孤独に陰鬱な泥沼の底でのたうっていた。 | 省略 | 显现 | 他可以春风得意地率领众人长驱直进，而那颗心同时又在阴暗的泥沼里孤独地挣扎。 |
| （φ彼は）自分にとって都合のわるいことを隠したりもしなかった。 | 省略 | 显现 | 也不隐瞒于己不利的情况。 |
| （φ僕は）彼がそうしてくれなかったら、僕の寮での生活はもっとずっとややっこしく不快なものになっていただろうと思う。 | 省略 | 显现 | 如果没他如此相待，我想我的寄宿生活将远为不快得多、别扭得多。 |

| 日文版本 | 日文主题 | 中文主题 | 中文版本 |
|---|---|---|---|
| よく覚えてないけど七十はいってるよ、と（φ彼は言った）。 | 省略 | 显现 | 他说记不大清，但七十还是有的。 |
| （φ女と寝たのは）あまりに簡単すぎて気が抜けるくらいだった。 | 省略 | 省略 | （φ实践起来）由于太容易了，反倒叫人有些泄气。 |
| （φ僕は）彼と一緒に渋谷か新宿のバーだかスナックだかに入って（店はだいたいいつもきまっていた）、適当な女の子の二人連れをみつけて話をし（世界は二人づれの女の子で充ちていた）、酒を飲み、それからホテルに入ってセックスした。 | 省略 | 省略 | （φ我）跟他到涩谷或新宿，走进酒吧式小吃店（这种地方一般总有很多人），物色两个结伴而来的合适女孩（成双成对的女孩真可谓铺天盖地），和她们喝酒，然后到旅馆一同上床。 |
| （φ女の子たちが彼に対するのと同じように僕の話にたいしてひどく感心したり笑ったりしてくれるのは）全部永沢さんの魔力のせいなのである。 | 省略 | 显现 | 这都是永泽的魔力所使然。 |
| （φキズキの座談の才は）まるでスケールがちがうのだ。 | 省略 | 显现 | 根本不足以相提并论。 |
| （φ女の子は）そしてストッキングをはきながら「ねえ、昨夜ちゃんとアレつけてくれた？私ばっちり危い日だったんだから」と言う。 | 省略 | 显现 | 还一边穿长筒袜一边说："喂，昨晚真把那个东西放进去了？我可正是危险期哩！" |
| （φ女の子は）そして鏡に向って頭が痛いだの化粧がうまくのらないだのとぶつぶつ文句を言いながら、口紅を塗ったりまつ毛をつけたりする。 | 省略 | 省略 | （φ女孩）然后又一边对着镜子涂口红沾眼睫毛，一边嘴里自言自语地絮絮不止，什么头痛啦、化妆化不好啦等等。 |
| こんなことを七十回もつづけていて空しくならないのか、と（φ僕は質問してみた）。 | 省略 | 显现 | 这种事连续干过七十次，是否会觉得空虚。 |
| （φ彼は）気が向くと外泊許可をとってガール・ハントにいったり、恋人のアパートに泊りに行ったりしていた。 | 省略 | 显现 | 心血来潮，他便请假夜不自宿，或去勾引女孩子，或去恋人的公寓过夜。 |

179

| 日文版本 | 日文主题 | 中文主题 | 中文版本 |
|---|---|---|---|
| (φ恋人は)ハツミさんという彼と同じ歳の人で、僕も何度か顔をあわせたことがあるが、とても感じの良い女性だった。 | 省略 | 省略 | (φ女朋友)名叫初美,和他同岁,我也见过几次,是个难得的女性。 |
| (φ彼女は) 穏かで、理知的で、ユーモアがあって、思いやりがあって、いつも素晴しく上品な服を着ていた。 | 省略 | 省略 | (φ她)娴静、理智、幽默、善良,穿着也总是那么华贵而高雅。 |
| (φ手袋)親指の部分がいささか短かすぎたが、暖かいことは暖かかった。 | 省略 | 省略 | (φ手套) 大拇指部分有点不够长, 但还是很暖和的。 |
| (φ僕は)僕にかわって彼の看病をやってくれそうな物好きな人間もみつからなかった。 | 省略 | 省略 | 而且(φ我)也找不到能代为照料他的热心人。 |
| (φ僕は) 人間とは思えなかった。 | 省略 | 省略 | (φ他)实非常人可比。 |
| (φ僕は)そして彼の発熱のおかげでふいにした二枚の切符を見せた。 | 省略 | 省略 | (φ我)并把两张因他发烧而作废的票掏给他看。 |
| (φ成績は) 大半がCかDで、Bが少しあるだけだった。 | 省略 | 显现 | 大半是C或D, B少得可怜。 |
| (φ僕は)もし逆の立場だったら僕だって同じことを望むだろうという気がしたからだ。 | 省略 | 显现 | 我思忖,如果我是直子也会有这种愿望的。 |
| (φ僕は)ひととおり全部かけてしまうと、また最初のレコードをかけた。 | 省略 | 省略 | (φ我) 全部听完之后, 又从头听起。 |
| (φ僕の言葉は)あるいは耳には届いても、その意味が理解できないようだった。 | 省略 | 省略 | (φ我的话)或者即使传进其含义也未被理解。 |
| (φ彼女の話は)どこかでふっと消えてしまったのだ。 | 省略 | 省略 | (φ她的话)而是突然消失到什么地方了。 |
| 二十年近く経った今でも、(φ僕は)やはりそれはわからない。 | 省略 | 省略 | (φ我) 即使20年后的今天仍不知道。 |
| (φ僕は)たぶん永遠にわからないだろうと思う。 | 省略 | 省略 | (φ我) 大概永远不会知道。 |

| 日文版本 | 日文主题 | 中文主题 | 中文版本 |
|---|---|---|---|
| でも（φ僕は）そのときはそうする以外にどうしようもなかったのだ。 | 省略 | 省略 | （φ我）不过那时候却只能这样做。 |
| そして（φ私と彼女は）抱きあった。 | 省略 | 省略 | （φ我们）然后抱在一起。 |
| （φ僕は）乳房をやわらかく手で包んだ。 | 省略 | 省略 | （φ我）温和地用手扣住她的乳房。 |
| そして（φ僕は）彼女が落ちつきを見せるとゆっくりと動かし、長い時間をかけて射精した。 | 省略 | 省略 | （φ我）等她镇静下来…… |
| （φ直子があげた声は）僕がそれまでに聞いたオルガズムの声の中でいちばん哀し気な声だった。 | 省略 | 显现 | 在我听过的最冲动时的声音里边，这是最为凄楚的。 |
| そして（φ僕は）窓の外や降りつづける四月の雨を見ながら煙草を吸った。 | 省略 | 显现 | 一边吸烟一边看着窗外的绵绵春雨。 |
| （φ貼ってあったのは）写真も絵も何もない数字だけのカレンダーだった。 | 省略 | 显现 | 那是一张既无摄影又无绘画的年历。 |
| （φカレンダーは）書きこみもなければ、しるしもなかった。 | 省略 | 省略 | （φ年历）没写字，也没记号。 |
| （φ僕は）顔を近づけると直子の匂いがした。 | 省略 | 省略 | （φ我）凑近一闻，漾出直子的气味。 |
| （φ僕は）そしてもう二度直子の肩を眺め、部屋を出てドアをそっと閉めた。 | 省略 | 省略 | （φ我）然后再次看看直子的肩，走出房间，悄悄带上了门。 |
| とにかくもう一度君と会あって、（φ僕は）ゆっくりと話をしたい。 | 省略 | 显现 | 总之，我想再见你一次，好好谈谈。 |
| （φ僕は）運送トラックの助手席に座って荷物の積み下ろしをするのだ。 | 省略 | 省略 | （φ我）坐在卡车助手席上，停车时装货卸货。 |
| そして（φ僕は）仕事のない夜は部屋でウィスキーを飲みながら本を読んだ。 | 省略 | 显现 | 没有工做的晚上，我就在房间里边喝酒边看书。 |

| 日文版本 | 日文主题 | 中文主题 | 中文版本 |
|---|---|---|---|
| （φ僕は）そして最後に、返事を待っているのはとても辛い、僕は君を傷つけてしまったのかどうかそれだけでも知りたいとつけ加えた。 | 省略 | 省略 | （φ我）只是加了两句：等你回信是非常痛苦的，不知伤害你的心没有--哪怕告知这一点也好。 |
| （φ僕は）そして一人になってから、やれやれ俺はいったい何をやっているんだろうと思ってうんざりした。 | 省略 | 省略+省略 | 剩下我一个人后，（φ我）心想罢了罢了，我这是干的什么事！（φ我）不由一阵心灰意冷。 |
| （φ僕は）でもそうしないわけにはいかなかった。 | 省略 | 显现 | 然而又不能不干。 |
| （φ僕は）闇の中に白く浮かびあがっていた直子の裸体や、その吐息や、雨の音のことを考えていた。 | 省略 | 省略 | （φ我）想着直子黑暗中白嫩嫩浮现出来的裸体，想着她的喘息，以及外面的雨声。 |
| （φ直子から届いた手紙は）短かい手紙だった。 | 省略 | 省略 | （φ直子的信）是封短信。 |
| そして（φ私は）この手紙ももう十回も書きなおしています。 | 省略 | 省略 | （φ我）这封信就写了不下十次之多。 |
| （φ私は）結論から書きます。 | 省略 | 省略 | （φ我）先从结果写起吧。 |
| （φ私は）大学をとりあえず一年間休学することにしました。 | 省略 | 显现 | 我已决定暂时休学1年。 |
| とりあえずとは言っても、（φ私は）もう一度大学に戻ることはおそらくないのではないかと思います。 | 省略 | 省略 | 虽说暂时，但（φ我）重返大学的可能性是微乎其微的。 |
| それについては（φ私は）あなたに何度か話をしようと思っていたのですが、とうとう切り出せませんでした。 | 省略 | 显现 | 有好几次我想跟你谈起，但终于未能开口。 |
| （φ私は）口に出しちゃうのがとても怖かったのです。 | 省略 | 显现 | 我非常害怕把它说出口来。 |

| 日文版本 | 日文主题 | 中文主题 | 中文版本 |
|---|---|---|---|
| （φ私は）たとえ何が起っていたとしても、たとえ何が起っていなかったとしても、結局はこうなっていたんだろうと思います。 | 省略 | 显现 | 即便发生了什么，或者没有发生什么，我想结局恐怕都是这样的。 |
| （φ私は）もしそうだとしたら謝ります。 | 省略 | 显现 | 果真如此，我向你道歉。 |
| で（φ私は）あなたにもずいぶん迷惑をかけてしまったように思います。 | 省略 | 显现 | 觉得给你添了很大麻烦， |
| お医者様の話だと京都の山の中に私に向いた療養所があるらしいので、（φ私は）少しそこに入ってみようかと思います。 | 省略 | 显现 | 医生说京都一座山中有一家可能对我合适的疗养院，我便打算前去试试。 |
| 細かいことについては（φ私は）また別の機会に書くことにします。 | 省略 | 省略 | 详情（φ我）下次再写。 |
| （φ私は）今はまだうまく書けないのです。 | 省略 | 省略 | （φ我）现在还写不好。 |
| 会いたくないというのではなく、（φ私は）会う準備ができていないのです。 | 省略 | 省略 | 不是不想见，（φ我）是没完成见的准备。 |
| （φ私は）そのときには私たちはもう少しお互いのことを知りあえるのではないかと思います。 | 省略 | 显现 | 到那时候，我想我们也许会多少相互了解。 |
| （φ僕は）そして読みかえすたびにたまらなく哀しい気持になった。 | 省略 | 省略 | （φ我）每次读都觉得不胜悲哀。 |
| そして（φ僕は）僕とTVのあいだに横たわる茫漠とした空間をふたつに区切り、その区切られた空間をまたふたつに区切った。 | 省略 | 显现 | 我把横亘在我与电视之间空漠的空间切为两半，又进而把被自己切开的空间一分为二。 |

| 日文版本 | 日文主题 | 中文主题 | 中文版本 |
|---|---|---|---|
| (φ僕は)そして何度も何度もそれをつづけ、最後には手のひらにのるくらいの小さな空間を作りあげた。 | 省略 | 省略 | 如此反复无穷，直至最后（φ我）切成巴掌大小。 |
| (φ螢は)そしてつるつるとしたガラスの壁を上ろうとしてはそのたびに下に滑り落ちていた。 | 省略 | 省略 | (φ萤火虫)企图爬上光溜溜的瓶壁，但每次都滑落下来。 |
| (φ漂っていた夕食の匂いは)クリーム・シチューの匂いだった。 | 省略 | 省略 | (φ晚饭的味道)是奶油炖菜的气味儿。 |
| (φ僕は)しかし場所と時間を思いだすことはできなかった。 | 省略 | 显现 | 但场所和时间却无从记起。 |
| (φその水門は)ハンドルをぐるぐると回して開け閉める水門だ。 | 省略 | 显现 | 那是一座要一上一下摇动手柄来启闭的水门， |
| (φ水門を流れる川は)大きな川ではない。 | 省略 | 显现 | 河并不大， |
| (φその川は)岸辺の水草が川面をあらかた覆い隠しているような小さな流れだ。 | 省略 | 省略 | (φ那条河)水流不旺，岸边水草几乎覆盖了整个河面。 |
| (φ螢は)しばらく右に進んでそこが行きどまりであることをたしかめてから、また左に戻った。 | 省略 | 省略 | (φ萤火虫)接着向右爬了一会，确认再也走不通之后，又拐回左边。 |
| (φ螢は)それから時間をかけてボルトの頭によじのぼり、そこにじっとうずくまった。 | 省略 | 省略 | (φ萤火虫)继之花了不少时间爬上螺栓顶，僵僵地蹲在那里， |
| (φ学生が逮捕されたことは)その当時はどこの大学でも同じようなことをやっていたし、とくに珍しい出来事ではなかった。 | 省略 | 显现 | 当时，这种事在哪一所大学都概莫能外，并非什么独家奇闻。 |
| だから（φ僕は）ストが叩きつぶされたところで、とくに何の感慨も持たなかった。 | 省略 | 省略 | 因此，学潮被镇压以后（φ我）也毫无感慨。 |
| (φ彼らは)答えられるわけがないのだ。 | 省略 | 显现 | 也无法回答。 |

| 日文版本 | 日文主题 | 中文主题 | 中文版本 |
|---|---|---|---|
| （φ僕は）そんなことをしたって何の意味のないことはよくわかっていたけれど、そうでもしないことには気分が悪くて仕方がなかったのだ。 | 省略 | 显现 | 我也知道，这样做并无任何意义可言，但如果不这样做，心情就糟糕得不可收拾。 |
| （φ彼は）他人には何も教えずに自分一人で物事を管理することに無上の喜びを感じるタイプの俗物なのだ。 | 省略 | 显现 | 这家伙纯属俗物：对别人什么也不告诉，只顾自己横加管理并从中找出一大堆乐趣。 |
| （φ僕は）そして夜になると一人で酒を飲みながら音楽を聴いた。 | 省略 | 显现 | 晚间一个人边喝酒边听音乐， |
| （φ僕の方をちらちらとみている女の子は）ひどく髪の短い女の子で、濃いサングラスをかけ、白いコットンのミニのワンピースを着ていた。 | 省略 | 显现 | 她头发短得出格，戴一副深色太阳镜，身上是白布"迷你"连衣裙。 |
| （φ彼女は）そしてテーブルの端に片手をついて僕の名前を呼んだ。 | 省略 | 显现 | 并且一只手拄着桌角直呼我的名字： |
| （φ僕は）しかし何度見ても見覚えはなかった。 | 省略 | 显现 | 还是毫无印象。 |
| （φ彼女は）「演劇史Ⅱ」のクラスで見かけたことのある一年生の女の子だった。 | 省略 | 省略 | （φ她）是在"戏剧史Ⅱ"班上见过的一年级女孩儿。 |
| （φ彼女は）ただあまりにもがらりとヘア・スタイルが変わってしまったので、誰のなのかわからなかったのだ。 | 省略 | 省略 | （φ她）只是发型风云突变，无法辨认了。 |
| （φ彼女は）そして僕に向かってにっこり微笑んだ。 | 省略 | 未翻译 | |
| （φ僕は）そしてオムレツの残りを食べた。 | 省略 | 显现 | 然后把最后一片煎蛋吞下去。 |
| そして彼女が自分のテーブルに戻る気配がないので（φ僕は）食後のコーヒーを注文した。 | 省略 | 显现 | 看样子她无意返回自己的餐桌，我便要了一份饭后的咖啡。 |

185

| 日文版本 | 日文主题 | 中文主题 | 中文版本 |
|---|---|---|---|
| （φ僕は）勘定を払い、外に出て店の向かい側にある小さな神社の石段に座ってビールの酔いを覚ましながら一時まで彼女を待ったが、それでも駄目だった。 | 省略 | 显现+省略 | 我付了款，走出店门，坐在对面小神社的石阶上，清醒一下给啤酒弄昏的脑袋，同时等待绿子。（φ我）等到1点还是徒劳。 |
| （φ僕は）そして二時からのドイツ語の授業に出た。 | 省略 | 省略 | （φ我）然后去上两点钟开始的德语课。 |
| （φ僕は）次にカード式になっている学生名簿を繰って六九年度入学の学生の中から「小林緑」を探し出し、住所と電話番号をメモした。 | 省略 | 省略 | （φ我）接着翻动学籍卡片，从69年度入学的学生当中翻出小林绿子，记下住址和电话号码。 |
| （φそれは）魚屋に魚を買いに行ったよとか、その程度の軽い言い方だった。 | 省略 | 省略 | （φ那口气，简直像是）到鱼店买鱼去了——如此轻描淡写而已。 |
| （φ僕は）そして彼のところにそれを返しに行った。 | 省略 | 省略 | 然后（φ我）找他还书。 |
| （φ僕と永沢さんは）そして九時すぎまでそこで飲んでいた。 | 省略 | 显现 | 一直喝到9点。 |
| （φ彼は）そして勘定を全部払ってくれた。 | 省略 | 省略 | （φ他）随后一个人掏腰包付了账。 |
| （φ僕は）歩いた道筋や、通り過ぎた町々や、出会った人々について書いた。 | 省略 | 省略 | （φ我）写了所行走的路线、所经过的城镇、所遇到的人们。 |
| そして夜になるといつも君のことを考えていた、と（φ僕は書いた）。 | 省略 | 显现 | 我写道：每天夜晚总是想你。 |
| 大学は退屈きわまりないが、（φ僕は）自己訓練のつもりできちんと出席して勉強している。 | 省略 | 显现 | 大学里固然百无聊赖，但我从不缺席，权当自我训练也未尝不可。 |
| （φ僕は）君がいなくなってから、何をしてもつまらなく感じるようになってしまった。 | 省略 | 显现 | 你离去后，无论做什么我都觉得索然无味， |
| （φ僕は）一度君に会ってゆっくりと話がしたい。 | 省略 | 显现 | 很想同你见面好好谈一次。 |

186

| 日文版本 | 日文主题 | 中文主题 | 中文版本 |
|---|---|---|---|
| （φ彼女は）そしてショルダー・バッグからノートを出して、僕に渡した。 | 省略 | 省略 | （φ她）并从挎包里抽出笔记本，递给我。 |
| （φヘルメットをかぶった学生は）まるで漫才のコンビみたいな二人組だった。 | 省略 | 显现 | 简直同一对说相声的搭档无异： |
| （φ背の低い方は）ギリシャ悲劇よりもっと深刻な問題が現在の世界を覆っているのだと言った。 | 省略 | 显现 | 并说远比希腊悲剧还要悲惨的问题正笼罩当今世界。 |
| （φ教師は）そして机のふちをぎゅっとつかんで足を下におこし、杖を取って足をひきずりながら教室を出ていた。 | 省略 | 省略 | （φ老师）随即紧抓着讲桌边缘移腿下来，提起手杖，拖腿走出教室。 |
| （φ丸顔の演説は）いつもの古い唄だった。 | 省略 | 显现 | 一派陈词滥调。 |
| （φ僕は）出るときに丸顔の方が僕に何か言ったが、何を言ってるのかよくわからなかった。 | 省略 | 显现 | 快出门时，黑圆脸向我说了句什么，我却没怎么听清； |
| （φ彼女のつれていってくれた店は）たしかにわざわざバスに乗って食べにくる値打のある店だった。 | 省略 | 省略 | （φ我们）果然不虚此行。 |
| （φ僕は）そしてそのすぐあとで、いやもしあのとき出会わなかったとしても結局は同じようなことになっていたかもしれないと思い直した。 | 省略 | 省略 | （φ我）但又马上推翻了这一想法，觉得即使那时不遇上直子，恐怕也不至出现第二种结果。 |
| （φ高校の建物は）趣きのある古い建物だった。 | 省略 | 显现 | 是一座古色古香的旧式建筑。 |
| （φ僕は）それ以外になんと言えばいいのかよくわからなかった。 | 省略 | 显现 | 此外便不知说什么好了。 |
| （φ緑）そして赤いボールペンを出して家のあるところに巨大な×印をつけた。 | 省略 | 省略 | （φ绿子）然后取出红圆珠笔，在她家所在的位置打了一个大大的"X"。 |

| 日文版本 | 日文主题 | 中文主题 | 中文版本 |
|---|---|---|---|
| (φ僕は)そしてそろそろ大学に戻って二時からのドイツ語の授業に出ると言った。 | 省略 | 省略 | (φ我)然后告诉她得回校上两点钟的德语课。 |
| (φ日曜日の朝は)素晴らしい天気だった。 | 省略 | 显现 | 外面晴空万里， |
| (φ僕は)そしていちばんうしろの席に座り、窓のすぐ外を通りすぎていく古い家並みを眺めていた。 | 省略 | 省略 | (φ我)然后坐在最后边的位置，观望外面几乎擦窗而过的一排排古旧房屋。 |
| (φ小林書店は)たしかに大きな店ではなかったけれど、僕が緑の話しから想像していたほど小さくはなかった。 | 省略 | 显现 | 店固然不大，但也不似我从绿子话中想象出来的那般小气。 |
| (φ小林書店は)ごく普通の本屋だった。 | 省略 | 省略 | (φ店是)一条普通街道上的一家普通书屋。 |
| (φ小林書店は) 僕が子供の頃、発売日を待ちかねて少年雑誌を買いに走っていたのと同じような本屋だった。 | 省略 | 未翻译 | |
| (φ彼女は)こちらで煮るものの味見をしたかと思うと、何かをまな板の上で素早く刻み、冷蔵庫から何かを出して盛りつけ、使い終わった鍋をさっと洗った。 | 省略 | 省略 | (φ她) 眼看在这边品尝菜的味道，转眼就在菜板上飞快地切什么东西，又从电冰箱里取出什么盛上，一回手把用完的锅涮好。 |
| (φその姿は)あっちのベルを鳴らしたかと思うとこっちの板を叩き、そして水牛の骨を打ったり、という具合だ。 | 省略 | 显现 | (φ那样子就像)刚击响那边的吊钟，马上又敲这边的板，旋即拍打水牛骨。 |
| (φその姿は)ひとつひとつの動作が俊敏で無駄がなく、全体のバランスがすごく良かった。 | 省略 | 显现 | 每一个动作都敏捷而准确，相互配合得恰到好处。 |

| 日文版本 | 日文主题 | 中文主题 | 中文版本 |
|---|---|---|---|
| (φ彼女の腰は)まるで腰をがっしりと固めるための成長の一過程が何かの事情でとばされてしまったじゃないかと思えるくらいの華奢な腰だった。 | 省略 | 显现 | 简直像在使腰肢壮实起来的发育过程中，不知什么原因跳过了一个阶段：就是这样美不胜收的腰。 |
| (φ彼女は)そのせいで普通の女の子がスリムのジーンズをはいたときの姿よりずっと中性的な印象があった。 | 省略 | 显现 | 因此，同一般女孩子穿窄牛仔裤时相比，她给人的印象要中性得多。 |
| (φ僕は)靴を脱ぐ時に横においてそのまま忘れてしまったのだ。 | 省略 | 显现 | 我脱鞋时放在脚边，就一直忘在那里。 |
| (φ彼女は)そして水仙をいけたグラスを手にとってしばらく眺めた。 | 省略 | 省略 | （φ她）然后拿起插水仙花的玻璃杯，端详了半天。 |
| (φ緑は)煙が目に入ったらしく指で目をこすっていた。 | 省略 | 省略 | （φ绿子）并用手指揉揉眼睛，可能进了烟。 |
| (φ彼女は)そして手の中でマルボロの赤いハード・パッケージをくるくるとまわした。 | 省略 | 省略 | （φ她）然后把万宝路的硬纸包装盒拿在手里转来转去， |
| (φその日曜日は)奇妙な日だった。 | 省略 | 省略 | （φ这个星期天）好个奇妙的日子。 |
| (φ僕は) ブラジルがあそこで、ベネズエラがあそこで、このへんがコロンビアでとずっと考えていたが、ウルグァイがどのへんにあるのかはどうしても思い出せなかった。 | 省略 | 省略 | 那里是巴西，那里是委内瑞拉，这边是哥伦比亚——（φ我）如此想了半天，却怎么也弄不清乌拉圭的确切位置。 |
| 知っている唄をひととおり唄ってしまうと、(φ緑は) 今度は自分で作詞・作曲したという不思議な唄を唄った。 | 省略 | 省略 | （φ绿子）会唱的一股脑儿全部唱罢，又唱起了自己填词作曲的莫名其妙的歌。 |
| (φ彼女は)そしてこくんと肯いた。 | 省略 | 显现 | 随即深深点了下头。 |
| (φ緑は)そして煙を眺めながらしばらく考えていた。 | 省略 | 省略 | （φ绿子）然后眼望着烟思考了一会儿， |

| 日文版本 | 日文主题 | 中文主题 | 中文版本 |
|---|---|---|---|
| (φ緑は)身体の力を抜いてぼんやりと遠くの空を眺めていた。 | 省略 | 省略 | (φ绿子)身体有气无力,目光呆滞地望着远方的天空, |
| (φ緑は)そして殆んど口をきかなかった。 | 省略 | 省略 | (φ绿子)几乎不再开口。 |
| (φ彼女は)そしてなんだか言いにくそうに自分にはつきあっている人がいるのだと言った。 | 省略 | 显现 | 似乎难以启齿地说她有个正在相处的人。 |
| (φ僕は)講義が終ると学生食堂に入って一人で冷たくてまずいランチを食べそれから日なたに座ってまわりの風景を眺めた。 | 省略 | 显现+省略 | 上完课,我走进学生食堂,要了一份既凉又味道不好的便餐。(φ我)吃完便坐在阳光下打量周围动静。 |
| (φそんな風景)いつもながらの大学の昼休みの風景だった。 | 省略 | 省略 | (φ这些风景)一如往日的校园午休光景。 |
| (φ僕は)彼らが本当に幸せなのかあるいはただ単にそう見えるだけなのかはわからない。 | 省略 | 省略 | 至于他们是真的幸福还是仅仅表面看上去如此,(φ我)就无从得知了。 |
| (φ僕は)でもその答えを見つけることはできなかった。 | 省略 | 省略 | 但(φ我)百思不得其解。 |
| (φ僕は)ひょっとして緑に会えるかもしれないと思ったが、結局その日彼女の姿を見ることはなかった。 | 省略 | 显现 | 我也想到说不定碰巧能见到绿子,但这天她终归没有出现。 |
| (φ僕は)そして永沢さんと二人で食堂で夕食をとり、バスに乗って新宿の町に出た。 | 省略 | 省略 | 然后(φ我)和永泽两人在食堂吃罢饭,乘上公共汽车往新宿赶去。 |
| (φ僕らは)新宿三丁目の喧噪の中でバスを降り、そのへんをぶらぶらしてからいつも行く近くのバーに入って適当な女の子がやってくるのを待った。 | 省略 | 显现 | 我们在新宿三丁目的喧嚣声中下车,沿这一带东游西逛了一阵,然后走入近处一家常去的酒吧间,等待合适的女孩儿的到来。 |
| (φその日は)まったくついてない一日だった。 | 省略 | 显现 | 这天真是一无所获。 |
| (φ彼は)そして人混みの中に消えていった。 | 省略 | 显现 | 便消失在杂乱的人群之中。 |

190

| 日文版本 | 日文主题 | 中文主题 | 中文版本 |
|---|---|---|---|
| (φ僕は)それほど面白い映画とも思えなかったけれど、他にやることもないので、そのままもう一度くりかえしてその映画を観た。 | 省略 | 省略 | 电影意思不大，但又别无他事，(φ我)便坐着未动，又看了一遍。 |
| (φ僕は)そして映画館を出て午前四時前のひやりとした新宿の町を考えごとをしながらあてもなくぶらぶらと歩いた。 | 省略 | 省略 | (φ我)走出电影院时已快凌晨4点，在凉意袭人的新宿街头一边胡思乱想，一边漫无目的地转悠着。 |
| (φ二人の女の子は)たぶん僕と同じくらいの年だろう。 | 省略 | 显现 | 年纪大概同我相仿， |
| (φ二人の女の子は)どちらも美人というわけではないが、感じのわるくない女の子だった。 | 省略 | 显现 | 两人长得虽都不算得漂亮，给人的感觉并不差。 |
| (φ二人の女の子は)化粧も服装もごくまともで、朝の五時前に歌舞伎町をうろうろしているようなタイプには見えなかった。 | 省略 | 省略 | (φ两人)化妆和衣着都十分得体，看不出是在歌舞伎街无事闲逛到清晨5点的那号女子。 |
| (φ僕は)おまけにトーマス・マンの『魔の山』を一心不乱に読んでいた。 | 省略 | 显现 | 况且正在聚精会神地看托马斯·曼的《魔山》。 |
| (φ二人は)どれだけ飲んでも酔いもまわらなかったし、眠くもなかった。 | 省略 | 省略 | (φ两人)怎么喝头也不晕，又无睡意。 |
| (φ僕は)変な時間に酒を飲んだもので、頭の片方が妙に重くなっているような気がした。 | 省略 | 省略 | (φ我)由于喝酒时间不对头，觉得半边脑袋重重地直往下沉。 |
| (φ僕は)そして昨夜起ったことを順番にひとつひとつ思い出してみた。 | 省略 | 省略 | (φ我)随即一件一件地依序回忆昨晚发生的事。 |
| (φ入っていた速達は)直子からの手紙だった。 | 省略 | 省略 | (φ快信)是直子来的。 |
| (φ僕は)その最初の何行かを読んだだけで、僕のまわりの現実の世界がすうっとその色を失っていくように感じられた。 | 省略 | 显现 | 只读罢开头几行，我便觉得周围的现实世界黯然失色。 |

| 日文版本 | 日文主题 | 中文主题 | 中文版本 |
|---|---|---|---|
| （φ僕は）そして深呼吸をしてからそのつづきを読んだ。 | 省略 | 显现 | 然后深深吸了口气，继续读下去。 |
| そして（φ私は）それでずいぶんあなたを引きずりまわしたり、傷つけたりしたんだろうと思います。 | 省略 | 显现 | 以致使你茫然不知所措，心灵遭受创伤。 |
| だから（φ私は）時々あなたのことがすごくうらやましくなるし、あなたを必要以上に引きずりまわることになったのもあるいはそのせいかもしれません。 | 省略 | 显现+显现 | 因此我实在对你羡慕不已。我之所以使你不明所以然，过度拖累你，恐怕也是出于这个原因。 |
| （φあなたは）そう思いませんか？ | 省略 | 显现 | 你不这样认为？ |
| 正直言って、何を書いたのか（φ私は）全然思い出せません。 | 省略 | 显现 | （老实说，我完全记不起写了什么， |
| （φ七月にあなたに出した手紙は）ひどい手紙じゃなかったかしら？ | 省略 | 显现 | （φ那封信）怕是前言不搭后语吧？）。 |
| （φ私は）今回はすごく落ち着いて書いています。 | 省略 | 省略 | 而这回，（φ我）却是写得十分从容自得。 |
| （φここにいる人たちは）たぶん日が暮れると何もすることがなくなるので嫌でもくわしくなっちゃうんでしょうね。 | 省略 | 显现 | 这或许因为天黑以后无所事事才变得如此熟悉的吧——尽管可能并不情愿。 |
| あまりにも穏やかなので（φ私は）ときどきここが本当のまともな世界なんじゃないかという気がするくらいです。 | 省略 | 显现 | 由于过于悠闲了，有时我甚至怀疑这不是活生生的现实世界。 |
| でも、もちろん（φそれは）そうではありません。 | 省略 | 显现 | 当然实际并非如此。 |
| ある日（φ私は）私の担当医にそのことを言うと、君の感じていることはある意味で正しいのだと言われました。 | 省略 | 显现 | 一天，我把这话讲给主治医生，他说在某种意义上我的说法是正确的。 |

| 日文版本 | 日文主题 | 中文主题 | 中文版本 |
|---|---|---|---|
| 私たちの問題点のひとつはその歪みを認めて受けれることができないというところにあるのだ、と（彼は言います）。 | 省略 | 显现 | 我们这些人身上的问题之一，就在于不能承认和接受这种反常，他说， |
| だから（φ私たちは）その歪みが引き起こす現実的な痛みや苦しみを上手く自分の中に位置づけることができなくて、そしてそういうものから遠離るためにここに入っているわけです。 | 省略 | 省略 | （φ我们）因此才无法确定由这种反常特性所引发的痛苦在自身中的位置，并且为了对其避而远之住进这里。 |
| （φ私たちは）そして傷つけあうことのないようにそっと暮らしているのです。 | 省略 | 显现 | 我们在此静静地生活，避免相互伤害。 |
| （φ私たちは）大抵のものは作ります。 | 省略 | 显现 | 一般东西我们都种。 |
| （φ私たちは）温室も使っています。 | 省略 | 省略 | （φ我们）还使用温室。 |
| （φここの人たちは）本を読んだり、専門家を招いたり、朝から晩までどんな肥料がいいだとか地質がどうのとか、そんな話ばかりしています。 | 省略 | 省略 | （φ这里的人们）看书，请专家指导，从早到晚议论的全是什么肥料合适啦土质如何啦等等。 |
| （φちょうどいい体重というのは）運動と規則正しいきちんとした食事のせいです。 | 省略 | 省略 | （φ体重正好）都是由于体育运动和饮食有规律、讲究营养搭配的缘故。 |
| （φ私たちは）自分たちの歪みに対しても自然な気持ちで対することができます。 | 省略 | 省略 | （φ我们）对自己的反常也能泰然处之， |
| （φ私たちは）自分たちが回復したと感じます。 | 省略 | 省略 | （φ我们）感到自己业已恢复。 |
| （φ私は）もしあなたにとって、私の書いたことの何かが迷惑に感じられたとしたら謝ります。 | 省略 | 显现 | 如果我写的某一点使你觉得为难的话，我向你道歉。 |
| ときどき（φ私は）こんな風に思います。 | 省略 | 显现 | 我时常这样想： |

| 日文版本 | 日文主题 | 中文主题 | 中文版本 |
|---|---|---|---|
| もし私とあなたがごく当り前の普通の状況で出会って、お互いに好意を抱き合っていたとしたら、いったいどうなっていたんだろうと（φ私は思います）。 | 省略 | 显现 | 假如我与你在极为理所当然的普通情况下相遇，且相互怀有好感的话，那么将会怎样呢？ |
| 私がまともで、あなたもまともで（始めからまともですね）、キズキ君がいなかったとしたらどうなっていただろう、と（φ私は思います）。 | 省略 | 省略 | （φ我想）假如我健全，你也健全（一开始便是健全的哟），而木月君又不在，那么将会如何呢？ |
| そうすることによって（φ私は）私の気持ちを少しでもあなたに伝えたいと思うのです。 | 省略 | 显现 | 并想以此把我的心情多少传达给你。 |
| （φ私は）会えることを楽しみにしています。 | 省略 | 显现 | 我期待着。 |
| （φ私は）地図を同封しておきます。 | 省略 | 省略 | （φ我）同函寄上地图。 |
| （φ僕は）そして下に降りて自動販売機でコーラを買ってきて、それを飲みながらまたもう一度読み返した。 | 省略 | 省略 | （φ我）然后下楼在自动售货机买来可口可乐，边喝边再次读了一遍。 |
| （φ僕は）そしてその七枚の便箋を封筒に戻し、机の上に置いた。 | 省略 | 省略 | （φ我）这才把七页信纸装进信封，放在桌上。 |
| （φ阿美寮は）奇妙な名前だった。 | 省略 | 省略 | （φ阿美寮）好奇特的名称。 |
| （φ外に出たのは）その手紙の近くにいると十回も二十回も読み返してしまいそうな気がしたからだ。 | 省略 | 省略 | （φ那是）因我隐约觉得若守着这封信，说不定会反复读上十遍二十遍。 |
| （φ僕は）そして日が暮れてから寮に戻り、直子のいる「阿美寮」に長距離電話をかけてみた。 | 省略 | 显现 | 日落以后，我折回宿舍，给直子所在的"阿美寮"打长途电话。 |
| （φ僕は）そして眠くなるまでブランディを飲みながら『魔の山』のつづきを読んだ。 | 省略 | 省略 | （φ我）然后边喝白兰地边读《魔山》剩下的部分。 |

| 日文版本 | 日文主题 | 中文主题 | 中文版本 |
|---|---|---|---|
| (φ僕は)そして一時間ほどうとうとと眠った。 | 省略 | 显现 | 大约过了一小时，我便迷迷糊糊地睡了。 |
| (φ我々のバスが峠の上でもう一台のバスが来るのを待っていたかという理由は）山を少し下ったあたりから道幅が急に狭くなっていて二台の大型がすれちがうのはまったく不可能だったからだ。 | 省略 | 显现 | 从山顶下行不远，道路突然变窄，根本错不过两辆大型客车。 |
| (φ鳥の羽ばたきのような音は)部分的に拡大されたように妙に鮮明な音だった。 | 省略 | 显现 | 那声响听起来格外清晰，仿佛被部分放大了似的。 |
| (φ門衛は)六十歳くらいの背の高い額が禿げ上がった男だった。 | 省略 | 显现 | 这人60上下，高个头、秃顶。 |
| (φ彼女は)そして電話のダイヤルをまわした。 | 省略 | 显现 | 然后拨动电话。 |
| (φここは)清潔で感じの良いロビーだった。 | 省略 | 显现 | 大厅窗明几净，感觉舒适。 |
| (φこれは)人も動物も虫も草も木も、何もかもがぐっすり眠り込んでしまったみたいに静かな午後だった。 | 省略 | 省略 | 人、动物，以及昆虫草木统统酣然大睡，(φ这是) 好一个万倾俱寂的下午。 |
| (φ中年の女性は)そして僕と握手した。 | 省略 | 显现 | 同我握手。 |
| (φ中年の女性は）握手しながら、僕の手を表向けたり裏向けたりして観察した。 | 省略 | 省略 | (φ她) 一边握一边反复观察我的手。 |
| (φ彼女は)とても不思議な感じのする女性だった。 | 省略 | 省略 | (φ她) 真是个不可思议的女性。 |

| 日文版本 | 日文主题 | 中文主题 | 中文版本 |
|---|---|---|---|
| (φ彼女は)顔にはずいぶんたくさんしわがあって、それがまず目につくのだけれど、しかしそのせいで老けて見えるというわけではなく、かえって逆に年齢を超越した若々しさのようなものがしわによって強調されていた。 | 省略 | 显现+省略 | 她脸上有很多皱纹，这是最引人注目的。(φ她)然而却没有因此而显得苍老，反倒有一种超越年龄的青春气息通过皱纹被强调出来。 |
| (φ彼女は)年齢は三十代後半で、感じの良いというだけではなく、何かしら心魅かれるところのある女性だった。 | 省略 | 显现 | 她年纪在35岁往上，不仅给人的印象良好，还似乎有一种摄人心魄的魅力。 |
| (φ彼女は)白いTシャツの上にブルーのワークシャツを着て、クリーム色のたっぷりとした綿のズボンにテニス・シューズを履いていた。 | 省略 | 省略 | 白色半袖圆领衫外面罩一件蓝工作服，(φ她)下身穿一条肥肥大大的奶油色布裤，脚上一双网球鞋。 |
| (φ彼女は)ひょろりと痩せて乳房というものが殆んどなく、しょっちゅう皮肉っぽく唇が片方に曲がり、目のわきのしわが細かく動いた。 | 省略 | 省略+省略 | (φ她)身材瘦削，一副弱不禁风的样子，几乎没有什么乳房。(φ她)嘴唇不时嘲弄人似的往旁边一扭，眼角皱纹微动不已。 |
| (φ彼女は)いくらか世をすねたところのある親切で腕の良い女大工みたいに見えた。 | 省略 | 省略 | (φ她)俨然一个多少看破红尘的、热情爽快而技艺娴熟的女木匠师傅。 |
| (φ私は)今にもポケットから巻尺をとりだして体の各部のサイズを測り始めるんじゃないかという気がするくらいだった。 | 省略 | 显现 | 我真担心她马上从衣袋里掏出卷尺，动手测量我身体各个部位的尺寸。 |
| (φ僕は)どうして楽器の話ばかり出てくるのかさっぱりわからなかった。 | 省略 | 显现 | 我真不明白她为什么张口闭口总离不开乐器。 |
| (φ彼女は)煙草の灰がテーブルの上に落ちたが気にもしなかった。 | 省略 | 显现 | 烟灰落在桌上，她也没有顾及。 |

| 日文版本 | 日文主题 | 中文主题 | 中文版本 |
|---|---|---|---|
| （φ僕は）そして静かさの中に何ということもなくしばらく身を沈めているうちに、ふとキズキと二人でバイクに乗って遠出したときのことを思い出した。 | 省略 | 省略+显现 | （φ我）不知不觉地沉浸在这岑寂之中。良久，我蓦地想起我同木月骑摩托车远游的情景。 |
| （φあれは）何年前の秋だっけ？ | 省略 | 省略 | （φ那是）几年前的秋日来着？ |
| （φあれは）四年前だ。 | 省略 | 省略 | （φ那是）4年前。 |
| 秋の風が耳もとで鋭くうなり、（φ僕は）キズキのジャンパーを両手でしっかりと掴んだまま空を見上げると、まるで自分の体が宇宙に吹き飛ばされそうな気がしたものだった。 | 省略 | 显现 | 秋风在耳边呼啸而过，我双手死死搂住木月的夹克，抬头望天，恍惚觉得自己整个身体都要被卷上天空似的。 |
| （φ僕は）そして体を起こした。 | 省略 | 显现 | 我坐起身， |
| （φ直子は）そして髪留めを外し、髪の毛を下ろし、指で何度かすいてからまたとめた。 | 省略 | 显现 | 她取下发卡，松开头发，用手指梳了几下重新卡好。 |
| （φ直子が外したのは）蝶のかたちをした髪留めだった。 | 省略 | 显现 | 发卡是蝴蝶形状的。 |
| （φ彼女は）そしてまるで僕の体温をたしかめるみたいにそのままの姿勢でじっとしていた。 | 省略 | 省略 | 尔后（φ她）一动不动，仿佛在确认我的体温。 |
| （φ僕は）そんな風に直子をそっと抱いていると、胸が少し熱くなった。 | 省略 | 显现 | 我顺势轻轻抱着她，胸口荡过一阵暖流。 |
| （φ僕は）そして薄闇の中を舞う蝶の夢をみた。 | 省略 | 显现 | 我做了梦，梦见蝴蝶在昏昏的夜色中翩然飞舞。 |
| （φ僕は）それから台所に行って水を飲み、流しの前の窓から外を眺めた。 | 省略 | 省略 | （φ我）然后进厨房喝了口水，站在水槽前眺望窗外。 |
| なんだか（φ私は）手入れの行き届いた廃墟の中に一人で暮らしているみたいだった。 | 省略 | 显现 | 我觉得自己似乎孤零零地置身于整理得井井有条的一片废墟之中。 |
| （φ僕は）そして最後に会った日に彼が僕に蛍をくれた話をした。 | 省略 | 显现 | 见最后一面那天他给了我一只萤火虫。 |

| 日文版本 | 日文主题 | 中文主题 | 中文版本 |
|---|---|---|---|
| そして（φレイコさんは）あとはまた煙草を吸った。 | 省略 | 显现 | 之后便又吸烟。 |
| （φ僕は）でもそんな中で静かに食事をしていると不思議に人々のざわめきが恋しくなった。 | 省略 | 显现 | 然而在这样的环境中静悄悄进食的时间里，我竟奇异地怀念起人们的嘈杂声来。 |
| （φ僕は）人々の笑い声や無意味な叫び声や大仰な表現がなつかしくなった。 | 省略 | 显现 | 那笑声、空洞无聊的叫声、哗众取宠的语声，都使我感到亲切。 |
| （φ直子とレイコさんは）そしてもしシャワーだけでいいならバスルームのを使っていいと言った。 | 省略 | 显现 | 并说如果我只淋浴的话可用这里的盥洗室。 |
| （φ僕は）そしてドライヤーで髪を乾かしながら、本棚に並んでいたビル・エヴァンスのレコードを取り出してかけたが、しばらくしてから、それが直子の誕生日に彼女の部屋で僕が何度かかけたのと同じレコードであることに気づいた。 | 省略 | 省略+显现 | （φ我）然后一边用吹风机吹头发，一边抽出威尔·埃文斯的唱片放上。过了一会儿，我发现它同直子生日那天我在她房间里放听几次的那张唱片是同一张。 |
| たった半年前のことなのに、（φ僕は）それはもうずいぶん昔の出来事であるように思えた。 | 省略 | 显现 | 事情不过发生在半年前，我却觉得似乎过去了很久很久。 |
| （φずいぶん昔の出来事であるように思えたのは）たぶんそのことについて何度も何度も考えたせいだろう。 | 省略 | 显现 | 或许因为我对此不知反复考虑了多少次的缘故。 |
| （φ僕は）あまりに何度も考えたせいで、時間の感覚が引き伸ばされて狂ってしまったのだ。 | 省略 | 省略 | 由于考虑的次数太多了，（φ我）对时间的感觉便被拉长，而变得异乎寻常。 |
| （φ僕は）あたたかい感触が喉から胃へとゆっくり下っていくのが感じられた。 | 省略 | 显现 | 一种温煦的感觉从喉头往胃慢慢下移， |

198

| 日文版本 | 日文主题 | 中文主题 | 中文版本 |
|---|---|---|---|
| （ф レイコさんが冷蔵庫から出した白ワインは）まるで裏の庭で作ったといったようなさっぱりとした味わいのおいしいワインだった。 | 省略 | 显现 | 葡萄酒香醇爽口，仿佛在内院贮藏了很久。 |
| （ф レイコさんが演奏しているのは）ところどころで指のうまくまわらないところがあったけれど、心のこもったきちんとしたバッハだった。 | 省略 | 省略 | （ф玲子演奏的曲子）虽然不少地方指法不甚娴熟，但感情充沛，疾缓有致， |
| （ф レイコさんが演奏しているのは）温かく親密で、そこには演奏する喜びのようなものが充ちていた。 | 省略 | 省略 | 温馨亲昵，充溢着对于演奏本身的喜悦之情。 |
| （ф 彼女が弾いたのは)組曲の中の何かだ。 | 省略 | 省略 | （ф玲子弹的曲子）是组曲中的一段。 |
| （ф 僕は）ロウソクの灯を眺め、ワインを飲みながらレイコさんの弾くバッハに耳を傾けていると、知らず知らずのうちに気持ちが安らいできた。 | 省略 | 省略 | （ф我）望着烛光，喝着葡萄酒，谛听着玲子弹的巴赫，不觉心神荡漾。 |
| （ф 彼女は)ときどきギターを弾きながら目を閉じて首を振った。 | 省略 | 省略 | （ф她)有时边弹边闭目合眼地摇着头， |
| （ф 彼女は)そしてまたワインを飲み、煙草を吸った。 | 省略 | 省略 | （ф她)然后又呷口酒吸口烟。 |
| （ф 僕は）そしてたった半年間のあいだに一人の女性がこれほど大きく変化してしまうのだという事実に驚愕の念を覚えた。 | 省略 | 省略 | 同时（ф我）又感到有些惊愕：不过半年时间，一个女人居然会有如此明显的变化。 |
| 直子の新しい美しさは以前のそれと同じようにあるいはそれ以上に僕をひきつけたが、それでも（ф私は）彼女が失ってしまったもののことを考える残念だなという気がしないでもなかった。 | 省略 | 显现 | 直子这富有新意的娇美确实一如往日或者更甚于往日，使我为之倾心痴迷。尽管如此，一想到她所失去的东西，我还是不无遗憾。 |

| 日文版本 | 日文主题 | 中文主题 | 中文版本 |
|---|---|---|---|
| (φ僕は)それから永沢さんに誘われて知らない女の子たちと次々寝ることになった事情も話した。 | 省略 | 省略 | 接着(φ我)又讲了被永泽拉去左一个右一个同女孩乱来的缘由。 |
| (φ直子は)そして手の中で蝶のかたちをしたその髪留めをもてあそんでいた。 | 省略 | 显现 | 把发卡拿在手中摆弄着。 |
| (φレイコさんは)そして瓶に残っていたワインをふたつのグラスに分けた。 | 省略 | 显现 | 并把瓶里剩的葡萄酒分倒在两个杯里。 |
| (φ彼女は)そして僕にテニスはできるかと訊いた。 | 省略 | 省略 | 稍顷,(φ她)问我会不会打网球, |
| (φレイコさんは)そして街灯の光の下でまるで古い楽器を点検するみたいにじっと自分の右手を眺めた。 | 省略 | 显现 | 玲子说道,然后拉起我的右手,像在街灯下检查乐器似的定定细看。 |
| (φ定期入れのところに入っている写真は)十歳前後のかわいい女の子のカラー写真だった。 | 省略 | 省略 | (φ照片)是个十来岁女孩的彩色照。 |
| (φレイコさんは)そして首を何回か曲げた。 | 省略 | 显现 | 歪了好几下头: |
| (φ彼女は)その襟を首の上までぎょっとあわせ、ソファの上に足をあげ、膝を曲げて座っていた。 | 省略 | 显现 | 领口紧紧扣到脖子上,脚蹬沙发,支起膝盖坐着。 |
| (φ直子は)それから僕の方を向いて恥かしそうにごめんなさいと言った。 | 省略 | 省略 | (φ直子)然后转向我,害羞似的又说了声对不起。 |
| (φ直子は)そして体を離した。 | 省略 | 显现 | 随即移开身体。 |
| (φ自分は)朝六時に起きてここで食事をし。 | 省略 | 省略 | (φ自己)早上6时起床,在这里吃早餐、 |
| (φ自分は)鳥小屋の掃除をしてから、だいたいは農場で働く。 | 省略 | 省略 | (φ自己)清扫鸟舍,之后便大多去农场劳动, |
| (φ自分は)野菜の世話をする。 | 省略 | 省略 | (φ自己)侍弄蔬菜。 |

| 日文版本 | 日文主题 | 中文主题 | 中文版本 |
|---|---|---|---|
| （φ自分は）昼食の前かあとに一時間くらい担当医との個別面接か、あるいはブループ・ディスカッションがある。 | 省略 | 省略 | （φ自己）午饭前或午饭后有一小时同主治医生个别会面的时间，或者进行集体讨论。 |
| （φ自分は）午後は自由カリキュラムで、自分の好きな講座かあるいは野外作業かスポーツが選べる。 | 省略 | 省略 | 下午是自由活动，（φ自己）可以选择自己喜欢的讲座、野外作业或体育项目。 |
| （φ今は）九時少し前だった。 | 省略 | 省略 | （φ现在）差不多9点。 |
| あいつさえいれば次々にエピソードが生まれた、そしてその話さえしていればみんなが楽しい気持になれるのに、と（φ僕は思った）。 | 省略 | 显现 | （φ我想）只要那家伙在，笑料就会源源不断产生出来，而只要一提那笑料，人们便顿时心花怒放。 |
| （φ僕は）なんだかとても長い一日みたいに思えた。 | 省略 | 省略 | （φ我）觉得这一天格外的长。 |
| （φ並んでいる柳の木は）信じられないくらいの数の柳だった。 | 省略 | 省略 | （φ绿柳）数量多得令人难以置信。 |
| （φ僕は）鳥を追い払って柳の枝を揺らそうとしたのだ。 | 省略 | 显现 | 想把鸟赶走，让柳枝恢复摇动。 |
| 瞳は不自然なくらい澄んでいて、向う側の世界がすけて見えそうなほどだったが、（φ僕は）それだけ見つめてもその奥に何かを見つけることはできなかった。 | 省略 | 省略 | 那眼睛什么也没说，瞳仁异常澄澈，几乎可以透过它看到对面的世界。然而无论怎样用力观察，（φ我）都无法从中觅出什么。 |
| 僕の顔と彼女の顔はほんの三十センチくらいしか離れていなかったけれど、（φ僕は）彼女は何光年も遠くにいるように感じられた。 | 省略 | 省略 | 尽管我的脸同她的脸相距不过30厘米，（φ我）却觉得她离我几光年之遥。 |
| （φ直子は）唇が少しだけ震えた。 | 省略 | 显现 | 嘴唇略略抖动。 |

| 日文版本 | 日文主题 | 中文主题 | 中文版本 |
|---|---|---|---|
| （φ直子は）乳房は固く、乳首は場ちがいな突起のように感じられたし、腰のまわりに妙にこわばっていた。 | 省略 | 省略 | （φ直子）乳房硬硬的，乳头像是安错位置的突起物，腰间也总有点不够圆熟。 |
| （φこれは）どちらでもいいことなんだ。 | 省略 | 省略 | （φ这）本来就是无所谓的， |
| こうすることで僕はそれぞれの不完全さを頒ちあっているんだよ、と（φ僕は思う）。 | 省略 | 显现 | 并以此分摊我们各自的不完美性。 |
| （φ僕は）しかしもちろんそんなことを口に出してうまく説明できるわけはない。 | 省略 | 省略 | 当然这种解释（φ我）不可能很好地口述出来。 |
| （φ僕は）彼女がその裸の体を僕の目の前に曝していたのはたぶん五分か六分くらいのものだったのではなかったかと思う。 | 省略 | 显现 | 她把这裸体在我眼前暴露了大约五六分钟。 |
| （φ時刻は）三時四十分だった。 | 省略 | 显现 | 3点40分。 |
| （φ僕は）ハミングしながら湯をわかしたりパンを切ったりしている直子の姿をとなりに立ってしばらく眺めていたが、昨夜僕の前で裸になったという気配はまるで感じられなかった。 | 省略 | 显现 | 直子一边哼着什么一边烧水、切面包，我站在旁边望了一会，根本看不出昨晚在我面前赤裸过的任何蛛丝马迹。 |
| （φレイコさんは）そしてまた猫の鳴き真似をした。 | 省略 | 省略 | （φ玲子）随即又学了声猫叫， |
| （φ僕は）そして昨夜の直子はいったいなんだったんだろうと思った。 | 省略 | 省略 | （φ我）并且思忖，昨晚的直子到底怎么回事呢？ |
| あれは間違いなく本物の直子だった、夢なんかじゃない——彼女はたしかに僕の前で服を脱いで裸になったんだ、と（φ僕は思った）。 | 省略 | 显现 | （φ我思忖）那千真万确是直子本人呀，绝非什么梦境——她确实在我面前脱光身子来着…… |

| 日文版本 | 日文主题 | 中文主题 | 中文版本 |
|---|---|---|---|
| （φレイコさんは）そして『プラウド・メアリ』を吹きつづけながらほうきを納屋に放りこみ、戸を閉めた。 | 省略 | 省略 | （φ玲子）随即便继续吹着《骄傲的玛莉》，把扫帚放进仓房，关好门。 |
| （φこの洗面所は）二人の女性が住んでいるにしてはひどくさっぱりとした洗面所だった。 | 省略 | 显现 | 就两位女士居住这点来说，这盥洗室真是朴素利落得可以。 |
| （φこの洗面所は）化粧クリームやリップ・クリームや日焼けどめやローションといったものがぱらぱらと並んでいるだけで、化粧品らしいものは殆んどなかった。 | 省略 | 显现 | （φ这盥洗室）雪花膏、唇脂膏、防晒膏、洗头膏一类东西倒是零零碎碎排列了不少，而化妆品模样的东西却几乎见不到。 |
| （φ僕は）台所の日だまりの中でTシャツ一枚になってドイツ語の文法表を片端から暗記していると、何だかふと不思議な気持になった。 | 省略 | 显现 | 我拣了一块暖洋洋的向阳处，只穿件圆领半袖衫，逐个往下背德语语法表。这时我不由产生不可思议的感觉： |
| （φ僕は）ドイツ語の不規則動詞とこの台所のテーブルはおよそ考えられる限りの遠い距離によって隔てられているような気がしたからだ。 | 省略 | 显现 | 德语不规则动词同这餐桌之间，似乎相隔着所能想象得到的最遥远的距离。 |
| 門衛小屋には今度はちゃんと門番がいて、（φ門番は）食堂から運ばれてきたらしい昼食を机の前で美味しそうに食べていた。 | 省略 | 显现 | 这回门卫倒正好在门卫室内，在桌前津津有味地吃着想必从食堂端来的午饭。 |
| （φその日は）いずれにせよ門番の言うとおり実に良い天気だった。 | 省略 | 显现 | 这且不论，反正天气确如门卫所说，果然不错。 |
| （φ大きな犬は）僕が口笛を吹くとやってきて、長い舌でべろべろと僕の手を舐めた。 | 省略 | 显现 | 我一打口哨，它又跑过来伸出长舌头左一下右一下舔我的手。 |
| （φ彼女は）そして三度目にはところどころ装飾音を入れてすんなりと弾けるようになった。 | 省略 | 省略 | 而到第三遍时，（φ她）已经可以不时地加入装饰音，弹得很流畅了。 |

| 日文版本 | 日文主题 | 中文主题 | 中文版本 |
|---|---|---|---|
| （φレイコさんは）それから歌詞を唄いながら『ヒア・カムズ・ザ・サン』を弾いた。 | 省略 | 省略 | （φ玲子）随即边哼歌词边弹《太阳从这里升起》。 |
| （φレイコさんは）あまり声量がなく、おそらくは煙草の吸いすぎのせいでいくぶんかすれていたけれど、存在感のある素敵な声だった。 | 省略 | 省略 | （φ玲子）音量并不大，而且大概由于过度吸烟的关系，嗓音有些沙哑，但很有厚度，娓娓动人。 |
| （φ僕は）ビールを飲みながら山を眺め、彼女の唄を聴いていると、本当にそこから太陽がもう一度顔をのぞかせそうな気がしてきた。 | 省略 | 显现 | 我喝着啤酒，望着远山，耳听她的歌声，恍惚觉得太阳会再次从那里探出脸来。 |
| そして（φレイコさんは）僕と直子に二人でこのあたりを一時間ばかり歩いていらっしゃいよと言った。 | 省略 | 省略 | （φ玲子）然后叫我和直子到附近一带散一个小时步去。 |
| （φ直子は）そして僕のズボンのジッパーを外し、固くなったペニスを手に握った。 | 省略 | 显现 | 拉开我裤子的拉链，把硬硬的东西握在手里。 |
| （φ私は）そしてやわらかいピンク色の乳房にそっと唇をつけた。 | 省略 | 省略 | （φ我）嘴唇轻轻吻在她粉白色的乳房上。 |
| （φお姉さんは）勉強もいちばんならスポーツもいちばん、人望もあって指導力もあって、親切で性格もさっぱりしているから男の子にも人気があって、先生にもかわいがられて、表彰状が百枚もあってという女の子だった。 | 省略 | 省略 | （φ姐姐）学习第一，体育第一，又有威望又有领导才能。（φ姐姐）性格热情开朗，在男孩子中间也很有人缘，也很受老师喜爱，得的奖状足有一百张。 |
| （φ彼は）そして何度も「いやちょっと違うな、これ」と言っては描きなおした。 | 省略 | 省略 | （φ他）边画边口中念念有词，"哎呀，这里不对"，一再修修改改。 |

| 日文版本 | 日文主题 | 中文主题 | 中文版本 |
|---|---|---|---|
| (φ彼は)そして描き終わると大事そうにメモ用紙を白衣のポケットにしまい、ボールペンを胸のポケットにさした。 | 省略 | 省略 | (φ他)画完后，便如获至宝地将那便笺藏进衣袋，把圆珠笔别在胸前。 |
| (φ彼は)胸のポケットにはボールペンが三本と鉛筆と定規が入っていた。 | 省略 | 省略 | (φ他)胸袋里居然插着三支圆珠笔，还有铅笔和规尺。 |
| (φ彼は) そして食べ終わると「この冬はいいですよ。この次は是非冬にいらっしゃい」と昨日と同じことを言って去っていた。 | 省略 | 省略 | (φ他)吃罢饭，又重复了一句"这里的冬天不错哟，下次务必冬天里来看看"，这才离去。 |
| (φレイコさんは)それから直子に「そうだ、岡さんのところに行って葡萄もらってこなくっちゃ。すっかり忘れてた」と言った。 | 省略 | 省略 | (φ玲子)然后转向直子，"对了，得去阿冈的家讨葡萄吃，忘得死死的了。" |
| (φ彼女は) そして「 雨の匂いがするわね」と言った。 | 省略 | 显现 | 说 "有一股雨气味儿"。 |
| (φこの葡萄は)瑞々しい味の葡萄だった。 | 省略 | 显现 | 葡萄着实水灵得很。 |
| (φ彼女は)そしてそのいちばん手前の小屋の扉を開け、中に入って電灯のスイッチを入れた。 | 省略 | 显现 | 玲子打开头排一间的门，进去拉开电灯。 |
| (φレイコさんは)そしておいしそうに煙草を吸った。 | 省略 | 显现 | 旋即如饥似渴地吸了一口。 |
| (φレイコさんは)そして感情を鎮めるようにふうっと深呼吸をした。 | 省略 | 显现 | 深深地吸了口气，似乎想使感情平静下来： |
| (φ彼女は)どういう風に話せばいいのかと考えているように見えた。 | 省略 | 显现 | 仿佛在思索应该怎样叙述： |
| (φ僕は)それ以外にどう言えばいいのかよくわからなかった。 | 省略 | 省略 | 此外（φ我）便不知说什么好了。 |

| 日文版本 | 日文主题 | 中文主题 | 中文版本 |
|---|---|---|---|
| （φ直子は）脚を組み、指でこめかみを押えながら本を読んでいたが、それはまるで頭に入ってくる言葉を指でさわってたしかめているみたいに見えた。 | 省略 | 显现 | 她架着腿，边看边用手指按着太阳穴，仿佛在清点进入脑海的词句。 |
| （φレイコさんは）『デサフィナード』と『イパネマの娘』を弾き、それからバカラックの曲やレノン＝マッカートニーの曲を弾いた。 | 省略 | 显现 | 弹起《并非终曲》和《伊帕内马的少女》，之后弹了伯克拉库，弹了列农、麦卡特尼的曲子。 |
| （φ我々は）そしてとても親密な気分でいろんな話をした。 | 省略 | 显现 | 我们谈天说地，其乐融融。 |
| （φ直子は）目もぼんやりとしていなかったし、動作もきびきびしていた。 | 省略 | 省略 | （φ直子）目光不再呆板迟滞，动作灵活快捷。 |
| （φ僕は）直子の乳房の形がくっきりと胸に感じられた。 | 省略 | 省略 | 黑暗中，（φ我）胸口处明显感觉出了直子乳房的形状。 |
| （φ雨は）昨夜とはちがって、目に見えないくらいの細い秋雨だった。 | 省略 | 省略 | 但和昨晚不同，（φ雨）成了毛毛秋雨，四下一片迷蒙。 |
| （φ僕は）門につくまでに何もの人とすれ違ったが、誰もみんな直子たちが着ていたのと同じ黄色い雨合羽を着て、頭にはすっぽりとフードをかぶっていた。 | 省略 | 省略＋显现 | 去大门口的路上，（φ我）和好几个人擦肩而过。我发现每人都穿着直子和玲子那种黄色雨衣，脑袋罩得严严实实。 |
| （φ僕は）なんだかまるで少し重力の違う惑星にやってきたみたいな気がしたからだ。 | 省略 | 显现 | 我总觉得自己似乎来到了引力略有差异的一颗行星。 |
| （φ僕は）そしてそうだ、これは外の世界なんだと思って哀しい気持になった。 | 省略 | 省略 | 是的，这的确是另外一个世界——想着，（φ我）不由生出悲戚的心情。 |
| （φ僕は）そして六時から十時半まで店番をしてレコードを売った。 | 省略 | 显现 | 6点到10点半，由我值班卖唱片。 |
| （φ彼女は）そして煙草はないかと僕に訊いた。 | 省略 | 省略 | （φ她）接着又问我有没有香烟， |

| 日文版本 | 日文主题 | 中文主题 | 中文版本 |
|---|---|---|---|
| いったいこれらの光景はみんな何を意味しているのだろう、と（φ僕は思った）。 | 省略 | 显现 | （φ我心想）这纷纷杂陈的场面到底意味着什么呢？ |
| （φ僕は）部屋のカーテンを閉めて電灯を消し、ベッドに横になると、今にも直子が隣りにもぐりこんでくるじゃないかという気がした。 | 省略 | 省略+省略 | （φ我）拉合窗帘，熄灯上床。刚一躺下，（φ我）恍惚觉得直子即将钻进自己被窝。 |
| （φ僕は）目を閉じるとその乳房のやわらかなふくらみを胸に感じ、囁き声を聞き、両手で体の線を感じとることができた。 | 省略 | 省略 | 而一合眼，（φ我）便感到她那柔软丰满的乳房紧贴着自己胸口，耳边响起她娓娓的细语，手心腾起她身体的曲线。 |
| （φ僕は）あの月の光の下で見た裸の直子のことを思い、そのやわらかく美しい肉体が黄色い雨合羽に包まれて鳥小屋の掃除をしたり野菜の世話をしたりしている光景を思い浮べた。 | 省略 | 省略 | （φ我）回味月光下目睹的直子裸体，想象那黄色雨衣围裹的丰腴匀称的胴体清扫鸟舍、侍弄蔬菜的情景。 |
| （φ僕は）射精してしまうと僕の頭の中の混乱も少し収まったようだったが、それでもなかなか眠りは訪れなかった。 | 省略 | 省略 | （φ我）一泄而出之后，混乱的头脑似乎才有所平息，但还是毫无睡意。 |
| （φ僕は）ひどく疲れていて眠くて仕方がないのに、どうしても眠ることができないのだ。 | 省略 | 省略 | 本来折腾得够疲乏了，（φ我）却无论如何也不能成眠。 |
| （φ直子は）もちろん眠っているだろう。 | 省略 | 省略 | （φ直子）当然是在睡觉吧？ |
| （φ直子は）あの小さな不思議な世界の闇に包まれてぐっすり眠っているだろう。 | 省略 | 省略 | （φ直子）是在那不可思议的狭小天地的暗影中安然入睡吧？ |
| （φ僕は）激しい運動をしたせいで気分もいくらかさばりしたし、食欲も出てきた。 | 省略 | 省略 | 由于剧烈运动的关系，（φ我）心情多少变得开朗些了，食欲也增加了。 |
| （φ彼女は）そして実においしいそうにカレーを食べ、水を三杯飲んだ。 | 省略 | 显现 | 她狼吞虎咽地吃完咖喱饭，一口气干了三杯白开水。 |

| 日文版本 | 日文主题 | 中文主题 | 中文版本 |
|---|---|---|---|
| （φ緑は）そして一息ついてから僕の顔をまじまじと見た。 | 省略 | 显现 | 然后透过一口气，定定地注视我的脸。 |
| （φ僕は）そして部屋に戻ってなるべく急いで顔を洗い、髭を剃った。 | 省略 | 省略 | （φ我）随即返回房间，迅速洗把脸，刮去胡子， |
| （φ僕は）そしてブルーのボタン・ダウン・シャツの上にグレーのツイードの上着を着て下に降り、緑を寮の門の外に連れ出した。 | 省略 | 省略＋省略 | （φ我）找出一件灰色粗花呢上衣，套在蓝衬衣外面。（φ我）下得楼，领绿子走出宿舍大门。 |
| （φ僕は）冷や汗が出た。 | 省略 | 显现 | 我冷汗都出来了。 |
| （φ緑は）「ねえワタナベ君、英語の仮定法現在と仮定法過去の違いをきちんと説明できる？」と突然僕に質問した。 | 省略 | 显现 | "渡边君，你能够完整地解释出英语现在假定形和过去假定形的区别？"绿子突发奇想。 |
| （φ緑の父親は）横向きにぐったりと寝そべり、点滴の針のささった左腕だらんとのばしたまま身動きひとつしなかった。 | 省略 | 显现 | 他侧着脸，瘫痪般地躺在那里，打点滴的左臂软绵绵地探出，身子纹丝不动。 |
| （φ緑の父親は）やせた小柄な男だったが、これからもっとやせてもと小さくなりそうだという印象を見るものに与えていた。 | 省略 | 省略 | （φ他）给人的印象是：他本来就长得又瘦又小，而这以后似乎还要更加瘦小下去。 |
| （φ緑の父親は）頭には白い包帯がまきつけられ、青白い腕には注射だか点滴の針だかのあとが点々とついていた。 | 省略 | 省略 | （φ他）头上缠着白绷带，苍白的胳膊上布满注射或打点滴的点点遗痕。 |
| （φ彼は）そして十秒ほど見てからまた空間の一点にその弱々しい視線を戻した。 | 省略 | 省略 | （φ他）大约看了10秒钟，便收回极其微弱的视线，重新盯视空间中的一点。 |
| （φ僕は）その目を見ると、この男はもうすぐ死ぬのだということが理解できた。 | 省略 | 省略 | （φ我）一看那眼睛，便可知道他已不久人世。 |
| （φ僕は）彼の体には生命力というものが殆んど見うけられなかった。 | 省略 | 省略 | （φ我）从他身上，几乎看不到生命力的跃动， |

| 日文版本 | 日文主題 | 中文主題 | 中文版本 |
|---|---|---|---|
| （φ彼は）乾いた唇のまわりにはまるで雑草のようにまばらに不精髭がはえていた。 | 省略 | 省略 | （φ他）干裂的嘴唇四周，乱糟糟地生着杂草样的胡子。 |
| （φそのしゃべり方は）まるでマイクロフォンのテストをしているようなしゃべり方だった。 | 省略 | 显现 | 简直像是在试麦克风。 |
| （φ彼は）しゃべるというのではなく、喉の奥にある乾いた空気をとりあえず言葉に出してみたといった風だった。 | 省略 | 省略 | 那其实不是说，（φ她父亲）而似乎是在把喉头深处的干空气勉强换成语言。 |
| （φ父親は）四音節以上の言葉はうまくしゃべれないらしかった。 | 省略 | 省略 | （φ父亲）看来很难一连吐出四个音节。 |
| （φ緑が話したのは）TVの映りがわるくなって修理を呼んだとか、高井戸のおばさんが二、三日のうち一度見舞にくるって言ってたとか、薬局の宮脇さんがバイクに乗ってて転がだとか、そういう話だった。 | 省略 | 显现 | 电视图像不清请人修理啦，高井户伯母两三天来看望一次啦，药店的宫胁骑自行车摔个跟斗啦，不一而足。 |
| （φ男の奥さんは）丸顔の人の好さそうな奥さんで、緑と二人でいろいろと世間話をした。 | 省略 | 显现 | 这圆脸太太看来人很随和，同绿子这个那个地闲话家常。 |
| （φ父親は）あるいは緑の言ったことを全く理解してなかったのかもしれない。 | 省略 | 显现 | 或者根本没理解绿子说的也有可能。 |
| （φ彼は）ときどきまばたきしなければ、死んでいると言っても通りそうだった。 | 省略 | 省略 | （φ他）若非不时眨巴一下，说已死都有人信。 |
| （φ彼は）目は酔払ったみたいに赤く血ばしっていて、深く息をすると鼻がかすかに膨らんだ。 | 省略 | 省略 | （φ他）眼睛如同喝得烂醉一般充满血丝，深呼吸的时候，鼻翼微微鼓胀。 |
| （φ彼は）ただぐっすりと眠っているだけだった。 | 省略 | 显现 | 只是昏昏沉睡。 |

| 日文版本 | 日文主题 | 中文主题 | 中文版本 |
|---|---|---|---|
| （φ僕は）何か読むものがあればと思ったが、病室には本も雑誌も新聞も何にもなかった。 | 省略 | 显现 | 我想读点什么，但病房里一没书刊二无报纸， |
| （φ僕は）髪どめしかつけていない直子の裸体のことを考えた。 | 省略 | 省略 | （φ我）想她那全身只剩一个发卡的裸体， |
| （φ僕は）腰のくびれと陰毛のかげりのことを考えた。 | 省略 | 省略 | （φ我）想她那腰间的曲线和毛丛的暗影。 |
| （φ僕は）本当にあったことなんだと思えばたしかにそうだという気がしたし、幻想なんだと思えば幻想であるような気がした。 | 省略 | 省略 | （φ我）若以为是幻觉便似乎是幻觉， |
| 小さなガラスの水さしで少しずつゆっくり飲ませると、（φ彼は）乾いた唇が震え、喉がびくびくと動いた。 | 省略 | 省略 | 我拿起小小的玻璃壶，慢慢往他嘴里倒一点点。（φ他）那干巴巴的嘴唇颤抖一下，喉咙上下动了动， |
| （φ彼は）頭を大きく動かすと痛みがあるらしく、ほんのちょっとしか動かさなかった。 | 省略 | 显现 | 他的头摆得的确十分十分轻微，可能摆动得大会引起头痛。 |
| （φ彼は）あるいは僕のことを他の誰かと間違えているのかもしれなかった。 | 省略 | 省略 | （φ他）或许把我错看成另外某个人了， |
| （φ僕は）僕のしゃべっていることを彼がいささかなりとも理解しているのかどうかその目から判断できなかった。 | 省略 | 省略 | 至于我说的他是否多少有所理解，（φ我）从那眼神中是无从判断的。 |
| （φ僕は）それだけしゃべってしまうと、ひどく腹が減ってきた。 | 省略 | 省略 | （φ我）说罢这些，肚子一下瘪了下来。 |
| （φ僕は）朝食を殆んど食べなかった上に、昼の定食も半分残してしまったからだ。 | 省略 | 省略 | （φ我）早餐几乎颗粒没进，午间那份饭也只吃了一半。 |
| （φ僕は）何か食べものがないかと物入れの中を探してみたが、海苔の缶とヴィックス・ドロップと醤油があるだけだった。 | 省略 | 显现+省略 | 我找了放东西的地方，看有什么可吃的没有。（φ放东西的地方）里面只有海苔罐、止咳糖浆和酱油。 |

| 日文版本 | 日文主题 | 中文主题 | 中文版本 |
|---|---|---|---|
| （φ僕は）そして皿に醤油を少し入れ、キウリに海苔を巻き、醤油をつけてぽりぽりと食べた。 | 省略 | 显现 | 往碟子里倒了点酱油，用海苔卷起，蘸酱油"咔嚓咔嚓"咬起来。 |
| （φ僕は）そして廊下にあるガス・コンロで湯をかわし、お茶を入れて飲んだ。 | 省略 | 省略 | （φ我）之后用走廊里的煤气炉烧了点水，沏茶喝起来。 |
| （φ僕は）そして病室に戻ってお茶の残りを飲んだ。 | 省略 | 显现 | 然后折回病房喝没喝完的茶。 |
| （φ彼は）それから＜タノム＞と言った。 | 省略 | 显现 | 然后又说了句"拜托了"—— |
| （φ彼が言ったのは）「頼む」ということらしかった。 | 省略 | 省略 | （φ他说的）确实像是"拜托了"。 |
| （φ僕は）でも意味はさっぱりわからなかった。 | 省略 | 显现 | 但根本不知所云。 |
| たぶん意識が混濁しているのだろうと僕は思ったが、（φ彼は）目つきがさっきに比べていやにしっかりしていた。 | 省略 | 显现 | 我猜想他可能神志有些模糊，但其眼神却要比刚才坚毅镇定得多。 |
| （φ彼は）そうするにはかなりの力が必要であるらしく、手は空中でぴくぴくと震えていた。 | 省略 | 省略 | 这举动对他显得相当吃力，（φ他）手在空中哆嗦不止。 |
| （φ彼は）そして寝息を立てて眠った。 | 省略 | 显现 | 发出睡觉的声息。 |
| （φ僕は）そして自分がこの死にかけている小柄な男に対して好感のようなものを抱いていることに気づいた。 | 省略 | 显现 | 我发觉自己对这位生命危在旦夕的瘦小男子开始怀有类似好感的感情。 |
| ぐっすり眠って起きて、昼食の残りを半分食べ、僕がキウリをかじっていると食べたいと言って一本食べ、小便して眠った、と（φ僕は報告した）。 | 省略 | 省略 | （φ我汇报）睡得很实，欠身吃了一半午间剩的食物，看见我吃黄瓜他也说想吃，就吃了一根，小便，睡了。 |

211

| 日文版本 | 日文主题 | 中文主题 | 中文版本 |
|---|---|---|---|
| （φ僕は）それから父親に向かって「今からアルバイト行かなきゃならないんです」と説明した。「六時から十時半まで新宿でレコード売るんです」 | 省略 | 省略 | （φ我）转而对她父亲解释，"现在得赶去打工，6 点到 10 点半在新宿卖唱片。" |
| （φ僕が病院に行かなかったのは）緑の父親が金曜日の朝に亡くなってしまったからだ。 | 省略 | 显现 | 绿子父亲在周五早上就已经去世了。 |
| （φ緑は）そして電話を切った。 | 省略 | 显现 | 挂断电话。 |
| 寮に帰るたびに（φ僕は）僕への伝言メモがないかと気にして見ていたのだが、僕への電話はただの一本もかかってはこなかった。 | 省略 | 显现 | 每次回到宿舍，我都注意看有没有自己的留言条，找我的电话却是一次都没有的。 |
| （φ僕は）仕方なく途中で直子に切りかえてみたのだが、直子のイメージも今回はあまり助けにならなかった。 | 省略 | 省略 | 无奈，（φ我）便中途换成直子，结果还是没多大效用。 |
| （φ僕は）それでなんとなく馬鹿馬鹿しくなってやめてしまった。 | 省略 | 显现 | 于是我感到自己有些傻气，索性作罢。 |
| （φ僕は）そしてウィスキーを飲んで、歯を磨いて寝た。 | 省略 | 省略 | 而后喝了口威士忌，（φ我）刷牙睡觉。 |
| 人の死というものは小さな奇妙な思い出をあとに残していくものだ、と（僕はよく覚えている）。 | 省略 | 显现 | 看来人的死总会给人留下奇妙的回忆。 |
| 孔雀や鴉やオウムや七面鳥、そしてウサギのことを（φ僕は書いた）。 | 省略 | 省略 | （φ我）想孔雀、鸽子、鹦鹉、火鸡以及小兔。 |
| （φ僕は）雨の朝に君たちが着ていたフードつきの黄色い雨合羽のことも覚えています。 | 省略 | 省略 | （φ我）也记得下雨那天早晨你们穿的带头罩的黄色雨衣。 |
| （φ僕は）まるで僕のとなりに君がいて、体を丸めてぐっすり眠っているような気がします。 | 省略 | 省略 | （φ我）恍惚觉得你就在我的身边，弓着身子睡得很熟很熟。 |

| 日文版本 | 日文主题 | 中文主题 | 中文版本 |
|---|---|---|---|
| （φ僕は)そしてそれがもし本当だったらどんなに素敵だろうと思います。 | 省略 | 显现 | 倘若这是真的，那该多美呀！我想。 |
| （φ僕は)さあ今日も一日きちんと生きようと思うわけです。 | 省略 | 省略 | （φ我）并且想：好，今天要精神抖擞地开始一天的生活！ |
| （φ僕は)たぶんねじを巻きながらぶつぶつと何か言ってるのでしょう。 | 省略 | 省略 | （φ我）或许是一边上条时一边口中念念有词吧。 |
| （φ僕は)君に会えないのは辛いけれど、もし君がいなかったら僕の東京での生活はもっとひどいことになっていたと思う。 | 省略 | 显现 | 见不到你固然是痛苦的，但倘若没有你，我在东京的生活将更不堪忍受。 |
| （φ僕は）君がそこできちんとやっているように僕もここできちんとやっていかなくちゃと思うのです。 | 省略 | 显现 | 如同你在那边自强不息一样，我在这里也必须自强不息。 |
| （φ僕は)洗濯をすませてしまって、今は部屋で手紙を書いています。 | 省略 | 省略 | （φ我）早上洗罢衣服，现在正在房间给你写信。 |
| （φ僕は)この手紙を書き終えて切手を貼ってポストに入れてしまえば夕方まで何もありません。 | 省略 | 省略 | （φ我）写完这封信，贴上邮票投进邮筒，傍晚之前便没事可做了。 |
| （φ僕は)日曜日には勉強もしません。 | 省略 | 显现 | （φ我）星期天我不学习。 |
| （φ僕は)君が東京にいた頃の日曜日に二人で歩いた道筋をひとつひとつ思いだしてみることもあります。 | 省略 | 省略 | （φ我）也有时逐一回忆你在京时星期天咱俩行走的路线。 |
| （φ僕は)君が着ていた服なんかもずいぶんはっきりと思いだせます。 | 省略 | 显现 | 你穿的衣服也清楚得如在眼前。 |
| （φ僕は)そしてあの父親は本当に僕に緑のことをよろしく頼むと言おうとしたのだろうかと考えてみた。 | 省略 | 显现 | 揣度那位父亲是否真的想说把绿子拜托给我。 |

| 日文版本 | 日文主题 | 中文主题 | 中文版本 |
|---|---|---|---|
| (φ彼は)そして高熱炉で焼かれて灰だけになってしまったのだ。 | 省略 | 显现 | 而后在高温炉里化为灰烬。 |
| (φ僕は)そしてこの先こんな日曜日をいったい何十回、何百回くりかえすことになるのだろうとふと思った。 | 省略 | 显现 | 我不由心想：这样的星期日以后将重复几十次、几百次吧？ |
| (φ僕は)レコード棚のガラスの仕切りが割れていることに気がつかなかったのだ。 | 省略 | 显现 | 其实唱片架上的一块玻璃档格早已经打裂，而我没注意到。 |
| (φ店長は)そして電話をかけて夜でも開いている救急病院の場所を訊いてくれた。 | 省略 | 显现 | 旋即拿起电话，询问晚间也开业的急诊医生在什么地方。 |
| (φ店長は)ろくでもない男だったが、そういう処置だけは手ばやかった。 | 省略 | 显现 | 这人虽说不地道，但处理起这种事来却十分麻利。 |
| (φ僕は)そして永沢さんの部屋に行ってみた。 | 省略 | 显现 | 拐去永泽房间。 |
| (φ僕は) 怪我のせいで気が高ぶっていて誰かと話がしたかったし、彼にもずいぶん長く会っていないような気がしたからだ。 | 省略 | 省略 | 一来由于受伤的缘故，心情有些亢奋，（φ我）想找人聊聊，二来觉得好长时间都没见他了。 |
| (φ僕は)そして机の上のスペイン語のテキスト・ブックを手にとって眺めた。 | 省略 | 显现 | 随后拿起桌上的西班牙课本看了看。 |
| (φ僕は) そして緑の父親は TVでスペイン語の勉強を始めようなんて思いつきもしなかったろうと思った。 | 省略 | 显现 | 我想绿子的父亲恐怕从来就未曾想起过要开始学什么西班牙语， |
| (φ緑の父親は)努力と労働の違いがどこかにあるかなんて考えもしなかったろう。 | 省略 | 省略 | （φ绿子的父亲）恐怕根本就未曾考虑过努力和劳动的区别在哪里。 |
| (φ彼は) 仕事も忙しかったし、福島まで家出した娘を連れ戻しにも行かねばならなかった。 | 省略 | 省略 | 工作本身就忙，（φ他）又得跑去福岛领回离家出走的女儿。 |

| 日文版本 | 日文主题 | 中文主题 | 中文版本 |
|---|---|---|---|
| （φハツミさんは）そして僕の顔を見た。 | 省略 | 显现 | 而后看着我的脸问： |
| （φその美人じゃない子の方は）話していて面白かったし、性格もいい子だった。 | 省略 | 省略 | （φ那个不漂亮的）说话风趣，性格也好。 |
| （φ僕の話は）まるで深い竪穴に小石を投げ込んだみたいだった。 | 省略 | 省略 | （φ我的话）如同小石子掉进了无底洞。 |
| そんな姿を見ていると（φ僕は）永沢さんがどうして彼女を特別な相手として選んだのかわかるような気がした。 | 省略 | 显现 | 目睹她这副风度情态，我似乎明白了永泽所以选择她作为特别对象的缘由。 |
| （φ僕は）しかしそれが何であるのかはとうとう最後までわからなかった。 | 省略 | 显现 | 但直到最后也未能明了。 |
| （φその赤は）まるで特殊な果汁を頭から浴びたような鮮やかな赤だった。 | 省略 | 显现 | 而且红得非常鲜艳俨然被特殊的果汁从上方直淋下来。 |
| （φ僕は）そしてそのとき彼女がもたらした心の震えがいったい何であったかを理解した。 | 省略 | 显现 | 并且这时才领悟她给我带来的心灵震颤究竟是什么东西。 |
| （φハツミさんは）そしてあいかわらず黙って僕の横を歩いていた。 | 省略 | 显现 | 仍旧一声不响地在我身旁走着。 |
| （φビリヤード屋は）路地のつきあたりにある小さな店だった。 | 省略 | 显现 | 这是一家位于胡同尽头的小店。 |
| （φハツミさんは）そしてバッグから髪どめを出して額のわきでとめ、玉を撞くときの邪魔にならないようにした。 | 省略 | 省略 | （φ初美）随即从挎包里取出发卡，别在额旁，以免头发影响击球。 |
| （φハツミさんのアパートは）豪華とは言えないまでもかなり立派なアパートで、小さなロビーもあればエレベーターもついていた。 | 省略 | 显现 | 公寓虽说算不上豪华，但也相当气派，既有小型楼厅，又有电梯。 |

| 日文版本 | 日文主题 | 中文主题 | 中文版本 |
|---|---|---|---|
| （φ彼女は）とても手際がよかった。 | 省略 | 省略 | 这一切（φ她）做得非常利落。 |
| （φ僕は）そして十回くらいノックしてから今日は土曜日の夜だったことを思いだした。 | 省略 | 省略 | （φ我）敲了十多下，才想起今天是星期六。 |
| （φ僕は）そしてやれやれ明日はまた日曜日かと思った。 | 省略 | 省略 | （φ我）随即想起：得得，明天又是星期天。 |
| （φ僕は）まるで四日に一回くらいのペースで日曜日がやってきているような気がした。 | 省略 | 显现 | 我觉得简直就像每隔四天就来一个星期天。 |
| （φ僕は）大きなカップでコーヒーを飲み、マイルス・ディヴィスの古いレコードを聴きながら、長い手紙を書いた。 | 省略 | 显现 | 我写了封长信，边写边用大杯子喝咖啡，边听迈尔斯·戴维斯的唱片。 |
| （φ僕は）書くべきだという気がしたからだ。 | 省略 | 显现 | 我觉得是应该写的。 |
| （φそのショットは）今でもありありと思い出せるくらい美しく印象的なショットでした。 | 省略 | 显现 | 那动人的一击给我留下了很深的印象，至今仍历历在目。 |
| というのはキズキが死んだあとずっと、（φ僕は）これからはビリヤードをやるたびに彼を思い出すことになるだろうなという風に考えていたからです。 | 省略 | 显现 | 因为，自从木月死后，我一直以为每逢打桌球必然想起他。 |
| そしてあいつはまだ十七歳のままなんだ、と（φ僕は考えた）。 | 省略 | 显现 | 而他依然 17 岁。 |
| （φ僕は）雨が降ると洗濯できないし、したがってアイロンがけもできないからです。 | 省略 | 省略 | （φ我）因为下雨不能洗衣服，自然也不能熨衣服。 |
| （φ僕は）散歩もできなし、屋上に寝転んでいることもできません。 | 省略 | 省略 | （φ我）既不能散步，又不能在天台上东倒西歪。 |

| 日文版本 | 日文主题 | 中文主题 | 中文版本 |
|---|---|---|---|
| （φ僕は）机の前に座って『カインド・オブ・ブルー』をオートリピートで何度も聴きながら雨の中庭の風景をぼんやりと眺めているくらいしかやることがないのです。 | 省略 | 省略 | （φ我）只好坐在桌前，一边用自动反复唱机周而复始地听《温柔的蓝》，一边百无聊赖地观望院子的雨中景致。 |
| （φ僕は）もうやめます。 | 省略 | 省略 | （φ我）不再写了， |
| （φ僕は）そして食堂に行って昼ごはんを食べます。 | 省略 | 省略 | （φ我）这就去食堂吃午饭。 |
| （φ僕は）家に電話をかけてみようかとも思ったが、自分の方から連絡するからと彼女が言っていたことを思い出してやめた。 | 省略 | 省略 | （φ我）本想打电话到她家里问问，但想起她说过由她联系，只好作罢。 |
| （φ僕は）時計を見ると六時十五分だったが、それが午前か午後かわからなかった。 | 省略 | 省略 | （φ我）一看表，已是6点15分，却不知是上午还是下午， |
| （φ僕は）何日の何曜日なのかも思い出せなかった。 | 省略 | 省略 | （φ我）也想不起是几号星期几。 |
| （φ僕は）そうだ、ベッドに寝転んで本を読んでいるうちにぐっすり眠りこんでしまったんだ。 | 省略 | 省略 | 对对，（φ我）是躺在床上看书时一下子睡过去了。 |
| （φ彼女は）そして手首にはブレスレットを二本つけていた。 | 省略 | 省略 | （φ她）手腕上套着两个手镯。 |
| （φ僕は）ウィスキー・ソーダの二杯目を注文し、ピスタチオを食べた。 | 省略 | 省略 | （φ我）接着又要了一杯威士忌苏打水，嚼着开心果。 |
| （φその映画館は）わけのわからない臭いのする映画館だった。 | 省略 | 显现 | 场内充斥着莫名其妙的怪味。 |
| （φ僕は）そして僕が帰寮しているように操作してもらえないだろうかと頼んでみた。 | 省略 | 省略 | （φ我）请他做点手脚，使我看起来像是已经归宿。 |
| （φ緑は）そしてウィスキー・コークを二杯飲んで、額に汗をかくまでフロアで踊った。 | 省略 | 显现 | 她喝了两杯威士忌可乐，在舞池里一直跳到额头冒汗。 |
| （φ店内は）まるで海岸打ち捨てられた廃船のように見えた。 | 省略 | 显现 | 俨然被冲上岸边的一只废船。 |

| 日文版本 | 日文主题 | 中文主题 | 中文版本 |
|---|---|---|---|
| (φ緑は)そして深く息を吸って吐きだした。 | 省略 | 显现 | 然后深深吸口气吐出。 |
| (φ僕は)「なんでまた?」といささか唖然として質問した。 | 省略 | 显现 | "这又何苦?"我不无惊诧地问。 |
| (φそのパジャマは)いくぶん小さくはあったけれど、何もないよりはましだった。 | 省略 | 省略 | (φ睡衣)有点小,但总比没有强。 |
| (φ僕は)そして彼女の短くてやわらかい小さな男の子のような髪を撫でた。 | 省略 | 显现 | 我抚摸她像小男孩那般又短又软的头发。 |
| (φ僕は)まったく眠くはなかったので何か本でも読もうと思ったが、見まわしたところ本らしきものは一冊として見あたらなかった。 | 省略 | 省略+省略 | (φ我)由于全无睡意,想看本什么书。(φ我)但四处查看一下,根本见不到书本样的东西。 |
| (φ僕は)緑の部屋に行って本棚の本を何か借りようかとも思ったがばたばたとして彼女を起こしたくなかったのでやめた。 | 省略 | 省略 | (φ我)本想去绿子房间从书架上找一册来,又怕扑扑腾腾地把她吵醒,只得作罢。 |
| (φ僕は)しかしとにかく何か読むものは必要だったので、長いあいだ売れ残っていたらしく背表紙の変色したヘルマン・ヘッセの『車輪の下』を選び、その分の金をレジスターのわきに置いた。 | 省略 | 省略 | 但由于反正必须读点什么,(φ我)便挑了一本书脊已经变色、似乎长期滞销的赫尔曼•黑塞的《在轮下》,把书钱放在电子收款机旁边。 |
| (φ僕は)棚にはほこりをかぶったブラディーが一本あったので、それを少しコーヒー・カップに注いで飲んだ。 | 省略 | 显现 | 搁物架上有一瓶落满灰尘的白兰地,我拿下来往咖啡杯里斟了一点。 |
| (φ僕は)そして少し迷ってから、「眠っているときの君はとても可愛い」と書いた。 | 省略 | 显现 | 我踌躇一下,又补上一句:"熟睡中的你非常可爱。" |

| 日文版本 | 日文主题 | 中文主题 | 中文版本 |
|---|---|---|---|
| （φ僕は）近所の人に見られて不審に思われるんじゃないかと心配したが、朝の六時前にはまだ誰も通りを歩いてはいなかった。 | 省略 | 显现 | 我担心被附近的人发现招致怀疑，好在清早 6 点之前的街上尚无任何人通过。 |
| （φ僕は）朝食を食べさせる定食屋が開いていたので、そこであたたかいごはんと味噌汁と菜の漬けものと玉子焼きを食べた。 | 省略 | 显现 | 一家供应早餐的套餐店已经开了，我进去用了份热腾腾的米饭、酱汤和咸菜加煎蛋。 |
| （φ僕は）そして寮の裏手にまわって一階の永沢さんの部屋の窓を小さくノックした。 | 省略 | 省略 | 之后绕到宿舍后院，（φ我）轻声敲了敲一楼永泽房间的窗户。 |
| （φ僕は）そして礼を言って自分の部屋の引き上げ、歯をみがきズボンを脱いでから布団の中にもぐりこんでしっかりと目を閉じた。 | 省略 | 省略+省略 | （φ我）谢过他后，回到自己房间。（φ我）刷过牙，脱去裤子，钻进被窝狠狠闭上眼睛。 |
| （φ直子からの手紙は）それほど長い手紙ではなかった。 | 省略 | 显现 | 信都不很长。 |
| 「あなたが東京に帰っていなくなってしまったのと秋が深まったのが同時だったので、体の中にぽっかり穴をあいてしまったような気分になったのはあなたのいないせいなのかそれとも季節のもたらすものなのか、（φ私は）しばらくわかりませんでした。 | 省略 | 显现 | 秋意的加深是与你返回东京同时开始的，因此我许久都捉摸不透自己心里仿佛出现一个大洞的感觉是由于你不在造成的，还是时令的更迭所致。 |
| （φ私は）レイコさんとよくあなたの話をします。 | 省略 | 显现 | 我同玲子时常谈起你， |
| ときどきそんな淋しい辛い夜に、（φ私は）あなたの手紙を読みかえします。 | 省略 | 显现 | 在寂寞而苦闷的夜晚，我时常反复读你的来信。 |
| （φそれは）不思議ですね。 | 省略 | 省略 | （φ那）真是不可思议， |
| （φそれは）どうしてでしょう。 | 省略 | 省略 | （φ那）为什么会这样呢？ |

| 日文版本 | 日文主题 | 中文主题 | 中文版本 |
|---|---|---|---|
| （φ私は）この手紙も力をふりしぼって書いています。 | 省略 | 显现 | 这封信也是我拿出吃奶力气写的， |
| （φ私は）返事を書かなくちゃいけないとレイコさんに叱られたからです。 | 省略 | 显现 | 因为玲子非叫我回信不可。 |
| ただ（φ私は）それをうまく文章にすることができないのです。 | 省略 | 显现 | 只是不能得心应手地写成文字。 |
| （φ私は）この手紙を読んで彼女はあなたのことを好きなんじゃないかという気がしてレイコさんにそう言ったら、『あたり前じゃない、私だってワタナベ君のこと好きよ』ということでした。 | 省略 | 显现+省略 | 读罢那封信，我觉得她可能喜欢上了你。（φ我）跟玲子一说，玲子说："那还不理所当然，连我都喜欢渡边。" |
| 「（φ私は）あなたの二十歳が幸せなものであることを祈っています。 | 省略 | 省略 | （φ我）祝你20岁成为幸福的一年。 |
| 私の二十歳はなんだかひどいもののまま終ってしまいそうだけれど、あなたが私のぶんもあわせたくらい幸せになってくれると（φ私は）嬉しいです。 | 省略 | 显现 | 我的20岁看来势必在这凄凉光景中度过了，而你一定要活得幸福，把我那份也活出来，那样我才高兴， |
| でも（φ私たちは）まあなんとか間にあうようにセーターは仕上げました。 | 省略 | 省略 | 但不管怎样，（φ我们）总算把毛衣按时赶出来了。 |
| どう、（φセーターは）素敵でしょう？ | 省略 | 省略 | 怎样，（φ毛衣）漂亮吧？ |
| （φそのぬかるみは）一步足を動かすたびに靴がすっぽり脱げてしまいそうな深く重いねばり気のあるぬかるみだ。 | 省略 | 省略 | （φ我）每迈一步都几乎把整只鞋陷掉那般滞重而深沉的泥沼。 |
| （φ僕は）左足を前におろし、左足を上げ、そして右足をあげた。 | 省略 | 省略 | （φ我）往前落下右脚，拔起左脚，再拔起右脚。 |
| （φ自分は）正しい方向に進んでいるという確信もなかった。 | 省略 | 显现 | 也不具有自己是在朝正确方向前进的信心。 |

| 日文版本 | 日文主题 | 中文主题 | 中文版本 |
|---|---|---|---|
| （φ僕は）ただどこかに行かないわけにはいかないから、一歩また一歩と足を運んでいるだけだった。 | 省略 | 显现 | 我之所以一步步挪动步履，只是因为我必须挪动，而无论去哪里。 |
| （φ僕は）ときどき緑と会って食事をしたり、動物園に行ったり、映画を見たりした。 | 省略 | 省略 | （φ我）还时常同绿子相会，一起吃饭、逛动物园、看电影。 |
| （φ僕は）もちろん女の子と寝たくないわけではない。 | 省略 | 省略 | （φ我）当然并非不想同女孩儿睡觉， |
| （φ僕は）そしてそんなことを延々とつづけていてうんざりすることも飽きることもない永沢さんという男にあらためて畏敬の念を覚えた。 | 省略 | 显现 | 而永泽却能不厌其烦其倦地坚持不懈，我对这小子不免重新生出几分敬畏。 |
| （φ我々は）スキーをはいて一時間も山の中を歩いていると息が切れて汗だくになった。 | 省略 | 省略 | （φ我们）脚蹬滑雪板，只消在山里奔波一小时，便累得上气不接下气，热汗淋漓。 |
| （φ僕は）暇な時間にはみんなが雪かきをするのを手伝ったりもした。 | 省略 | 省略 | 闲下来的时候，（φ我们）就去帮助大伙扫雪。 |
| そして君のことを考えながらマスターペーションしてた、と（φ僕は言った）。 | 省略 | 显现 | 并且一边想她一边自慰。 |
| （φ僕は）そしてぶ厚いコートの上から彼女を抱いて、口づけした。 | 省略 | 省略 | （φ我）然后隔着厚厚的外套抱住她接了一吻。 |
| 他にやることもなくて（φ僕は）殆んど毎日大学に通っていたわけだから、特別な勉強をしなくても試験をパスするくらい簡単なことだった。 | 省略 | 省略 | 因为别无他事，（φ我）几乎天天到校，即使不特别用功，应付考试也轻而易举。 |
| （φ僕は）そして一週間かけてやっと吉祥寺の郊外に手頃な部屋をみつけた。 | 省略 | 省略 | （φ我）花了一周时间，总算在郊外吉祥寺那里找到了合适的房间。 |
| （φそれは）まあ掘りだしものと言ってもいいだろう。 | 省略 | 省略 | （φ那座房子）可谓捡来的便宜。 |

| 日文版本 | 日文主题 | 中文主题 | 中文版本 |
|---|---|---|---|
| （φそれらのものは）僕にとってはありがたいプレゼントだった。 | 省略 | 显现 | 这对我确实是宝贵的礼物。 |
| （φ僕は）新しい住居の様子を書き、寮のごたごたからぬけだせ、これ以上下らない連中の下らない思惑にまきこまれないで済むんだと思うととても嬉しくてホッとする。 | 省略 | 显现+省略 | 我写了新居的情形。（φ我）告诉她自己终于从乱糟糟的宿舍里挣脱出来，从此再也不必受那些无聊家伙的无聊算盘的干扰。每当想到这点，我就觉得不胜欣喜和坦然， |
| （φ僕は）ここで新しい気分で新しい生活を始めようと思っている。 | 省略 | 显现 | 准备在此以新的心情开始新的生活。 |
| （φたくさんの数の猫は）そしてみんなで寝転んで日なたぼっこをしています。 | 省略 | 省略 | （φ那些猫）而且都在横躺竖卧地晒太阳。 |
| （φ僕は）そのうちに彼らとも仲良くなるかもしれません。 | 省略 | 省略 | 说不定过几天（φ我）就会同它们成为好朋友。 |
| （φ僕は）今にも庭で国旗を上げ始めるんじゃないかという気がするくらいです。 | 省略 | 显现 | 我真担心庭园里会马上有国旗升起。 |
| （φ僕は）大学からは少し遠くなりましたが、専門課程に入ってしまえば朝の講義もずっと少なくなるし、たいした問題はないと思います。 | 省略 | 省略 | （φ我）距学校是远了些，但进入专业课程之后，早上的课大为减少，算不得什么大问题。 |
| （φ僕は）そうすればまた毎日ねじを巻く生活に戻ることができます。 | 省略 | 显现 | 那一来，我就可以重返每天都要上发条的生活。 |
| もちろん（φ一緒に住むのは）とくに春という季節にこだわっているわけではありません。 | 省略 | 省略 | 当然，（φ一起住）也不是非在春季不可。 |
| （φ僕は）でも三月になれば暇になるし、是非君に会いに行きたい。 | 省略 | 省略 | 但3月份有时间，（φ我）一定前去看你。 |
| （φ僕は）その日にあわせて京都に行こうと思います。 | 省略 | 省略 | 届时（φ我）也想去一趟京都。 |

| 日文版本 | 日文主题 | 中文主题 | 中文版本 |
|---|---|---|---|
| （φ僕は）君に会えることを楽しみにして返事を待っています」 | 省略 | 显现+省略 | 我是多么希望同你见面啊！（φ我）等待你的来信。 |
| （φ僕は）近所の材木店で材木を買って切断してもらい、それで勉強机を作った。 | 省略 | 省略 | （φ我）另外从附近木材店里买好木料，请其锯好，做了一张学习用桌， |
| （φ僕は）食事もとりあえずはそこで食べることにした。 | 省略 | 省略 | （φ我）吃饭也暂且用它。 |
| （φ僕は）棚も作ったし、調味料も買い揃えた。 | 省略 | 省略 | （φ我）还做了个碗橱，买齐了调味料。 |
| （φ僕は）給料は良かったが大変な労働だったし、シンナーで頭がくらくらした。 | 省略 | 省略 | （φ我）工钱自是不错，但活也十分了得。 |
| （φ僕は）仕事が終ると一膳飯屋で夕食を食べてビールを飲み家に帰って猫と遊び、あとは死んだように眠った。 | 省略 | 省略+省略 | （φ我）脑袋给信纳水熏得昏昏沉沉。（φ我）收工后在专售套餐的小食店吃顿晚饭，喝罢啤酒，回家逗猫玩，而后便死一般睡去。 |
| （φ僕は）そしてまあ緑が怒るのも無理はないと思った。 | 省略 | 省略 | （φ我）旋即心想也难怪绿子恼火。 |
| （φ僕は）緑どころか直子のことだって殆んど思い出しもしなかった。 | 省略 | 省略 | 别说绿子，（φ我）连直子也几乎不曾想起。 |
| （φ僕は）何かに夢中にするとまわりのことが全く目に入らなくなってしまうのだ。 | 省略 | 显现 | 一旦对什么人了迷，周围的一切便视而不见。 |
| （φ僕は）そしてもし逆に緑が行く先も言わずにどこかに引越してそのまま三週間も連絡してこなかったとしたらどんな気がするだろうと考えてみた。 | 省略 | 显现 | 我还想，假如反过来绿子一声不响地搬去哪里而一连三周都不打招呼，我又会是什么感觉呢？ |
| （φ僕は）言い訳も説明もやめて、自分が不注意で無神経であったことを詫びた。 | 省略 | 省略 | 免去辩护和解释，而（φ我）请其原谅自己的粗心大意和麻木不仁。 |
| （φ僕は）君にとても会いたい。新しい家も見に来てほしい。返事を下さい、と書いた。 | 省略 | 显现 | 我写道："非常想见你，希望来参观一下我的新居。请回信。" |

| 日文版本 | 日文主题 | 中文主题 | 中文版本 |
|---|---|---|---|
| (φ僕は)そして速達切手を貼ってポストに入れた。 | 省略 | 省略 | (φ我)然后贴上速递邮票,投进信筒。 |
| (φこれは) 奇妙な春のはじめだった。 | 省略 | 省略 | (φ这) 真是个奇妙的初春。 |
| (φ僕は) 旅行にも行けず、帰省もできず、アルバイトもできなかった。 | 省略 | 省略 | (φ我) 既未旅行,又没探亲,也没能打工, |
| (φ僕は) 誰とも会わなかったし、殆んど誰とも口をきかなかった。 | 省略 | 省略 | (φ我) 不见任何人,几乎不向任何人开口。 |
| (φ僕は)そして週に一度直子に手紙を書いた。 | 省略 | 省略 | (φ我) 每周给直子写一封信, |
| (φ僕は) 彼女を急かすのが嫌だったからだ。 | 省略 | 显现 | 因为我不愿意使她着急。 |
| (φ僕は)家主のところで庭ぼうきと熊手とちりとりと植木ばさみを借り、雑草を抜き、ぼうぼうにのびた植込みを適当に刈り揃えた。 | 省略 | 显现 | 我从房东那里借来扫帚、铁耙、垃圾铲和修树剪,拔去杂草,把长得乱蓬蓬的树丛修剪整齐。 |
| (φ彼は)家も土地も昔からのももだし、子供もみんな独立してしまったし、何をせずとものんびりと老後を送れるのだと言った。 | 省略 | 省略 | (φ他) 房地产是祖传,子女都已独立,即使什么不干也能无忧无虑地安度晚年。 |
| だからしょっちょう夫婦二人で旅行をするのだ、と(φ彼は言った)。 | 省略 | 显现 | 因此夫妇两人时常外出旅游。 |
| (φ詰まっていたものは)風呂桶から子供用プールから野球のバッドまであった。 | 省略 | 省略 | (φ形形色色的什物)从洗澡桶、小孩浴盆到垒球棒,应有尽有。 |
| (φ僕は)ギターの弦も全部新しいものに替え、板のはがれそうになっていたところは接着剤でとめた。 | 省略 | 省略 | 吉他么,(φ我)把旧弦全部换成新的,用粘合剂把几欲开裂的板粘住。 |

224

| 日文版本 | 日文主题 | 中文主题 | 中文版本 |
|---|---|---|---|
| （φ僕は）錆もワイヤ・ブラシできれいに落とし、ねじも調節した。 | 省略 | 省略 | （φ我）还用钢丝刷把锈一古脑儿除净，螺丝也校正一番。 |
| （φ僕は）考えて見ればギターを手にしたのなんて高校以来だった。 | 省略 | 显现 | 想来，自高中毕业以后我还是头一次摸吉他。 |
| （φ僕は）不思議にまだちゃんと大体のコードを覚えていた。 | 省略 | 省略 | 奇怪的是（φ我）居然还记得基本指法。 |
| （φ最初の徴候は）十一月のおわりか十二月の始めころからです。 | 省略 | 显现 | 这是从11月末或12月初开始的。 |
| （φ彼女は）言葉が選べないのです。 | 省略 | 显现 | 找不出词句。 |
| （φ直子は）混乱して、怯えています。 | 省略 | 显现 | 而且有恐怖感， |
| （φ直子は）幻聴もだんだんひどくなっています。 | 省略 | 显现 | 幻听也日渐加重。 |
| （φ僕は）何かを考えなくてはと思うのだけれど、何をどう考えていけばいいのかわからなかった。 | 省略 | 显现 | 我觉得应该思考点什么，又不知思考什么、怎么思考才好。 |
| （φ僕は）それに正直なところ何も考えたくなかった。 | 省略 | 显现 | 其实说老实话，我什么都懒得思考。 |
| （φ僕は）少なくとも今は何も考えたくはない。 | 省略 | 省略 | 至少（φ我）现在什么都不想思考。 |
| （φ僕は）まるで体中の力が抜けてしまったような気がした。 | 省略 | 显现 | 我觉得身上的力气已经完全消失。 |
| （φ僕は）まるで自分の体のまわりにぴったりとした膜が張ってしまったような感じだった。 | 省略 | 显现 | 我觉得自己周身仿佛紧紧蒙上了一层薄膜。 |
| （φ僕は）風呂にも入らず、髭も剃らなかった。 | 省略 | 省略 | （φ我）既不洗澡，又不刮胡须。 |

| 日文版本 | 日文主题 | 中文主题 | 中文版本 |
|---|---|---|---|
| 僕の頭はひどく漠然としていて、（φ僕は）ひとつの文章と次の文章のつながりの接点をうまく見つけることができなかった。 | 省略 | 省略 | （φ我）脑袋麻木得不行，无法准确把握上下句之间的关联。 |
| （φ僕は）そしてため息をついて立ち上がった。 | 省略 | 显现 | 我长吁一声，欠身站起。 |
| （φ僕は）髭を剃るときに鏡を見ると、顔がげっそりとやせてしまったことがわかった。 | 省略 | 显现 | 刮胡子时我对镜一看，才发现瘦得两腮全陷了下去， |
| （φ僕は）目がいやにぎょろぎょろとしていて、なんだか他人の顔みたいだった。 | 省略 | 省略 | 两眼倒是光亮得出奇，（φ我）活像别人的面孔。 |
| （φ僕は）そしてこれから先どういう風にやっていけばいいのかを腰を据えて考えて見た。 | 省略 | 省略 | （φ我）然后冷静思考往后应该怎么办。 |
| そして彼女さえその勇気をとり戻せば、我々は二人で力をあわせてきっとうまくやっていけるだろうと（φ僕は思った）。 | 省略 | 省略 | （φ我）认为只要她重鼓勇气，我们两人就能齐心合力地顺利步入坦途。 |
| そしてそのあとには（φ僕が脆弱な仮説の上に築きあげた幻想の城は）無感覚なのっぺりとした平面が残っているだけだった。 | 省略 | 省略 | （φ我这座构筑在脆弱的假设基础上的幻想之城）剩下的惟有死气沉沉的平板地基。 |
| （φ僕は）そして彼女の回復をじっと待ちつづけるしかない。 | 省略 | 显现 | 只有耐心等待她的康复。 |
| そして（φ俺は）成熟する。 | 省略 | 显现 | 变得成熟， |
| （φ俺は）大人になるんだよ。 | 省略 | 显现 | 变成大人， |
| （φ俺は）そうしなくてはならないからだ。 | 省略 | 显现 | 此外我别无选择。 |
| でも（φ俺は）今はそうは思わない。 | 省略 | 显现 | 但现在我不那样想。 |
| （φ緑は）そしてしばらく顔をしかめて、やがてにっこり笑った。 | 省略 | 省略 | （φ绿子）随即皱了会眉头，接着莞尔笑道： |

| 日文版本 | 日文主题 | 中文主题 | 中文版本 |
|---|---|---|---|
| （φ僕は）週に二回彼女に顔を合わせることになる。 | 省略 | 省略 | 就是说（φ我）每周可以同她见面两次。 |
| （φ僕は）聞くともなく聞いていると、そういう話はなんだか地球の裏側から聞こえてくるような感じがした。 | 省略 | 显现 | 在似听非听的时间里，我竟觉得那些话仿佛是从地球背面传来的。 |
| （φ窓の外の風景は）いつもの春の大学の風景だった。 | 省略 | 显现 | 校园春景一如往年： |
| （φ緑と僕は）古本屋をまわって本を何冊か買い、また喫茶店に入ってコーヒーを飲み、ゲーム・センターでピンボールをやり、公園のベンチに座って話をした。 | 省略 | 显现 | 我们转了家旧书店，买了几本书，又进饮食店喝了杯咖啡，然后去娱乐厅玩了一会弹球游戏，接着坐在公园长凳上说话。 |
| （φ緑は）そして家に帰ってから読んでくれと言った。 | 省略 | 显现 | 叫我到家后再看。 |
| 今あなたがコーラを買いに行ってて、（φ私は）そのあいだにこの手紙を書いています。 | 省略 | 显现 | 这封信是在你去买可乐的时候写的。 |
| ねえ、（φあなたは）知ってますか？ | 省略 | 显现 | 嗯，你可知道？ |
| いくら考え事をしているからといっても、（φあなたは）少しくらいきちんと私のことを見てくれたっていいでしょう。 | 省略 | 显现 | 你就是再有心事要想，也该多少该正眼看我一下才是。 |
| だから（φ私は）今あなたに嘘をつきます。 | 省略 | 显现 | 所以，我现在向你说谎， |
| ははは、（φあなたは）馬鹿みたい。 | 省略 | 省略 | 哈哈哈，（φ你）傻瓜似的。 |
| コーラを買って戻ってきたときに（φ私は）『あれ、髪型変ったんだね』と気がついてくれるかなと思って期待していたのですが駄目でした。 | 省略 | 显现 | 买可乐回来时，我还期待你注意到我的发型，说上一句"嗬，发型变了嘛"，结果还是落空了。 |

227

| 日文版本 | 日文主题 | 中文主题 | 中文版本 |
|---|---|---|---|
| もし気がついてくれたら（φ私は）こんな手紙びりびりと破って、『ねえ、あなたのところに行きましょう。おししい晩ごはん作ってあげる、それから仲良く一緒に寝ましょう』って言えたのに。 | 省略 | 显现 | 假如你注意到，我会把这封信撕得粉碎，说："喂，去你那里好了，给你做一顿香喷喷的晚饭，然后和和气气地一起睡觉。" |
| （φ僕は）吉祥寺の駅から緑のアパートに電話をかけてみたが誰も出なかった。 | 省略 | 显现 | 我从吉祥寺站往绿子公寓打了次电话，没人接。 |
| （φ僕は）夕食のあとで緑に手紙を書こうとしたが何度書きなおしてもうまく書けなかったので、結局直子に手紙を書くことにした。 | 省略 | 省略 | 晚饭后，（φ我）想给绿子写信，但反复写了几次都没写好，最后给直子写了一封。 |
| （φ僕は）君に会えなくてとても淋しい、たとえどのようなかたちにせよ君に会いたかったし、話がしたかった。 | 省略 | 省略+显现 | 不得相见，（φ我）实在怅惘莫名。我很想见你，同你说话，无论通过什么形式都可以。 |
| （φ誰とも寝ていないのは）君が僕に触れてくれていたときのことを忘れたくないからです。 | 省略 | 省略 | （φ没有同任何人睡觉）因我不愿忘记你接触我时留下的感觉。 |
| （φ僕は）いつもよりはずっと短い手紙だったが、なんとなくその方が相手に意がうまく伝わるだろうという気がした。 | 省略 | 显现 | 这封信虽说比以往简短得多，但我自忖这样反倒能更好地传情达意。 |
| （φそのアルバイトは）それほど大きくないイタリア料理店のウェイターの仕事で、条件はまずまずだったが、昼食もついたし、交通費も出してくれた。 | 省略 | 省略 | （φ那）是在一家不大的意大利风味饭店当男侍，条件虽一般，但供应午餐，还给交通费。 |
| （φマネージャーは）新宿のレコード店のあのろくでもない店長に比べるとずいぶんきちんとしたまともそうな男だった。 | 省略 | 显现 | 同新宿唱片店那个不三不四的店长相比，这位男子看起来相当老实厚道。 |

| 日文版本 | 日文主题 | 中文主题 | 中文版本 |
|---|---|---|---|
| （φ彼女は）そしていちばんうしろの席に座って、前に一度見かけたことのある眼鏡をかけた小柄の女の子と二人で話をしていた。 | 省略 | 省略 | （φ她）坐在最后一排，同以前见过一次面的戴眼镜的小个子女孩说话。 |
| （φ緑は）いくぶん大人っぽくも見えた。 | 省略 | 显现 | （φ绿子）显得成熟不少。 |
| （φ緑は）なんだか百メートルくらい向うの崩れかけた廃屋を眺めるときのような目つきだった。 | 省略 | 显现 | 那眼神活像在眺望对面 100 米开外一座行将倒塌的报废房屋； |
| 今話したくないのと彼女は言ったし、（φ僕は）その口調から彼女が本気でそう言っていることがわかった。 | 省略 | 省略 | 她说她现在不想对话，听那声调，（φ我）知道她也的确没这心思。 |
| （φその男は）やけに脚の長い男で、いつも白いバスケットボール・シューズをはいていた。 | 省略 | 显现 | 那男生腿长得出奇，经常穿一双白球鞋。 |
| （φ僕は）そしてそれが通りすぎていってしまうのを待った。 | 省略 | 显现 | 等待这番袭击的过去， |
| （φ僕は）草の香り、心地の良い春の風、月の光、観た映画、好きな唄、感銘を受けた本、そんなものについて書いた。 | 省略 | 省略 | （φ我）只写芳草的清香、春风的怡然和月光的皎洁，只写看过的电影、喜欢的歌谣和动心的读物。 |
| （φ伊東は）あまり多くを語らなかったけれど、きちんとした好みと考え方を持っていた。 | 省略 | 省略 | （φ伊东）言语尽管不多，但兴趣和思想都很地道可取。 |
| （φ伊東は）フランスの小説が好きでジョルジェ・バタイユとボリス・ヴィアンを好んで読み、音楽ではモーツァルトとモーリス・ラヴェルをよく聴いた。 | 省略 | 显现+省略 | 他喜欢法国文学，尤其喜欢读邦达和巴雷斯。（φ他）音乐喜欢听莫扎特和拉威尔。 |
| （φ伊東は）そして僕と同じようにそういう話のできる友だちを求めていた。 | 省略 | 省略 | 并且（φ他）和我同样在寻求有共同语言的朋友。 |

229

| 日文版本 | 日文主题 | 中文主题 | 中文版本 |
|---|---|---|---|
| 絵を見たいと僕は言ったが、(φ彼は)恥ずかしいものだからと言って見せてくれなかった。 | 省略 | 显现 | 我说想看看画,他说不好意思,没让我看。 |
| (φ彼は)でも最近はなんだかしっくりといかないんだよ、と言った。 | 省略 | 显现 | 他说近来关系有点别扭。 |
| (φ僕は)キウリをぽりぽりと食べていると亡くなった緑の父親のことを思いだした。 | 省略 | 显现 | "咔嚓咔嚓"嚼黄瓜的时间里,我不由想起绿子的父亲, |
| (φ僕は)そして緑を失ったことで僕の生活がどれほど味気のないものになってしまったかと思って、切ない気持になった。 | 省略 | 显现 | (φ我)痛切地感到失去绿子的生活对我是何等枯燥无味。 |
| (φシーバス・リーガルは)美味い酒だった。 | 省略 | 省略 | (φ那瓶皇家芝华士酒)好香醇的酒! |
| (φ僕は)そして帰りみち電話ボックスに入って緑に電話をかけてみた。 | 省略 | 显现 | 归途中,我进电话亭给绿子打电话。 |
| (φ彼女は)そして電話を切った。 | 省略 | 显现 | 她放下听筒。 |
| (φ僕は)直子に週一度手紙を書き、レイコさんにも手紙を書き、緑にも何通か書いた。 | 省略 | 省略 | (φ我)每周给直子写一封,给玲子也写,还给绿子写了几封。 |
| (φ僕は)大学の教室で手紙を書き、家の机に向って膝に「かもめ」をのせながら書き、休憩時間にイタリア料理店のテーブルに向って書いた。 | 省略 | 省略 | (φ我)在大学教室里写,在家把"海鸥"放在膝头俯在桌子上写,间歇时伏在意大利餐馆的餐桌写。 |
| (φ新しいヘア・スタイルは)とても可愛い。 | 省略 | 显现 | 非常可爱。 |
| 今(φ僕は)イタリア料理店でアルバイトしていて、コックからおいしいスパゲティーの作り方を習った。 | 省略 | 显现+省略 | 眼下我在一家意大利餐馆打工。(φ我)从厨师那里学会了做意大利面条,十分好吃, |
| (φ僕は)そのうちに君に食べさせてあげたい。 | 省略 | 省略 | (φ我)很想日后请你品尝一次。 |

230

| 日文版本 | 日文主题 | 中文主题 | 中文版本 |
|---|---|---|---|
| （φ我々は）固く体をあわせ、唇を求めあった。 | 省略 | 省略 | （φ我们）身体紧紧贴住，嘴唇急切切地合拢。 |
| （φ僕らは）それから地下鉄を乗りついで彼女の茗荷谷のアパートまで行った。 | 省略 | 省略 | （φ我们）之后乘地铁来到她在茗荷谷的公寓。 |
| （φ緑は）そしてバスローブの裾から手を入れて僕の勃起しているペニスを手にとった。 | 省略 | 显现 | 绿子把手从我的浴衣下摆伸进去，握住那勃起的东西， |
| （φ緑は）そして息を呑んだ。 | 省略 | 显现 | 然后倒吸了一口凉气， |
| （φ緑は）皮をひっぱったり、手のひらで睾丸の重さを測ったりしていた。 | 省略 | 省略 | （φ绿子）翻翻包皮，用手掌掂掂分量， |
| （φ緑は）そして布団から首を出してふうっと息をついた。 | 省略 | 省略 | （φ绿子）然后从被窝探出头来，吁了口气）。 |
| そして（φ彼女は）答えるかわりに僕の体にぴったりと身を寄せて僕の乳首に唇をつけ、ペニスを握った手をゆっくりと動かしはじめた。 | 省略 | 显现 | 而是紧紧地贴住我，嘴唇吻在我乳头上，握着那东西的手开始在下边缓缓地动。 |
| （φ僕は）どちらも優しくて素敵なのだけれど、何かが違っていて、それでまったく別の体験のように感じられてしまうのだ。 | 省略 | 显现 | 两者都充满温存，妙不可言，然而总有的地方相异，使我觉得是在经受迥然有别的另一种体验。 |
| （φ僕は）時折、僕のまわりで世界がどきどきと脈を打っているように感じられた。 | 省略 | 显现 | 我不时感到世界的脉搏在我身旁突突悸动不已。 |
| （φ僕は）やはり雨の屋上で緑をしっかり抱き、びしょ濡れになり、彼女のベッドの中で指で射精に導かれることになるだろう。 | 省略 | 省略 | （φ我）仍在雨中天台上拥抱绿子，仍被淋成落汤鸡，仍在她床上被其手指疏导出去。 |
| それについては（φ僕は）何の疑問もなかった。 | 省略 | 省略 | 对此我不存任何疑问。 |
| （φ僕は）彼女となら二人でうまくやっていけるだろうと思った。 | 省略 | 省略 | （φ我）若同她结为伴侣，想必能相安无事。 |

| 日文版本 | 日文主题 | 中文主题 | 中文版本 |
|---|---|---|---|
| （φ僕は）僕のペニスを握った指はゆっくりと動き始めたのを止めさせることなんてとてもできなかった。 | 省略 | 显现 | 当她握住我那件东西的手指缓缓移动的时候，我实在不能加以制止。 |
| （φ僕は）それから机に向って手紙を書いた。 | 省略 | 显现 | 于是我开始俯案直书： |
| （φ僕は）そして緑と僕のこれまでの関係をひととおり説明し、今日二人のあいだに起ったことを説明した。 | 省略 | 显现 | 我大致叙述了我同绿子迄今为止的关系，以及今天两人间发生的事。 |
| （φ僕）誰かに傷つけたりしないようにずっと注意してきました。 | 省略 | 显现 | 时刻小心不误伤任何人。 |
| あるいは（φ直子は）近いうちにここに戻ってこられるかもしれないということです。 | 省略 | 省略 | （φ她）很可能短期内返回这里。 |
| （φ私たちは）定規で長さを測ったり分度器で角度を測ったりして銀行預金みたいにコチコチと生きているわけではないのです。 | 省略 | 省略 | （φ我们）不可能用尺子测量长度或用分度器测量角度而如同银行存款那样毫厘不爽地生活。 |
| （φ私は）あなたが彼女に心を魅かれるというのは手紙を読んでいてもよくわかります。 | 省略 | 省略 | 你为她倾心这点，从信上（φ我）也看得一清二楚； |
| （φ私は）そして直子に同時に心を魅かれるというのもよくかわります。 | 省略 | 显现 | 而你对直子的一片痴情我也了然于心。 |
| （φ私は）雨の降る暗い夜も嫌です。 | 省略 | 省略 | （φ我）也不愿过下雨的黑夜。 |
| （φ私は）いつかまたあなたと直子のいる部屋で葡萄を食べながらギターを弾きたい。 | 省略 | 省略 | （φ我）真想什么时候再次在有你和直子的房间里边吃葡萄边弹吉他！ |
| （φ僕は）なんていえばいいのだ？ | 省略 | 省略 | 我能说什么呢？ |

| 日文版本 | 日文主题 | 中文主题 | 中文版本 |
|---|---|---|---|
| （φ僕は)そして緑に今何も言えない、悪いと思うけれどもう少し待ってほしいという短い手紙を書いた。 | 省略 | 省略 | （φ我）继之给绿子写了封短信：现在一言难尽,希望稍待时日,请谅。 |
| （φ僕は）それから三日間毎日、映画館をまわって朝から晩まで映画を見た。 | 省略 | 显现 | 此后三天时间里，我挨家进电影院，从早看到晚， |
| （φ僕は)東京で封切られている映画を全部観てしまったあとで、リュックに荷物をつめ、銀行預金を残らずおろし、新宿駅に行って最初に目についた急行列車に乗った。 | 省略 | 省略+省略 | 大凡东京上映的影片（φ我)统统看了一遍。（φ我）尔后收拾好旅行背囊，提出所有的银行存款,去新宿站乘上第一眼看到的特快列车。 |
| （φ僕は)風景や匂いや音はけっこうはっきりと覚えているのだが、地名というものがまったく思いだせないのだ順番も思いだせない。 | 省略 | 省略+省略 | （φ我）风景、气氛和声响记得真真切切，而地点却忘得干干净净。（φ我）连顺序也忘了。 |
| （φ僕は)交番に泊めてもらったこともあるし、墓場のわきで眠ったこともある。 | 省略 | 省略 | （φ我）也有时央求睡在派出所里，有时睡在墓地旁。 |
| （φ僕は）人通りの邪魔にならず、ゆっくり眠れるところならどこだってかまわなかった。 | 省略 | 显现 | 只要是不影响通行而又可以放心熟睡的地方，我便肆无忌惮地大睡特睡。 |
| （φ僕は)彼女の声がたまらく聞きたかったからだ。 | 省略 | 显现 | 因为实在渴望听到她的声音。 |
| （φ僕は)ときどき安宿に泊まって風呂に入り髭を剃った。 | 省略 | 显现 | 时而住进廉价旅店,洗个澡,刮刮胡须。 |
| （φ僕は)鏡を見ると本当にひどい顔をしていた。 | 省略 | 省略 | 一次对镜看去，（φ我）发现我的嘴脸甚是丑恶。 |
| （φ僕は)日焼けのせいで肌はかさかさになり、目がくぼんで、こけた頬にはわけのわからないしみや傷がついていた。 | 省略 | 省略 | 由于风吹日晒，（φ我）皮肤粗糙不堪，双眼下陷，两腮深凹，而且有来历不明的污垢和擦伤， |

| 日文版本 | 日文主题 | 中文主题 | 中文版本 |
|---|---|---|---|
| （φ僕は）流木をあつめてきた火をし、魚屋で買ってきた干魚をあぶって食べたりすることもできた。 | 省略 | 省略 | （φ我）并且可以捡来被海水冲上岸的木柴升起炊火，从鱼店买来干鱼烤熟来吃。 |
| （φ僕は）そしてウィスキーを飲み、波の音に耳を澄ませながら直子のことを思った。 | 省略 | 显现 | 我还打开威士忌，一面谛听涛声一边怀念直子。 |
| （φ僕は）そしてとなりに直子がいて、手をのばせばその体に触れることができるように気がした。 | 省略 | 省略 | 仿佛直子就在身边，（φ我）伸手即可触及她的身体。 |
| （φ僕は）思い出さないわけにはいかなかったのだ。 | 省略 | 省略 | （φ直子的种种音容笑貌）不容我不想起。 |
| （φ僕は）半分崩れたバースデー・ケーキと、あの夜僕のシャツを濡らした直子の涙の感触を思いだした。 | 省略 | 省略 | （φ我）想起坏了半边的生日蛋糕，想起那天夜里浸湿我衬衣的泪水。 |
| （φ彼女は）そして透きとおった目でいつも僕の目をのぞきこんでいた。 | 省略 | 显现 | 而且总是用晶莹明澈的眸子凝视我的眼睛。 |
| （φ彼女は）青いガウンを着てソファーの上で膝を折りその上に顎をのせていた。 | 省略 | 显现 | 她身披一件蓝色睡衣，在沙发上抱膝而坐，下颏搭在膝头。 |
| 「大丈夫よ、ワタナベ君、それはただの死よ。気にしないで」と（彼女は言った）。 | 省略 | 显现 | "不要紧，渡边君，那不过是一死罢了，别介意。" |
| （φ直子は）いつものちょっとした仕草が僕の心をなごませ、癒してくれた。 | 省略 | 显现 | 她这一如往日的平平常常的一言一行，使我顿感释然，心绪平和如初。 |
| これが死というものなら、死も悪くないものだな、と（φ僕は思った）。 | 省略 | 显现 | 如果说这就是所谓死，则死并不坏。 |
| （φ僕は）泣くというよりまるで汗みたいに涙がぼろぼろとひとりでにこぼれ落ちてくるのだ。 | 省略 | 省略 | （φ我）与其说是哭泣，莫如说任由浑似汗珠的泪滴不由自主地涟涟而下。 |

234

| 日文版本 | 日文主题 | 中文主题 | 中文版本 |
|---|---|---|---|
| （φ僕は）そしてそれを諦観として身につけた。 | 省略 | 显现 | 并将其作为大彻大悟的人生真谛铭刻 |
| （φ僕は）あるいは身につけようと思った。 | 省略 | 显现 | 或力图铭刻在心。 |
| （φ我々は）どのような心理をもってしても愛するものを亡くした哀しみを癒すことはできないのだ。 | 省略 | 省略 | 无论谙熟怎样的哲理，（φ我们）也无以消除所爱之人的死带来的悲哀。 |
| （φ我々は）どのような真理も、どのような誠実さも、どのような強さも、どのような優しさも、その哀しみを癒すことはできないのだ。 | 省略 | 省略 | 无论怎样的哲理，怎样的真诚，怎样的坚韧，怎样的柔情，（φ我们）也无以排遣这种悲哀。 |
| （φ僕は）ウィスキーを何本も空にし、パンをかじり、水筒の水を飲み、髪を砂だらけにしながら初秋の海岸をリュックを背負って西へ西へと歩いた。 | 省略 | 显现 | 我喝光了几瓶威士忌，啃着面包，喝着水筒里的水，满头沾满沙子，背负旅行背囊，踏着初秋的海岸不断西行、西行。 |
| それで哀しくてたまらなくて旅をつづけているのだ、と（φ僕は嘘をついた）。 | 省略 | 显现 | 所以悲伤得四处游浪。 |
| （φ彼は）そして家から一升瓶とグラスをふたつ持ってきてくれた。 | 省略 | 显现 | 从家里拿来一瓶清酒和两只杯子。 |
| （φ僕は）そして突然この男の首を締めてしまいたいような激しい怒りに駆けられた。 | 省略 | 显现 | 恨不得狠狠掐住这家伙的脖子。 |
| （φ彼は）そして別れ際にポケットから四つに折った五千円札を出して僕のシャツのポケットにつっこみ、これで何か栄養のあるものでも食え、あんたひどい顔してるから、と言った。 | 省略 | 显现 | 临分手时，他从衣袋里掏出一张四折的五千元钞票，塞进我衬衣兜里，叫我买点什么营养品吃，说我脸色难看得很。 |

235

| 日文版本 | 日文主题 | 中文主题 | 中文版本 |
|---|---|---|---|
| （φ僕は）そして自分が彼女に対してどれほどひどいことをしてしまったかと思って、どうしようもなく冷えびえとした気持になった。 | 省略 | 显现 | 在她身上自己做的何等残酷！想到这点，我心里感到一阵冰冷，无可救药的冰冷。 |
| （φ僕は）そして今まで彼女のことなんてロクに思い出しもしなかったのだ。 | 省略 | 省略 | （φ我）甚至至今都未好好想过她一下。 |
| （φ僕は）飲み過ぎた酒のせいで頭が痛み、漁師に嘘をついて金までもらったことで嫌な気持になった。 | 省略 | 显现＋省略 | 由于酒喝过了量，脑袋开始作痛。加之对渔夫扯谎，还拿了他的钱，（φ我）更觉快快不快。 |
| いつまでもいつまでも（φ僕は）永遠にこんなことつづけているわけにはいかないのだ。 | 省略 | 省略 | （φ我）总不能长此以往，无尽无休。 |
| （φ僕は）ちょうど一ヶ月旅行をつづけていたわけだった。 | 省略 | 显现 | 就是说我正好连续旅行了一个月。 |
| （φ僕は）緑に電話をかけることすらできなかった。 | 省略 | 显现 | 甚至连给绿子打电话都不可能。 |
| （φ僕は）いったい彼女にどう切り出せばいいのかがわからなかった。 | 省略 | 显现 | 我不知到底应怎样对她开口。 |
| （φ僕は）なんて言えばいいのだ？ | 省略 | 显现 | 我能说什么呢？ |
| 全ては終わったよ、君と二人で幸せになろ――（φ僕は）そう言えばいいのだろうか？ | 省略 | 省略 | 一切都过去了，和你两人幸福地生活吧――（φ我）这样说合适吗？ |
| （φ僕は）東京に戻っても、一人で部屋の中に閉じこもって何日かを過ごした。 | 省略 | 显现 | 返京以后，我仍然一个人在房间里闷了好几天。 |
| あなたとずっと連絡がとれなくて（φ私は）とても心配している。 | 省略 | 省略 | 一直未同你联系，（φ我）十分放心不下。 |
| （φ私は）朝の九時と夜の九時にこの電話番号の前で待っている。 | 省略 | 显现 | 早上9点和晚上9点我在以下电话号码的电话机前等候。 |

| 日文版本 | 日文主题 | 中文主题 | 中文版本 |
|---|---|---|---|
| （φレイコさんは）そしてそれ以上何も言わなかった。 | 省略 | 显现 | 再没说什么。 |
| （φ我々は）東京の街の様子が変ってしまったことや、彼女の音大時代の話や、僕が旭川に行ったときのことなんかをぽつぽつと話しただけだった。 | 省略 | 显现 | 只是断断续续地谈东京市容的变化，谈她的音大时代，谈我过去的旭川之行。 |
| （φ僕は）そして以前にも同じような思いをしたことがあるという気がした。 | 省略 | 显现 | 并觉得以前好像也有过类似的感觉。 |
| （φこれは）秋のはじめの、ちょうど一年前に直子を京都に訪ねたときと同じようにくっきりと光の澄んだ午後だった。 | 省略 | 显现 | 这是初秋一个天朗气清的午后——同恰好1年前我去京都探望直子时一模一样。 |
| （φレイコさんは）そして僕のギターをみつけて手にとり、少し調弦してからカルロス・ジョビンの『デサフィナード』を弾いた。 | 省略 | 省略 | （φ玲子）然后瞥见我的吉他，拿在手里，稍微调下弦，弹起卡尔罗斯·乔宾的《并非终曲》。 |
| （φそのシャツは）たしかにとても洒落た柄のシャツだった。 | 省略 | 显现 | 那的确是件格纹极潇洒的衬衫。 |
| （φレイコさんは）細かいところをわざとゆっくりと弾いたり、速く弾いたり、ぶっきら棒に弾いたり、センチメンタルに弾いたりして、そんないろんな音にいかにも愛しそうに耳を澄ませていた。 | 省略 | 显现+显现 | 细微之处她刻意求工，或悠扬婉转，或神采飞扬，或一掷千钧，或愁肠百结。她不胜依依地侧耳倾听各种音质效果。 |
| （φレイコさんは）目がきらきらとして、口もとがきゅっとひきしまったり、微かなほほえみの影をふと浮かべたりした。 | 省略 | 显现 | 两眼闪闪生辉，双唇紧紧合拢，时而漾出一丝微微的笑意。 |
| （φ彼女は）しかし火はつけなかった。 | 省略 | 显现 | 但未点火。 |

| 日文版本 | 日文主题 | 中文主题 | 中文版本 |
|---|---|---|---|
| (φ我々は)かもめが匂いをかぎつけてやってきたので肉をわけてやった。 | 省略 | 省略 | "海鸥"闻得香味跑来，(φ我们)分了点肉给它。 |
| (φ僕らは)そしてワインの栓を抜き、縁側に座って飲んだ。 | 省略 | 省略 | (φ我们)然后打开葡萄酒，在檐廊对饮。 |
| (φレイコさんは)そして縁側に座り、柱にもたれてギターを抱え、煙草を吸った。 | 省略 | 省略 | (φ玲子)随后背靠柱子坐在檐廊里，抱起吉他吸烟。 |
| (φ彼女は)ボサ・ノヴァを十曲近く弾き、ロジャース＝ハートやガーシュインの曲を弾き、ボブ・ディランやらレイ・チャールズやらキャロル・キングやらビーチボーイスやらティービー・ワンダーやら『上を向いて歩こう』やら『ブルー・ベルベット』やら『グリーン・フールズ』やら、もうとにかくありとあらゆる曲を弾いた。 | 省略 | 省略 | (φ她)弹了近十首勃萨诺巴舞曲，弹了罗杰斯·哈特和格什文，弹了鲍勃·迪伦、查维斯、卡劳尔·金、比区和"沙滩男孩"，弹了《向上行》《蓝天鹅绒》《绿色菲尔兹》。总之倾其所知地弹奏不已。 |
| (φ彼女は)ときどき目を閉じたり軽く首を振ったり、メロディーにあわせてハミングしたりした。 | 省略 | 显现 | 她时而双目微合，时而轻轻摆首，时而按拍低吟。 |
| (φレイコさんは)そして五十一曲目にいつものバッハのフーガを弾いた。 | 省略 | 显现 | 玲子第五十一首弹了她经常弹的巴赫赋格曲。 |
| (φ僕は)そして少女のような薄い乳房に手をあて、乳首をやわらかく噛み、あたたかく湿ったヴァギナに指をあててゆっくりと動かした。 | 省略 | 显现 | 随后把手放在她小女孩般不发达的胸脯上，小心地吮着乳头，手指放进那温暖湿润之处，慢慢地动着。 |
| (φ僕は)話すことがいっぱいある。 | 省略 | 显现 | 有满肚子话要说， |
| (φ僕は)話さなくちゃいけないことがいっぱいある。 | 省略 | 显现 | 有满肚子非说不可的话。 |

238

| 日文版本 | 日文主题 | 中文主题 | 中文版本 |
|---|---|---|---|
| （φ僕は）世界中に君以外に求めるものは何もない。 | 省略 | 省略 | （φ我）整个世界上除了她别无他求。 |
| （φ僕は）君と会って話したい。 | 省略 | 省略 | （φ我）想见她想同她说话， |
| （φ僕は）何もかもを君と二人で最初から始めたい、と言った。 | 省略 | 显现 | 两人一切从头开始。 |
| （φ緑は）まるで世界中の細かい雨が世界中の芝生に降っているようなそんな沈黙がつづいた。 | 省略 | 省略 | （φ绿子的沉默）如同全世界所有细雨落在全世界所有的草坪上。 |
| （φ僕は）見当もつかなかった。 | 省略 | 显现 | 全然摸不着头脑。 |

（部分中文翻译的地方，虽然未出现主题也标注显现的原因在于前面还有小节部分，同时也有主题显现。

按照对译语料库一一对应的原则，在数据呈现时和日语原文没有直接对照的小节，没有在译本数据中

直接体现。）